AF880539

Control de constitucionalidad y procesos colectivos

Control de constitucionalidad y procesos colectivos

Mariana Catalano

Prólogo de Ricardo Luis Lorenzetti

edicionesDidot

Catalano, Mariana
Control de constitucionalidad y procesos colectivos / Mariana Catalano. - 1a ed. -

Ciudad Autónoma de Buenos Aires : Didot, 2023.
450 p. ; 23 x 16 cm.

ISBN 978-987-8949-06-2

1. Derecho. 2. Derecho Procesal. 3. Derecho Constitucional . I. Título.

CDD 342.001

© ediciones Didot
© Mariana Catalano
1° ed. en español
Hecho el depósito en ley 11.726
Libros de edición argentina
ISBN: 978-987-8949-06-2

Diseño de tapa: Ezequiel Cafaro

ediciones Didot
Arévalo 1830, CABA, Argentina
Te. (+54911) 6624-5381/4771-9821
www.edicionesdidot.com
didot@edicionesdidot.com

Impreso en julio de 2023
DP Argentina S.A.
Panamericana km 37,5, Centro Industrial Garín,
calle Haendel, lote 3 (B1619 IEA), Buenos Aires, Argentina

ÍNDICE

A Javier, por su amor y lucidez de siempre;
y a mi madre, por su ejemplo y alegría.

Dedico este libro y agradezco a
Ricardo, mi director de tesis y prologuista,
y a Lorena, que hizo posible la publicación de esta obra.

PRÓLOGO

El libro que prologamos tiene un antecedente, que es la tesis doctoral que presentó la autora y que mereciera la mejor calificación en la Universidad de Buenos Aires.

Es importante señalar que es un antecedente, porque ha sido completado con un análisis muy práctico, enfocado en la actividad judicial y profesional, con un análisis muy sofisticado de la jurisprudencia y doctrina.

Es un retorno a los buenos trabajos de investigación que tienen un impacto en la implementación concreta del derecho.

Estamos en presencia de una obra que avanza en un camino inexplorado, y de gran trascendencia institucional y práctica: la aplicación del control de constitucionalidad en sentencias de efectos colectivos.

En Argentina se ha desarrollado ampliamente el control de constitucionalidad y de convencionalidad con carácter difuso. Nuestras doctrina y jurisprudencia han sido muy creativas e inteligentes en arribar a un diseño de reglas claras. Por esta razón, es jurídicamente claro que un Tribunal puede declarar la inconstitucionalidad de una ley. Es cierto que el debate en el plano político-institucional continúa y es siempre motivo de fricciones. En todos los países hay una fuerte tensión entre lo que hacen las mayorías y los controles contramayoritarios. En nuestro país, se ha dejado muy en claro que las mayorías pueden aprobar decisiones inconstitucionales y por eso es muy necesario proteger a las minorías y sus derechos fundamentales, así como las reglas básicas del sistema republicano y federal. En fallos como "Rizzo", la Corte Suprema ha sido muy enfática y docente en explicar los argumentos que justifican este sistema.

Esta admisión de la legalidad del control de constitucionalidad estuvo siempre basada en el presupuesto de un conflicto bilateral, y en una sentencia que tiene efectos solo en el caso. El casuismo y el efecto bilateral son elementos que la doctrina ha definido como importantes en el sistema argentino.

En los últimos años surgieron los conflictos jurídicos colectivos que plantearon un escenario completamente distinto. Recuerdo las primeras discusiones en la Corte Suprema, los votos en minoría y luego la mayoría alcanzada en el caso "Halabi", que abrió una nueva tipicidad de derechos. En ese fallo se calificaron jurídicamente los derechos individuales, los individuales homogéneos y los de incidencia colectiva. Numerosas sentencias de la Corte comenzaron a tener efectos colectivos.

Este avance planteó el problema que trata este libro: ¿cuáles son las características de la declaración de inconstitucionalidad en una sentencia de efectos colectivos?

La jurisprudencia fue avanzando en un ámbito en el que no hay una regulación legal y mediante decisiones pretorianas, tratando de definir los elementos, cada vez más específicos, del sistema.

Por esta razón es muy necesaria una teoría, un análisis dogmático que estudie los distintos aspectos.

La autora hace un análisis profundo de la jurisprudencia de los últimos años y una exposición muy valiosa sobre los sistemas de derecho comparado.

También plantea la trascendencia social e institucional del tema, al reflexionar sobre los casos resueltos por la Corte en campos tan diversos como los medios de comunicación, el ambiente o la religión en las escuelas, o la inconstitucionalidad de una reforma constitucional.

El trabajo implicó dialogar con el derecho constitucional, el procesal, y una multiplicidad de áreas del derecho que contienen normas de este tipo.

Como bien lo señala la autora, el estudio y la claridad son importantes porque está en juego la seguridad jurídica.

El libro afronta problemas muy difíciles que surgen en la jurisprudencia actual. En particular, la existencia de causa en los procesos colectivos, la legitimación, los efectos generales de las sentencias, el impacto sobre las leyes y quienes participaron o no en el proceso.

La autora sostiene, correctamente, que la expansión de los efectos de la sentencia no es una regla general de los procesos colectivos y que ello exige una serie de presupuestos que detalla con mucho rigor.

La autora tuvo el buen criterio de sistematizar en la parte final las principales conclusiones, de un modo didáctico y a la vez profundo.

Culmina con una expresión que revela sus altos propósitos: "En los tiempos que corren, los nuevos modos de litigación exigen nuevas respuestas, de diseño, que puedan compatibilizase con las estructuras judiciales ya existentes y arraigadas, antes que enterrarlas por completo. El proceso colectivo en que se plantea la inconstitucionalidad de una ley es una de ellas, y amerita un esquema nuevo, crítico, conciso y coherente de "*justicia procesal*".

La autora es doctora en Derecho Constitucional por la Universidad de Buenos Aires (UBA), es especialista en Derecho y Economía Ambiental con doble titulación de la Universidad del Salvador (Argentina) y de la Universidad Carlos III de Madrid (España), y completa esa experiencia académica con un gran desempeño judicial. ya que hizo toda una carrera de prestigio en el ámbito del poder judicial federal, siendo actualmente Jueza de la Cámara Federal de Apelaciones de Salta. También ha sido una de las grandes impulsoras del sistema acusatorio en materia penal y ha dado infinidad de cursos en temas penales, ambientales y procesales. Lleva publicados varios libros: *Garantías del Sistema Acusatorio*; *Protección Penal del Ambiente y del Patrimonio Cultural*; *Sistema Acusatorio-Lineamientos del Código Procesal Penal Federal.*

Es un libro para leer, estudiarlo y elogiarlo, ya que indaga en un área muy novedosa, y merece todas nuestras felicitaciones.

Ricardo Lorenzetti

PARTE INTRODUCTORIA

CAPÍTULO I: PRELIMINAR

i) Presentación

La obra conecta dos grandes temas de nuestro derecho: el control de constitucionalidad, sobradamente analizado por la más calificada doctrina, y los procesos colectivos, de creciente especificidad y desarrollo.

El problema de esta conexión, solapado, reside en los efectos de la sentencia colectiva, cuando declara la inconstitucionalidad de una norma de alcance general. Es decir, si esa sentencia puede, en nuestro sistema de control de constitucionalidad y dentro del contorno de misiones republicanas del Poder Judicial, producir o no la derogación, para siempre y para todos, de la norma en cuestión.

Es imprescindible tener una noción aceitada y enlazada de qué es lo que ocurre en estos supuestos, que marcan la realidad actual: los grandes casos de litigación constitucional, institucional y social transcurren hoy por estos carriles.

Establecidos con perspectiva en esta conexión, si nos sintonizamos con las nociones propias de los procesos colectivos, debiéramos concluir que, entonces, cuando en un proceso colectivo se plantee la inconstitucionalidad de una norma, el resultado obligado es la expansión *erga omnes* (para todos) de la declaración que así lo establece. Porque es propio de los procesos masivos que el efecto del litigio comprenda a todos los implicados en la clase, categoría o sector litigante.

Sin embargo, y como un "punto de fuga", en ese instante se produce un quiebre en la tradición histórica y arraigada de nuestro control difuso de constitucionalidad, que manda efectos exclusivos para el caso concreto. Simplificado, ello se traduce en la inaplicación de la ley (en sentido amplio que, aunque principalmente alude a las emanadas del Congreso de la Nación, también comprende las provenientes de Legislaturas Provinciales y Consejos Deliberantes Municipales) reputada inconstitucional.

Tal es la complejidad de este problema, que no ha sido resuelto por la doctrina ni por la jurisprudencia, incluida la proveniente de la Corte Suprema de Justicia de la Nación, que tuvo pronunciamientos esporádicos, condicionados por el contexto y no siempre alineados.

Nos zambulliremos en un análisis secuencial, no aislado sino interconectado, de los máximos precedentes donde se puso en tela de juicio la compatibilidad de la constitucionalidad de leyes importantes en términos de instituciones y prerrogativas jurídicas, como las relativas al varias veces pleiteado asunto de la integración del órgano encargado de designar y controlar a los jueces (Consejo de la Magistratura de la Nación), telecomunicaciones, ley de medios, educación religiosa a nivel primario en las escuelas públicas, entre las más sobresalientes. Pero también en una esfera de permanente tensión y judicialización, cual es la de los usuarios y consumidores de bienes y servicios.

La gravitación es máxima, dado que implica escrudiñar la médula misma de la función judicial, a la que se someten –como un exceso de judicialización, donde se litigan cuestiones políticas y estructurales– asuntos que tienen un impacto y cobertura mediática fenomenal, y ocasionan, en algunos casos, opiniones "agrietadas" que han dividido a la sociedad, como el caso de la "píldora del día después" y la Ley de "Interrupción Voluntaria del Embarazo" (I.V.E.) sobre la que aún no se expidió el Tribunal Cimero.

Pero a la par de ese escrutinio, de ese filtro por las bases constitucionales y su diseño republicano de división de poderes, nos preguntamos por la utilidad práctica de adoptar un sistema de litigación colectiva que retacee la irradiación de sus efectos.

Estos, entre otros, son los interrogantes que abordaremos a lo largo del recorrido que proponemos, camino en el que la falta de soluciones expresas obliga a no perder pisada de las verdades a medias, de las omisiones voluntarias, de los silencios adrede, y de las brevedades estratégicas en que han incurrido los jueces llamados a resolver estas cuestiones.

A lo que se añaden imprecisiones en las propuestas legislativas que quedaron en la nada, quizás por falta de voluntad política de convertirlas en ley, por falta de consenso o, lo que es peor, por confianza en la *versatilidad de las indefiniciones.*

Por último, y como "lo que no se compara no se comprende", admitimos que la observación del derecho comparado es imprescindible para entender el porqué de los límites propios del régimen adoptado por nuestro constituyente originario, mientras en otros, las percepciones y las secuelas del entrecruce entre proceso colectivo y control de constitucionalidad son claramente diferentes. La mirada, crítica siempre, buscará decantar si en la praxis, más allá de lo conceptual, es posible una combinación de estos modelos; y si en la verdad de los hechos ello se ha producido y consentido de un modo tácito.

ii) Sintaxis

Que las problemáticas colectivas han ganado visibilidad a través de litigios mediatizados es un dato concreto de la realidad, innegable.

Los procesos colectivos constituyen un fenómeno moderno en la justicia que se consolida a ritmo acelerado y que ha llegado para quedarse como un nuevo estilo de litigación que concierne a planteos supraindividuales por intereses homogéneos o bienes colectivos, que antes no se judicializaban.

Hemos importado las acciones de clase del modelo anglosajón, gracias a la actividad pretoriana de la Corte Suprema. De este modo, reclamos masivos propios de distintas áreas, que también en ellas generalmente encuentran vías de solución (mesas de diálogo, paritarias), llegan a la justicia en escenarios variados, donde han ganado preeminencia los juicios por conflictos ambientales y por afectaciones a intereses individuales homogéneos. Categorías y nociones sobre las que profundizaremos.

A su vez, las sentencias resultantes de los procesos colectivos tienen un alto grado de impacto en la sociedad, en un doble sentido: *efectivo* en la medida en que puedan ser ejecutadas, aunque sea en etapas o gradualmente, y aunque queden mandatos puntuales sin cumplir en totalidad; y *preventivo*, en cuanto cada sentencia, como declaración, determinación y comunicación del derecho vigente, constituye una referencia restrictiva, que genera incentivos para la decisión de emprender o no el mismo tipo de actividades que fueron objeto del proceso, y en su caso, qué modalidades adoptar, por parte de *cualquier* persona humana o empresa que las tenga en mira para el futuro.

Ahora bien, *en estos conflictos judiciales en clave grupal puede plantearse la inconstitucionalidad de una norma de alcance general*, y también puede ocurrir que un proceso colectivo se inicie con el exclusivo objeto de procurar esa declaración.

En este específico escenario, conectamos dos mundos sobre los que se ha discurrido mucho, pero en forma aislada, sin enlazar las dos áreas que se encuentran comprometidas: *el control de constitucionalidad y los efectos de los procesos colectivos*. La obra pivota justamente, sobre esa interconexión, por el impacto del segundo sobre los efectos del primero.

Nos interesa formular y analizar los interrogantes que plantea la expansividad de los efectos de la sentencia que pone fin a tales pleitos colectivos e indagar qué ocurre cuando en su seno se decide la inconstitucionalidad de una norma. Ello impone el análisis de las implicancias de la extensión de la cosa juzgada respecto de la división de poderes y del rol que le cabe al Poder Judicial en el ejercicio de uno sus cometidos esenciales de acuerdo al principio republicano, como es el control de constitucionalidad.

Es que, toda vez que nuestro sistema de control de constitucionalidad se caracteriza por ser difuso (a cargo de cualquier juez, no de tribunales especializados) y concreto (para el caso judicial sometido a consideración), será preciso compaginar el alcance individual que le es propio con el efecto expansivo típico en los procesos colectivos.

En paralelo, debemos discernir entre derechos colectivos e intereses individuales homogéneos e ingresar al análisis de las variables que se presentan en este último caso, como la legitimación, la delimitación del grupo afectado y el ejercicio de la autoexclusión; es decir, la facultad de los miembros que no desean ser alcanzados por la sentencia colectiva, de así expresarlo para que el juez los excepcione.

Ha de ponderarse, asimismo, que no todos los casos de inconstitucionalidad de una norma son iguales, pues en ocasiones el vicio afecta su médula y entonces hay un orden público comprometido que desaconseja su aplicación en "toda ocasión"; mientras otras veces la falla es coyuntural, derivada de la aplicación del dispositivo al caso concreto, lo que "particularmente" resulta inconstitucional. Este distingo también habrá de condicionar la medida de la expansividad.

Entonces, el *propósito* de esta obra consiste en efectuar un análisis sistemático de cómo se han resuelto y se resuelven los conflictos colectivos en Argentina de acuerdo a los distintos intereses en juego; y fundamentalmente, *si esa intervención judicial, cuando dispone la inconstitucionalidad de una norma, adquiere efectos que tensionan los límites tradicionales de nuestro sistema difuso de control de constitucionalidad.*

Exponer este *problema clave* y *ensayar soluciones* que importen una interpretación imbricada de los efectos del decisorio estimatorio, como elemento central tanto del sistema difuso de control de constitucionalidad como de la teoría de las acciones colectivas, son las actividades que completan nuestra meta.

El dilema que planteamos no encontró suficiente eco en doctrina ni jurisprudencia, los cuales carecen de una mirada global que permitiera sentar bases teóricas claras y concretas más allá de reacciones esporádicas frente a planteos concretos.

El estudio de casos que efectuaremos en las partes general y especial dará cuenta de la confusión imperante en la jurisprudencia. Un ejemplo gráfico de ello es el caso "Fayt", sobre la inconstitucionalidad de la cláusula constitucional que establece un tope de 75 años a la estabilidad de los jueces (el cual profundizaremos), ya que muchos jueces se consideraron incluidos en el precedente y no iniciaron ninguna acción para mantenerse en sus cargos aun después de alcanzar esa edad, simplemente porque pensaron que sus efectos eran *erga omnes*, cuando el tribunal no lo había dispuesto de ese modo.

Se generó, así, la totalmente anómala situación de derogación fáctica, supuesta e implícita de un dispositivo constitucional; cuestión que años más tarde fue corregida por el fallo "Schiffrin".

Otros casos notables como este, que analizaremos a lo largo de esta obra, evidencian que al día de hoy no hay una solución jurídica satisfactoria al problema formulado, lo que genera la necesidad de bucear en alternativas viables, por un imperativo de *seguridad jurídica*.

Enlazar el derecho *constitucional* (y *procesal constitucional) con la doctrina específica de los procesos colectivos,* ambos extraídos de distintos momentos del modelo estadounidense, invita a analizar, entre otras cosas, sobre:

- el necesario resguardo del derecho de defensa respecto de quienes no participan en el proceso, pero pueden ser alcanzados por sus efectos;
- las medidas conducentes para la suficiente contradicción entre las partes, lo que –a su vez– no debe burocratizar en exceso el proceso, pues ello atenta contra el derecho a obtener un pronunciamiento judicial en tiempo razonable;
- la adecuación entre las pautas que emergen de la jurisprudencia de la Corte y la Acordada C.S.J.N. 32/2014 con las 100 Reglas de Brasilia sobre acceso a la justicia;
- la definición de caso o controversia, los tipos de sentencia y sus efectos, las notas típicas de la acción colectiva, su diferencia con la acción popular y los campos de aplicación de cada una de ellas en el derecho argentino y comparado, el trámite del proceso, las costas, entre muchos otros que involucran la "teoría general de la decisión judicial";
- el análisis de las implicancias del efecto expansivo de una sentencia y cómo juega en su contenido el principio de división de poderes, es decir, hasta qué punto las medidas adoptadas en un resolutorio *erga omnes* avanzan o no sobre las competencias de los otros poderes del Estado (principalmente, el Poder Legislativo), con revisión además

de la vigencia del principio de congruencia en las diferentes hipótesis posibles;

- la necesidad de preservar la seguridad jurídica a través del adecuado funcionamiento del Registro de Procesos Colectivos, creado por la mencionada Acordada C.S.J.N. 32/14;
- la modalización de la sentencia, que resignifica la noción de "administrar justicia", al perfilar al juez como un administrador de conflictos.

Hoja de ruta: Principiaremos el recorrido hacia el objeto de estudio (parte introductoria) mediante una referencia a la teoría del conflicto, para así abrevar en el *conflicto colectivo* y las razones que ameritan la existencia autónoma del *litigio colectivo* como un modo de resolución de aquél, en comparación con la dinámica e implicancias del litigio particular. Se efectuará un sintético análisis del impacto de la variable colectiva en la teoría general de la acción.

Luego pasaremos a la *Parte General* con la exploración del derecho comparado en aquellos países cuya experiencia y regulación normativa acerca de los procesos colectivos nos parece especialmente relevante, así como las disposiciones del Código Modelo de Procesos Colectivos para Iberoamérica, sancionado en Caracas en 2004; todas herramientas útiles a fin de adquirir una noción completa de las distintas cuestiones atinentes a la dinámica de estas acciones. Esta perspectiva culminará con el comentario a la última propuesta de Código Modelo, del año 2008.

A continuación, estudiaremos la situación en Argentina a través de los desarrollos legislativos existentes, desde la recepción constitucional del amparo con la reforma de 1994 (art. 43 C.N.) y las regulaciones contenidas en la Ley de Defensa del Consumidor y en la Ley General del Ambiente, para finalmente insertar comentarios sobre el referido Código Modelo como una expresión que recoge las tendencias modernas de la región en la materia. A esto se añadirá la compulsa de los distintos precedentes jurisprudenciales que sentaron los pilares teóricos y prácticos del proceso colectivo, con distinción entre una etapa anterior a 2009, año en que se emite el fallo "Halabi", y la posterior a dicha fecha bisagra en el desarrollo doctrinario nacional sobre acciones de clase.

Este repaso se integrará con una breve referencia a los distintos proyectos de ley presentados en el Congreso de la Nación y finalizará con un estudio detenido del Reglamento de Actuación de los Procesos Colectivos establecido mediante la Acordada 12/2016.

En una segunda sección se abordarán distintos aspectos como legitimación, representatividad adecuada y certificación de la clase, que luego tendrán incidencia en la cuestión central dado que condicionan la expansividad de los efectos de las acciones de clase.

Ya en la parte especial ingresaremos al tema del control de constitucionalidad, al trazar líneas conceptuales básicas sobre su contenido, los modelos predominantes y el sistema argentino.

En seguida se abordarán cuestiones de la sentencia en los procesos colectivos que, sin ánimo de agotar el tema, influyen en la decantación de la hipótesis a que pretendemos llegar, para cerrar con la meritación de la relación existente entre sentencia colectiva y principios constitucionales.

Se emprenderá la sección segunda con la consideración del asunto de la expansividad cuando se trata de la inconstitucionalidad de normas generales, con el detalle de los fallos de repercusión colectiva más relevantes. Nos detendremos en la doctrina del fallo "Thomas, Enrique c/E.N. s/amparo", donde la Corte aborda la cuestión desde una mirada anclada en la concepción histórica de nuestro sistema de control de constitucionalidad, lo que expuso de manera muy categórica, al tomar distancia de la actitud flexible y un tanto evasiva que un año antes había plasmado en el mencionado "Halabi c/P.E.N.". En este marco, haremos un análisis particularizado y crítico de otros pocos precedentes, de gran importancia y difusión, en que el Tribunal Cimero pudo enfrentar el asunto.

Expuesto y razonado todo lo que antecede, nos insertaremos en el tramo final, sección tercera, de un único capítulo, donde formularemos un punteo secuenciado de ideas que intentarán responder los interrogantes formulados.

Esquema de los principales fallos desarrollados:

1) "Kattan, A. E. y otro c/Gobierno Nacional - Poder Ejecutivo", *La Ley*, 1983-D, 568, con nota de Guillermo J. Cano; Derecho Constitucional - Director: Alberto Ricardo Dalla Vía, Editorial La Ley, 2002, 714, con nota de Marcelo Alberto López Alfonsín.
2) "Ekmekdjián, Miguel c/Sofovich, Gerardo", C.S.J.N., *LL*, 1992-C-543.
3) "Monges, Analía M. c/Universidad de Buenos Aires" 26/12/1996, TR La Ley, AR/JUR/1334/1996.
4) "Consumidores Libres c/Telefónica de Argentina y otro", *La Ley*, 1997-F, 273.
5) "Agueera c/Provincia de Buenos Aires", C.S.J.N. 22/04/97.
6) "Defensoría del Pueblo de la Ciudad de Bs. As. c/Edesur", Cám. Nac. Fed. Civil y Comercial sala I, *LL*, 2000, C-395.
7) "Asociación Benghalensis y otros c/Ministerio de Salud y Acción Social, E.N. s/amparo", C.S.J.N., fallos 323:1339, *LL*, 2001-B-123.

8) "Colegio de Fonoaudiólogos de Entre Ríos c/Estado Nacional", *La Ley*, 2004-A, 93, con nota de Juan Oklander; *DJ*, 2003-3, 891-*DJ*, 2004-1, 184, con nota de Augusto M. Morello; *La Ley*, 2004-C, 269, con nota de Eduardo Pablo Jiménez; Colección de Análisis Jurisprudencial Elementos de Derecho Administrativo, Julio Rodolfo Comadira, 381.
9) "Verbitsky, Horacio s/hábeas corpus", C.S.J.N., *LL*, 2005-E-35; Suplemento de Derecho Constitucional del 27/7/05.
10) "Monner Sanz, Ricardo c/Fuerza Aérea Argentina", C.S.J.N. 26/09/2006, SJA 18/4/2007, *JA*, 2007-II-340.
11) "Ministerio de Salud y/ o Gobernación", C.S.J.N. 31/10/06, *LL*, con nota de Calogero Pízzolo.
12) "Colegio Público de Abogados de Capital Federal c/Ministerio de Economía, Obras y Servicios Públicos", *La Ley*, 2004-C, 268, con nota de Eduardo Pablo Jiménez.
13) "Rosza s/recurso de casación", 23/5/2007, fallos: 330:2361, *La Ley*, 2008-A, 33.
14) "Mendoza Beatriz y otro c/Estado Nacional y Otros", C.S.J.N. 7/8/08, 2008-D, 458, *DJ*, 2008-II, 1087, *La Ley*, 2008-E, 119 con notas de Juan Vicente Sola y Mariana Catalano; sup. adm., 2008 (septiembre), 23, *La Ley*, 2008-E, 434.
15) "Fundación Ecosur c/Municipalidad de Vicente López y Otro s/Amparo", Cámara de Apelaciones Contencioso Administrativo Federal de San Martín, 25/6/08 (*LLBA*, 2008, septiembre, p. 2008, *LL*, 2008-F, 321), fallo confirmado por la Corte de Buenos Aires el 28/12/2010, (*La Ley*, 2011-B, 2).
16) "Halabi, Ernesto c/P.E.N.", *La Ley*, 2009-B, 157, con nota de Juan Vicente Sola; *La Ley*, 2009-B, 189, con nota de Fernando R. García Pulles; Maximiliano Torricelli; Roberto J. Boico; R.C.yS. 2009-III, 71, *La Ley*, 2009-B, 259, con nota de Gregorio Badeni; sup. adm., 2009 (marzo), 60; *La Ley*, 2009-B, 404, con nota de Daniel Alberto Sabsay; *DJ*, 25/03/2009, 729, con nota de Carlos Aníbal Rodríguez; sup. const., 2009 (marzo), 33, con nota de María Angélica Gelli; *La Ley*, 2009-B, 601, con nota de Mariana Catalano; Lorena González Rodríguez.
17) "Thomas Enrique c/E.N. s/amparo", *La Ley*, 18/06/2010, 4, con nota de Jorge Luis Portero; Eduardo O. Magri; Félix Loñ; Andrés Gil Domínguez; *La Ley*, 2010-C, 718; *DJ*, 07/07/2010, 1839, sup. adm., 2010 (septiembre), 63, con nota de Maximiliano Antonietta; Fernando E. Juan Lima; Orlando D. Pulvirenti.

18) "Rizzo, Jorge Gabriel (apoderado Lista 3 Gente de Derecho) c/Poder Ejecutivo Nacional s/Acción de Amparo (medida cautelar)", C.S.J.N. 18/6/13.

19) "P.A.D.E.C. c/Swiss Medical S.A.", C.S.J.N. 23/09/2013, publicado en *La Ley online*, 23/9/2013, *La Ley*, 2013-E, 290.

20) "Municipalidad de Berazategui" c/Cablevisión", C.S.J.N. 23/9/2014, www.csjn.gov.ar

21) "Kersich, Juan Gabriel y otros c/Aguas Bonaerenses y otros s/amparo", C.S.J.N. 2/12/2014, www.csjn.gov.ar

22) "Uriarte, Rodolfo Marcelo y otro c/Consejo de la Magistratura de la Nación s/acción meramente declarativa de inconstitucionalidad", 4/11/2015, www.csjn.gov.ar

23) En este pronunciamiento, centrado en el análisis de la Ley de Subrogancias 27.145 (junio 2015), la Corte (noviembre de 2015).

24) "Telecom c/Municipalidad del Gral. Güemes s/Acción Meramente Declarativa de Derecho", Cámara Federal de Apelaciones de Salta (C.F.A.S.) 31/3/2015, fallo confirmado por la C.S.J.N. el 25/8/2015.

25) "Martínez, Sergio Raúl el Agua Rica LLC Suco Argentina y su propietaria Yamana Gold Inc. y otros s/acción de amparo", C.S.J.N. 2/3/2016, www.cij.gov.ar

26) "Centro de Estudios para la Promoción de la Igualdad y la Solidaridad (C.E.P.I.S.) c/Ministerio de Energía y Minería s/Amparo Colectivo", sala II de la Cámara Federal de Apelaciones de La Plata, 7/7/2016, www.cij.gov.ar

27) "Castillo Carina Viviana y otros c/Provincia de Salta - Ministerio de Educación de la Prov. de Salta s/amparo", 12/12/2017.

28) "Colegio de Abogados de la Ciudad de Buenos Aires y otro c/E.N., ley 26.080, dto. 816/99 y otros s/proceso de conocimiento", 16/12/21, www.cij.gov.ar

CAPÍTULO II: NOCIONES BÁSICAS

i) Noción de conflicto

Como una primera aproximación al objeto de estudio, resulta conveniente delinear la noción de conflicto, para luego puntear las diferencias entre conflictos individuales y colectivos.

La teoría del conflicto es una de las grandes ramas de la teoría sociológica moderna, que durante las décadas de 1950 y 1960 generó una alternativa al funcionalismo estructural, íntimamente vinculada a la teoría de los juegos y a los estudios y escuelas sobre negociación. El conflicto es consecuencia de un determinado estado de cosas, una situación de divergencia entre grupos sociales que poseen intereses y/o valores diferentes, que puede recaer sobre intereses o sobre valores[1].

En el ámbito de los intereses que motivan las disputas o confrontaciones se ha distinguido entre titularidades, esto es, el reconocimiento de derechos y por otra parte, las provisiones, es decir, los recursos económicos o las prestaciones sociales[2]. En otros tiempos, buena parte de los conflictos se urdieron en torno al reconocimiento de derechos básicos de grupos (titularidades), como los derechos de las mujeres, de los ancianos, de los trabajadores; los derechos de las minorías raciales (en Estados Unidos y Sudáfrica); actualmente, los derechos de personas con orientación sexual diversa, por citar un ejemplo.

[1] Ferrari, Vicenzo, *Funciones del derecho*, Madrid, Debate, 1987.

[2] Silva García, Germán, "La teoría del conflicto. Un marco teórico necesario", *Prolegómenos. Derechos y valores*, tomo XI, nº 22, julio-diciembre de 2008, ps. 29/43, Universidad Militar nueva Granada, Bogotá, Colombia; con cita de Dahrendorf, Ralf, *El conflicto social moderno*, Madrid, Mondadori, 1993.

El conflicto, como advierte Silva García[3], puede cumplir determinadas funciones sociales respecto de los grupos comprometidos; una de las cuales consiste en generar coherencia al interior del grupo, que reposa en ideas o valores compartidos. La gestación de sacrificios personales motivados en el conflicto, que significa la supremacía de los intereses grupales sobre los individuales, es otra de esas virtualidades. Sin embargo, "la principal función social del conflicto es la promoción del cambio social".

Según Guibourg, las leyes cumplen en ese contexto una triple función: a) determinar aproximadamente el umbral de gravedad de los conflictos a reglar; b) establecer de qué modo han de comportarse los ciudadanos para no generar un conflicto que supere ese umbral y c) disponer la reacción comunitaria (al menos en cuanto ella sea representada por el Estado) frente a un conflicto ya suscitado. La primera función tiene por objeto mantener la mayoría de los conflictos interpersonales fuera de la órbita estatal, librándolos a la composición informal. La segunda, prevenir la aparición de conflictos innecesarios mediante información pública a disposición de los eventuales contradictores. La tercera, procurar con cierto grado de eficacia que la promesa del Estado, una vez acotada a los casos previstos en la ley, se cumpla para garantía de quienes se comportan del modo establecido y a costa de quienes no lo hacen[4].

ii) El conflicto colectivo. Su judicialización

Lo expuesto sobre la teoría del conflicto puede aplicarse al conflicto colectivo, donde lo distintivo es no tanto la existencia de un grupo de personas, sino la preeminencia del interés del conjunto sobre el particular, porque responde a una misma causa-fuente jurídica o fáctica y la solución a que se arriba beneficiará o perjudicará a todos.

Como se señala en la exposición de motivos del Código Modelo de Procesos Colectivos para Iberoamérica elaborado por el Instituto Iberoamericano de Derecho Procesal[5] (sobre el que volveremos en la Parte General), la teoría de las libertades públicas forjó en los últimos tiempos una nueva "generación" de

3 *Op. cit.*, p. 38.

4 Guibourg, Ricardo "Ley y conflicto", *La Ley*, 2010-F, 1293.

5 www.iidp.or.es, texto del Código disponible en www.osunalegal.com

derechos fundamentales, y entonces "a los derechos clásicos de primera generación, representados por las tradicionales libertades negativas, propias del Estado liberal, con el correspondiente deber de abstención por parte del Poder Público; a los derechos de segunda generación, de carácter económico-social, compuestos por libertades positivas, con el correlativo deber del Estado a un dar, hacer o prestar, la teoría constitucional agregó una tercera generación de derechos fundamentales, representados por los derechos de solidaridad, resultantes de los intereses sociales".

Desde el cuadrante político institucional, dice Berizonce, la experiencia de las últimas décadas, especialmente a partir de la reforma constitucional de 1994, denota la "sustancialización" de los derechos y el ascenso jerárquico de las garantías, frecuentemente impulsados por las asociaciones sociales precursoras de la defensa de derechos de usuarios y consumidores, medio ambiente, institucionalidad democrática y derechos de las minorías.

Al mismo tiempo, señala el autor, la expansión del derecho sustantivo y especialmente el perfeccionamiento de las regulaciones orgánico-procesales como la legislación de los procesos colectivos (no en nuestro país, apuntamos), la justicia de pequeñas causas, los procesos constitucionales, etc., abrirán nuevos cauces de tutela a los derechos fundamentales económicos, sociales y culturales, todo lo cual ha de plantear nuevos y renovados desafíos a los que la jurisdicción deberá responder creativamente[6].

Bien se ha puntualizado que las incumbencias multisubjetivas desbordaron el tratamiento y el reconocimiento tradicional del derecho subjetivo al partir del presupuesto de la individualidad. Lo cierto es que ya, ora del Derecho Público, ora del Derecho Privado, se visualiza al ciudadano o al titular de un derecho en relación de paridad numérica[7].

Lorenzetti secuencia en tres momentos la evolución en la fisonomía del conflicto colectivo[8]:

- En primer lugar, han surgido conflictos que afectan a una pluralidad de individuos. El surgimiento de una sociedad de masas y una economía global, de la mano de una fuerte evolución de la tecnología aplicada,

[6] Berizonce, *Tutelas procesales diferenciadas*, Rubinzal Culzoni, Santa Fe, 2009, ps. 153/154.

[7] Perez Ragone, Álvaro, "Prolegómenos de los amparos colectivos. Tutela de las incumbencias multisubjetivas", en *Revista de Derecho Procesal*, tomo II, Rubinzal Culzoni, Santa Fe, sept. 2000, ps. 121/122.

[8] Lorenzetti, Ricardo Luis, *Justicia Colectiva*, Rubinzal Culzoni, Buenos Aires, 2010, p. 13.

introducen riesgos que tienen el potencial de expandirse hacia grandes grupos, más allá de las fronteras de las jurisdicciones provinciales y nacionales.

- En segundo lugar, el exceso en el uso de los derechos individuales ha puesto en crisis los bienes colectivos. Es lo que ocurre con el desarrollo o el consumo ilimitados que llevan al agotamiento de los recursos ambientales.
- En tercer lugar, las deficiencias estructurales y en el cumplimiento de las prestaciones públicas por parte del Estado generan limitaciones y menoscabos en los intereses individuales homogéneos de los ciudadanos.

Pero los procesos colectivos no surgieron en el siglo XX, sino que reconocen precedentes mucho más antiguos. Bástenos señalar, por el momento (y más allá de la génesis de las acciones de clase en el derecho anglosajón), que la actividad colectiva de los sujetos individuales, en los países cuya estructura de derecho es continental, apareció primero a través de los procesos colectivos de trabajo, donde un numeroso grupo de sujetos, con intereses comunes, aparecían representados por los sindicatos para firmar acuerdos, que luego serían las Convenciones Colectivas de Trabajo[9].

Falcón menciona como antecedente a la figura del Ombudsman (siglo XIX) en Suecia y Francia[10] y asevera que la existencia de *conflictos colectivos* no debe verse como algo negativo al punto de implicar un quiebre en el orden social. Por el contrario, muchos de estos conflictos han sido el puntapié inicial y necesario para las transformaciones que luego importaron conquistas sociales. Además, existen mecanismos para gestionarlos en procura de solución, entre los cuales cuentan los *litigios colectivos*.

Como anota Oteiza, estos procesos, además de permitir el acceso más fácil a la justicia por el abaratamiento de los costos y la dilución de barreras socioculturales, evitan la fragmentación de demandas, y confieren mayor peso al reclamo. Los procesos colectivos optimizan las condiciones de acceso a la justicia al evitar exclusiones de personas y sectores. "Hay un mayor número de voces a escuchar, lo cual repercute en la calidad de la respuesta judicial. Además, evita las demandas en escala, lo cual supone una notable concentración en el tratamiento del conflicto.

[9] Una referencia histórica más profunda se hará en el primer capítulo de la parte general.

[10] Falcón, Enrique, "Una definición de los procesos colectivos", *Revista de Derecho Procesal*, 2011-2, *Procesos Colectivos*, Rubinzal Culzoni, Santa Fe, 2011, ps. 17/18.

Por último, brinda una mayor fuerza de convicción a la decisión cuyo impacto se potencia al concentrar la resolución de conflicto"[11].

> Al igual que en la esencia del conflicto colectivo, en el litigio colectivo la sumatoria de intervinientes no es lo definitorio. En este sentido, se ha señalado que la posibilidad de que en un litigio intervenga una multiplicidad de actores (lo que la dogmática legal denomina un litisconsorcio pasivo o activo) no tiene una particular influencia en la expansión de lo justiciable, ni es lo novedoso; pues ya varias formas de lo que podríamos llamar litigio mancomunado o consorcial han sido tradicionalmente aceptadas desde el derecho romano[12]. Lo novedoso está en los efectos, que en la segunda parte de la obra conectaremos con el control de constitucionalidad, que dan génesis a un panorama totalmente diverso.

Esas formas de litigio consorcial exigen, primeramente, una causa común que enlace a un consorcio de litigantes con el otro polo del litigio, pero la relación que cada uno de los consorciados mantiene con esa causa común, y así, con la parte opositora, siempre tiene un carácter individualizable y particularizado.

A los fines de su articulación judicial, ese interés colectivo o grupal es considerado como un todo compartido (tanto por los actores procesales, como por los afectados a los que estos representan). Ese mosaico de intereses, al que se conoce como "interés colectivo", puede compartirse por los afectados de forma indivisible o ser divisible en su origen e incluso al momento de la adjudicación judicial. Sin embargo, a los fines de la definición del "caso judicial" o *litis*, el interés colectivo será tratado como una unidad o un todo, que defina el interés de las partes, y no viceversa[13].

En este sentido, puede pensarse que el litigio colectivo configura una respuesta evolutiva a la existencia de daños no remediados por el sistema regulatorio del gobierno.

Sin embargo, dista de ser la solución perfecta puesto que, ya veremos, algunas de las problemáticas comunes que desembocan en el litigio colectivo tienen que

[11] Oteiza, Eduardo (coord.), *Procesos Colectivos*, Rubinzal Culzoni, Santa Fe, 2006, ps. 26/27.

[12] Puga Mariela, "El litigio estructural", *Revista de Teoría del Derecho* de la Universidad de Palermo, ps. 41/82, año I, nº 2, noviembre de 2014, p. 42.

[13] Cfr. Puga, Mariela, "El litigio estructural", *op. cit.*, p. 18.

ver con deficiencias estructurales que no alcanzan la salida por esta vía, sino que dependen de otros factores.

Por otra parte, pese a la constante y remarcable actividad pretoriana del Superior Tribunal Federal (a través de sentencias y Acordadas que se analizarán), existen problemas en su trámite y lagunas en cuanto a sus efectos cuando las sentencias que ponen fin a estos pleitos contienen una declaración de inconstitucionalidad de normas generales (quid de este trabajo) agudizados por la falta de regulación legislativa propia y precisa.

iii) Tentativas justificadoras del proceso colectivo

De acuerdo con Stiglitz y Acciarri, pueden mencionarse tres teorías, sucesivas en el tiempo, en orden a la justificación del litigio pluriindividual[14]:

a) Teoría de la comunidad de intereses

Es la teoría tradicional y la que marcó el curso de la evolución de la acción de clase durante buena parte de su desarrollo, sin llegar a desaparecer por completo, pero con una reducción notable en la actualidad de su influencia.

Para esta corriente, la clase no era una creación de sus miembros ni del tribunal, sino que aparecía naturalmente constituida de acuerdo al interés común que liga a los individuos. Al avanzar aún más, las últimas decisiones del siglo XIX sugieren que el test preliminar sobre la comunidad de intereses juzgaba en realidad la indivisibilidad del derecho comprometido.

Es así que la clase adquiría sustantividad propia, constituyéndose en un ente independiente y distinto de sus miembros; los individuos subsumidos en ella son completamente homogéneos y fungibles; los intereses comprometidos en el proceso son intereses de la clase y no de personas singulares. Estas características del *class suit* parecen asociarlo –o al menos acercarlo– a algunas instituciones feudales[15].

Durante la Guerra de Secesión, el derecho de *class action* estadounidense fue modelado por la teoría de la comunidad de intereses, todas las decisiones de la

[14] Stiglitz, Gabriel A. y Acciarri, Hugo A., "Legitimación Procesal Colectiva. Las Acciones de Clase. Reparación de daños", *La Revista del Foro de Cuyo*, tomo IX-1993, p. 235 y siguientes.

[15] Stiglitz y Aciarri, *op. cit.*, con cita de Krier "Developments in Class Actions Law", *Harvard Law Review*, 1976, p. 1318 y siguientes.

Corte Suprema en esta materia tuvieron su soporte doctrinario en la teoría aludida. Asimismo, las vinculaciones entre proceso de clase y agrupaciones sin personalidad, características del derecho inglés, se transportaron al derecho procesal americano: dos de los casos en los cuales el Supremo Tribunal reconoció la procedencia de la acción conciernen a asociaciones religiosas[16] y numerosos otros fueron iniciados por partícipes de empresas económicas sin institucionalización jurídica específica.

b) Teoría del consentimiento

Mientras para la teoría anterior la clase existe con sustantividad propia desde el momento en que se produce la violación de un interés común, la concepción consensualista hace nacer el grupo de un mero acto volitivo: la clase nace recién en el momento de su voluntaria integración; aunque ambas corrientes coinciden en apreciar al grupo –desde el momento en que cada una lo estima constituido– como una unidad.

La teoría del consentimiento no tuvo, empero, la fuerza de convicción en la jurisprudencia con la que contó la teoría de la comunidad; sin embargo, numerosos comentaristas de las mismas reconocieron que el consentimiento puede proveer la fuente de la legitimidad de las acciones de clase.

c) Teoría Institucional

Para esta corriente, el procedimiento de las acciones de clase presta a las partes un servicio fundamental para el ejercicio del poder de policía sustantivo de dos modos: primero, al permitir el acceso a los tribunales de reclamos que no llegan ordinariamente a ser litigiosos, ya que la acción de clase permite reforzar el poder de policía en circunstancias en las cuales no habría otra vía para ejercerlo.

En segundo lugar, al extender la habilitación de las cortes para apreciar las plenas implicancias de los derechos subjetivos, permite lograr un juzgamiento lo más acorde posible con los fines tenidos en vista al instituir el derecho que sirve de

16 Por ejemplo, en el caso *Smith v. Swormstedt* (57 U.S. (16 How.) 288, 14 L. Ed. 1853), la Corte Suprema de los Estados Unidos, en 1853, autorizó una demanda representativa (*representative suit*) en beneficio de todos los predicadores de la Iglesia Metodista Episcopal del Sur. La demanda tenía como propósito que se declarara el derecho que tenían los grupos regionales de la Iglesia Metodista Episcopal de los Estados Unidos sobre unos fondos que en principio le pertenecían a toda la iglesia en su conjunto. La Corte sostuvo que los predicadores de la Iglesia Metodista Episcopal del Sur podían representar tanto a los presentes como a los ausentes, aunque no hubieran tomado intervención dentro del proceso.

base a la acción. El procedimiento de la acción de clase es socialmente útil porque obliga a los tribunales a considerar conjuntamente el derecho del demandante y las consecuencias prácticas de la declaración de responsabilidad del demandado, con mayor probabilidad de arribar a soluciones sustantivamente justas.

La teoría institucional ha sido desarrollada para contener las distorsiones motivadas por abusos individualistas, que fueron largamente ignoradas por los defensores tradicionales del mecanismo de clases y prima sobre las teorías de la comunidad y del consentimiento, que constituyeron respuestas interesantes, pero demasiado tradicionales al problema de la justificación y equidad de las *class actions*.

Bajo esta lupa, pero más *aggiornada*, se destaca la función preventiva del proceso de clase al potenciar las consecuencias desfavorables de algunas ilicitudes particularmente graves por su repercusión social.

Se entiende que este mecanismo procesal sirve de modo secundario a objetivos individuales, y halla su función preponderante en la consecución de los fines tenidos en vista por el legislador al instituir cada derecho subjetivo que posibilite accionar colectivamente.

iv) Procesos colectivos y litigios particulares

En aras de trazar las diferencias entre ambos tipos de proceso, debe partirse de marcar que el litigio colectivo obedece a intereses que residen en un interregno entre el interés público y el interés de los diversos y múltiples individuos que integran el conjunto social. Por su parte, el litigio particular se ubica en la *esfera privada* y concierne exclusivamente al sujeto que invoca la titularidad del derecho controvertido, lesionado o amenazado. Aquel tiene normalmente una fisonomía multifocal mientras que estos reconocen una vertiente singular y unidireccional.

Expresado de otro modo, puede decirse que en un extremo se encuentra la órbita de los intereses individuales, y en el otro, el de los intereses del Estado; en el medio, intercomunicada con ambos costados, existe la zona de los intereses colectivos, que participan de ciertas notas de los litigios particulares, pero adquieren relevancia institucional por su contacto con lo público.

Lorenzetti acude a la teoría de las esferas, al precisar que existen tres órbitas: la íntima, la privada y la social, que permiten establecer supuestos de delimitación de conflictos y reglas de solución[17].

[17] Lorenzetti, Ricardo Luis, *Las normas fundamentales de derecho privado*, Rubinzal Culzoni, Santa Fe, 1995 y *Teoría de la decisión judicial*, Rubinzal Culzoni, Santa Fe, 2008, cap. III.

La *esfera íntima* es el ámbito absolutamente intangible de protección de la vida privada. El individuo que no influye con su comportamiento sobre los demás (art. 19 C.N.) no afecta la esfera de los otros individuos o de la comunidad. Este ámbito tiene una protección máxima, al punto que se lo ha considerado anterior al Derecho o por lo menos integrado por facultades "exentas de la autoridad de los magistrados". El dominio que se reconoce al individuo sobre ellos es cada vez más pleno; al punto tal que el nuevo Código Civil aprobado por ley 26.994 reconoce el derecho de disponibilidad sobre el cuerpo[18].

La *esfera privada*, en cambio, está integrada por aquel ámbito que es individual y repercute en los demás; por lo que surge la necesidad de establecer un límite con las otras esferas individuales y con lo público. En este campo, donde se ubica el derecho de propiedad, la regla de solución de conflictos se basa en el respeto recíproco; al cobrar vigencia la máxima de convivencia conforme a la cual el derecho de cada uno termina donde empieza el derecho de los demás.

Por último, la *esfera social* comprende aquellos actos que realiza el individuo situado en la acción colectiva. Aquí la protección individual es menor porque lo que se prioriza es la tutela de los bienes públicos, caso del derecho a un medio ambiente sano. En consecuencia, el ejercicio de los derechos individuales debe armonizarse con los comprendidos en la esfera social, para no vulnerarlos. Un ejemplo de ello es el concepto de "función ambiental de la propiedad".

Diferencias: podemos decir, alineados a la doctrina de Quiroga Lavié, que la primera diferencia entre la acción privada y la acción pública es que la privada supone pretensión y la pública no.

Así, mientras las acciones privadas son clasificadas como constitutivas de derechos subjetivos, declarativas de situaciones jurídicas y de condena (o sancionatorias), las acciones públicas no revisten ninguno de esos caracteres; porque no hacen nacer derecho subjetivo alguno ni a favor de un individuo ni a favor del grupo; tampoco efectúan declaraciones ni imponen condenas pues la situación que se reclama ya existe en el ordenamiento jurídico y solo hay que cumplirla. Normalmente, la acción pública generará un mandato judicial dirigido a la autoridad administrativa, para que ordene su puesta en funcionamiento o cumpla con las prescripciones de la ley.

[18] Artículo 17: "Derechos sobre el cuerpo humano. Los derechos sobre el cuerpo humano o sus partes no tienen un valor comercial, sino afectivo, terapéutico, científico, humanitario o social y solo pueden ser disponibles por su titular siempre que se respete alguno de esos valores y según lo dispongan las leyes especiales".

Por ello, a criterio de este autor, las acciones públicas no prescriben nunca (aserto que nos parece generalizado y un tanto excesivo) y constituyen un poder de control que tienen los integrantes de la sociedad, dirigido a lograr el equilibrio del sistema social, conforme al programa legislativo vigente y a los principios fundamentales que garantizan su existencia[19].

v) Impacto del conflicto colectivo en la teoría general de la acción

v.a) Jurisdicción y competencia

Desde el momento en se estableció la organización del Estado se delegó en él la función de la justicia, que resulta primordial en cuanto condición necesaria de la paz social, pues el único método civilizado de evitar la justicia por mano propia y los excesos que su ejercicio puede conllevar (por más legítimo que sea el reclamo o pueda parecer la "retribución de una ofensa") es mediante la atribución a un tercero del cometido de declarar lo que es justo en un caso concreto. Ricardo Haro asevera que la necesidad determinó que un tercero, primordialmente el Estado, intervenga en los conflictos de los particulares para resolverlos pacíficamente y que esta actividad, desempeñada por personas extrañas a los propios interesados, constituye en esencia el concepto de jurisdicción.

Si bien se trata de un término que admite varias acepciones, puede entenderse por *jurisdicción*, del latín *iuris dictio*, la función de decir o declarar el derecho en un caso concreto, lo que el Estado realiza a través del Poder Judicial[20].

Como contracara de esta "tercerización" de la función judicial surge el *derecho de acción*, que es la potestad de los individuos para solicitar al Estado su "protección jurisdiccional", o sea, para pedirle justicia. Todos los individuos son sujetos activos del derecho de acción, porque es un derecho reconocido universalmente[21].

Se trata de un derecho *inagotable* (que no se consume por su ejercicio, y puede ejercerse cuantas veces sea necesario), *autónomo* (respecto del derecho de fondo que en cada caso se invoque) y *dinámico* (comprende los distintos planteos que

[19] Quiroga Lavié, Humberto, *El amparo colectivo*, Rubinzal Culzoni, Santa Fe, 1998, ps. 43/44.

[20] Haro, Ricardo, *La Competencia Federal*, Lexis Nexis, 2° edición actualizada, Buenos Aires, 2006.

[21] Loutayf Ranea (dir.), *Principio dispositivo*, Astrea, Buenos Aires, 2014, ps. 113/114.

puedan efectuarse a lo largo del proceso), el Estado, como sujeto pasivo, es quien debe garantizarlo y brindar el servicio de justicia[22].

Por su parte, la *competencia* es la medida de la jurisdicción, es decir, la extensión dentro de la cual un órgano jurisdiccional puede ejercer su órbita específica, la que consiste en decir, declarar o aplicar el derecho al proceso sometido a su consideración. Estas ideas básicas, ya prácticamente universales, se han aplicado a lo largo del tiempo a los distintos tipos de conflictos, dominados por la conflictividad social, que a su vez y en buena medida, es una consecuencia de la racionalidad de cada época.

Y así como en el siglo XIX los pleitos se enderezaban a procurar la defensa de libertades individuales, luego comenzó a litigarse en defensa de derechos sociales, económicos y culturales (cuestiones laborales, sindicales, etc.), y en requerimiento de prestaciones positivas por parte del Estado (como salud o educación), hasta llegar al estadio actual donde la novedad en litigación está dada por los planteos colectivos.

No es que las pretensiones procesales por derechos de segunda generación no hayan concernido a ciertos sectores, mas no se planteaban mediante acciones colectivas sino –a lo sumo– mediante litisconsorcio, lo que además significa que se estaba en presencia de grupos de cantidad acotada o "manejable" de personas.

Entonces los procesos colectivos, donde interviene toda una clase o grupo de personas, vienen a innovar por cuanto habilitan la *jurisdicción* para el entendimiento de pretensiones judiciales masivas, que hasta su irrupción se negociaban en otros ámbitos ajenos al judicial, como un convenio colectivo de trabajo.

En cuanto a la *competencia*, el efecto expansivo de los procesos colectivos requiere nuevas reglas para impedir el caos o la inseguridad jurídica que supone la posibilidad de que se dicten sentencias superpuestas y hasta contradictorias en procesos semejantes y coexistentes sobre una misma cuestión. Lo que se agrava, claro está, en los casos en que además se plantea la inconstitucionalidad de una norma.

Por ello, por vía de reglamentación, la Corte Suprema comenzó por establecer la obligación de anotar la existencia del proceso colectivo en un registro creado en su sede (Acordada 32/2014); para luego establecer un criterio de prioridad a favor del juez que primero recibió el planteo colectivo y le dio trámite de tal, siempre que se haya efectuado la inscripción correspondiente, y otorgar a ese

[22] Cfr. Caeiro, Silvia Palacio de, *Competencia Federal Civil-Penal*, La Ley, Buenos Aires, mayo de 1999.

magistrado la posibilidad de negarse a recibir todos los expedientes posteriores de otras provincias e incidentarlo mediante recurso (Acordada 12/2016 que luego analizaremos en profundidad).

Vemos entonces cómo los procesos colectivos cambian las reglas tradicionales de la competencia, y establecen una suerte de fuero de atracción por prioridad temporal, que se encuentra a nuestro criterio plenamente justificado por el hecho de que luego sus decisiones van a tener un impacto colectivo más allá de las partes en el proceso.

v.b) Legitimación. Sentencia

Como sabemos, la *legitimación* es la aptitud de postulación procesal, lo que habilita al justiciable a presentarse ante tribunales en demanda de protección a los derechos que invoca.

Se suele distinguir entre legitimación material y legitimación procesal: la primera derivada de la titularidad de la relación jurídica que se ventila en el proceso, y la segunda derivada del hecho de presentar las condiciones apropiadas para estar en el proceso[23]. En versión de Colombo-Kipper[24], se trata de una distinción histórica conforme a la cual "la *legitimatio ad processum* era una aptitud genérica de los sujetos, que los capacitaba a estar válidamente en juicio (*legitima persona standi in juicio*). Equivalía a nuestra capacidad procesal y los problemas que presentaba se extendían a los casos de falta de capacidad de los locos, menores, etc.; a los supuestos de representación legal en estos casos, y por último, a los de representación necesaria de los entes sociales. Los casos de la *legitimatio ad processum* tenían, como se ve, una índole estrictamente procesal y en cuanto condicionaban la admisibilidad del proceso, resultaba conducente la exigencia de su acreditación previa para poder controlar *in limine litis* la validez de la relación procesal misma".

No puede decirse lo mismo de la *legitimatio ad causam*, que se refería –según estos autores– a la acreditación de la titularidad sustantiva en particulares casos de sucesión *inter vivos* o *mortis causa*. En estos supuestos, la acreditación del carácter de sucesor (vgr. de concesionario o heredero), suponía la justificación de una circunstancia subjetiva que condicionaba la misma fundamentación de la acción.

[23] Cfr. Serra Domínguez, "Precisiones en torno a los conceptos de parte, capacidad procesal, representación y legitimación", en *Revista Jurídica*, Barcelona, 1987.

[24] Colombo, Carlos y Kipper, Claudio, *Código Procesal Civil y Comercial de la Nación*, La Ley, Buenos Aires, 2006, tomo III, p. 660, con cita de Gutiérrez de Cabiedes.

Nuevamente la lógica del proceso colectivo irrumpe en este punto de la teoría de la acción, al flexibilizar criterios clásicos, pero a la vez, al afinar el detalle de lo que resulta necesario para la *legitimatio ad causam*, o sea, para que haya una genuina e idónea representación del conjunto constitutivo de la parte. No estaremos ya en presencia de la legitimación clásica o directa del derecho civil sino de una legitimación por representación o indirecta.

Desde otro ángulo, debe tenerse en cuenta que el proceso colectivo no es una acción popular sino de dilatada legitimación que requiere, además de la representación adecuada, una concisa identificación en torno a un objeto. Así, la dispersión en la clase obsta que el juicio se instrumente como colectivo, a la vez que existe un lapso, contado desde la publicación de la existencia y radicación del proceso colectivo, durante el cual los interesados en la pretensión pueden presentarse ante el juez interviniente a manifestar su adhesión (*opt in*).

En cuanto a la *sentencia*, vale memorar que según la doctrina clásica "es el acto por el cual el juez cumple la obligación jurisdiccional derivada de la acción y del derecho de contradicción, de resolver sobre las pretensiones del demandante y las excepciones del demandado. Con ella se satisface el objeto de la acción y se cumple el fin del proceso"[25].

Palacio, sin limitarse al reclamo individual, sostiene que "mediante la sentencia el juez crea una norma individual (*lex specialis*) que constituye una nueva fuente reguladora de la situación jurídica controvertida en el proceso, y que, como manifestación trascendente que es del ejercicio de la función jurisdiccional, debe ser acatada por las partes y respetada por los terceros"[26]. A su vez, Couture concibe la sentencia como "el acto que emana de los agentes de la jurisdicción y mediante el cual deciden la causa o punto sometidos a su conocimiento. Como documento, la sentencia es la pieza escrita, emanada del tribunal, que contiene el texto de la decisión emitida"[27].

Cualquiera sea la noción que se adopte, el conflicto colectivo desborda los límites tradicionales del efecto de esa declaración del juez sobre el derecho de las partes.

[25] Devis Echandia, Hernando, *Nociones generales de Derecho Procesal Civil*, Madrid, editorial Aguilar, 1966, p. 526.

[26] Palacio, Lino E., *Manual de derecho procesal civil*, 14° edición actualizada, Abeledo-Perrot, Buenos Aires, 1998, p. 533.

[27] Couture, Eduardo J, *Fundamentos del derecho procesal civil*, Buenos Aires, Depalma, 1985, p. 277.

En definitiva, como puede inferirse a partir de estas sucintas referencias sobre jurisdicción y competencia, legitimación y sentencia, temas que se profundizarán a partir de la parte general, el proceso colectivo tiene un alto impacto en la teoría de la acción.

v.c) Acceso a la justicia, debido proceso y principio de congruencia

Hoy en día, cobra cada vez más fuerza la idea de que es en el campo de la administración de justicia donde se define la vigencia de los derechos fundamentales en las sociedades contemporáneas, donde se prueba si las libertades y garantías enunciadas en un profuso catálogo de leyes y los diferentes instrumentos de derecho internacional tienen o no aplicación real al interior de las sociedades.

Por otro lado, empero, se ha señalado que el órgano jurisdiccional muchas veces se presenta como lejano, separado por cuestiones geográficas, físicas, arquitectónicas, económicas, institucionales e incluso psicológicas que obstaculizan que las personas se acerquen a él y, en consecuencia, reciban la ansiada tutela. Ello impacta en el núcleo del sistema jurídico, y pone en jaque su vigencia. Como bien se ha señalado, en la actualidad el problema no consiste en saber cuáles y cuántos son los derechos sino, más bien, cuál es la forma más segura de garantizarlos para impedir que, a pesar de las solemnes declaraciones, se los viole constantemente[28].

El derecho de acceso a la justicia procura superar estos obstáculos y acercar a las personas la tutela de sus derechos, al vigorizar el sistema jurisdiccional y enraizándolo en la realidad cotidiana de la sociedad. De allí que los tratados internacionales regulen en profundidad sobre garantías judiciales[29].

A título de noción, el *acceso a la justicia* consiste en la posibilidad de emplear las herramientas procesales previstas por los ordenamientos jurídicos (nacionales e internacionales) para requerir la resolución de una controversia, el esclarecimiento de un hecho o el enjuiciamiento de un delito.

[28] Cfr. Sagüés, María Sofía, "El Derecho de Acceso a la Justicia", en *Tratado de Derecho Procesal Constitucional*, Manili, Pablo Luis (dir.), La Ley, tomo I; ps. 119/124, con cita de Norberto Bobbio; y Méndez, Juan E., "El Acceso a la Justicia, un enfoque desde los derechos humanos", disponible en https://es.scribd.com

[29] Corresponde mencionar principalmente el Pacto de San José de Costa Rica, arts. 8 y 25 y el Pacto Internacional de Derechos Civiles, Políticos y su Protocolo Facultativo, art. 14.

Existe una estrecha interdependencia entre el acceso a la justicia y el derecho a la igualdad, donde el limitado acceso a la justicia constituye, probablemente, una de las formas más odiosas de exclusión, que no podemos separar de la desigualdad y la pobreza. De allí la importancia de Las Reglas sobre Acceso a la Justicia de las Personas en Condición de Vulnerabilidad[30], documento que plasma la creciente toma de conciencia acerca de las barreras para el acceso a la justicia y para el ejercicio de los derechos que no son de carácter individual sino social o grupal, en el entendimiento de que (como se expresa en sus motivos) poca utilidad tiene que el Estado reconozca formalmente un derecho si su titular no puede acceder de forma efectiva al sistema de justicia para obtener la tutela de dicho derecho.

1) Al seguir a Berizonce[31], puede decirse que el derecho fundamental a la tutela judicial efectiva comprende, al menos y no taxativamente: a) el debido proceso, como oportunidad de ser oído, ofrecer y producir prueba de descargo; b) el libre e irrestricto acceso a la jurisdicción, enfatizado cuando están en juego derechos de tutela preferente; c) las debidas garantías del procedimiento, que incluyen la vigencia del contradictorio en todas sus facetas, instancias y procedimientos, y la igualdad efectiva, como real paridad entre los actuantes en el proceso, d) medidas cautelares, urgentes y anticipatorias para asegurar el objeto del litigio, e) una sentencia intrínsecamente justa, sustentada en la verdad jurídico objetiva y con prescindencia del rigorismos formales; dictada en un plazo razonable y de ejecución efectiva.

Así las cosas, el derecho a la tutela judicial efectiva impone la eliminación de toda concepción restrictiva respecto del acceso jurisdiccional. Implica el despliegue de sus efectos en tres momentos distintos: primero en el acceso a la justicia; segundo, una vez en ella, que sea posible la defensa y obtener solución en un plazo razonable, y tercero, una vez dictada sentencia, el universo concernido y la plena efectividad de sus pronunciamientos. En suma: *acceso a la jurisdicción, debido proceso, efectos y eficacia de la sentencia.*

2) Estos tres elementos centrales cambian de lógica y de dinámica cuando se trata de *conflictos colectivos*.

30 XIV Cumbre Judicial Iberoamericana Brasilia, 4 a 6 de marzo de 2008, disponible en http://www.acnur.org

31 Berizonce, Roberto Omar, *Tutelas procesales diferenciadas*, Rubinzal Culzoni, Buenos Aires, 2009, ps. 21/22.

Abramovich señala la proyección del acceso a la justicia en el proceso democrático de adopción de decisiones relativas a políticas públicas mediante "el reconocimiento legal de nuevos mecanismos procesales de representación de intereses colectivos y… la práctica de ciertos grupos o actores de plantear en el ámbito judicial conflictos públicos o que trascienden lo individual, a través de lo cual buscan fijar cuestiones en la agenda del debate social, cuestionar procesos de definición e implementación de políticas de Estado, el contenido de esas políticas y sus potenciales impactos sociales, o en ocasiones ante la omisión del Estado, activar procesos de toma de decisión de políticas públicas o impulsar reformas de los marcos institucionales y legales en que se desarrollan… El acceso a la jurisdicción actúa de ese modo como un mecanismo de participación en la esfera política, que remplaza o complementa el deterioro de otros canales institucionales propios del juego democrático"[32].

Podemos decir, sin temor a equivocarnos, que los procesos colectivos abrieron la puerta de tribunales a un tipo de litigio que antes no se planteaba, sea por la dificultad de tramitarlo, por una cuestión de costos, incluso por una concepción teórica y el arraigo a la mecánica del litigio individual, o por todos estos motivos juntos. Lo cierto es que las cuestiones que afectaban a un conjunto o buena parte de la población no llegaban a la justicia, lo que ahora sí acontece, con resultados, en gran medida, positivos.

> Pues bien, este acceso *colectivo* a la jurisdicción demanda nuevas reglas que permitan difusión suficiente acerca de la existencia del juicio, a fin de que los interesados manifiesten su interés de ser incluidos o por el contrario excluidos de la categoría, pautas definidas acerca de las condiciones que debe reunir la propia clase para su configuración; así como las que conciernan a los que pretendan atribuirse su representación, etc.

Para la plena observancia del *debido proceso* será menester agilizar los trámites de las notificaciones y publicaciones que conciernan a los integrantes de la clase, a fin de que estén en plenas condiciones de ejercer su derecho de defensa. También es importante dar cabida a la celebración de audiencias públicas, para una mayor inmediación, sin descuidar el esfuerzo organizativo que implica manejar un proceso de estas características.

[32] Abramovich, Víctor, "Acceso a la Justicia y nuevas formas de participación en la esfera política", en *La Ciencia del Derecho Procesal Constitucional*, Ferrer Mac Gregor y Zaldívar Lelo De Larrea (coords.), Rubinzal Culzoni, Buenos Aires, 2009, tomo II, p. 444.

Un aspecto trascendente del debido proceso que no debe soslayarse en el análisis del litigio colectivo es el *principio de congruencia*, según el cual –como es sabido– debe existir una correlación o adecuación entre los planteos de las partes y la respuesta jurisdiccional, que encolumne tras de sí a la bilateralidad, igualdad y equilibrio procesal[33].

Peyrano define la congruencia como "la exigencia de que medie una identidad entre materia, partes y hechos de una *litis* incidental o sustantiva y lo resuelto por la decisión jurisdiccional que la dirima"[34]; de modo que la violación a la misma puede recaer en cualquiera de los tres elementos de la pretensión (sujeto, objeto y *causa petendi*) al dar lugar a una incongruencia subjetiva, objetiva o causal[35].

> En el litigio colectivo debe cuidarse que el entusiasmo por la defensa de bienes comunes o intereses homogéneos no derive en la inobservancia a la regla de congruencia; cosa que ocurrió con el texto sancionado de la Ley General del Ambiente, nº 25.675.

En efecto, el art. 32 *in fine* de dicho plexo, tal como fue aprobado por el Congreso, disponía que "... en su sentencia, de acuerdo a las reglas de la sana crítica, *el juez podrá extender su fallo a cuestiones no sometidas expresamente a su consideración por las partes*" (destacado propio), previsión que fue objetada por el Poder Ejecutivo en el veto parcial del proyecto de ley respectivo[36], por

33 Cfr. Fenochietto-Arazi, *Código Procesal Civil y Comercial de la Nación*, Astrea, Buenos Aires 1993, tomo I, p. 140.

34 Peyrano, Jorge, *El proceso Civil*, Astrea, Buenos Aires, 1978, p. 65.

35 Cfr. Ghersi, Olsen (dir.), *Discusiones en torno del derecho judicial*, Córdoba, Academia Nacional de Derecho y Ciencias Sociales de Córdoba, 2008.

36 El decreto 2413/2002 dice textualmente en sus considerandos: "Que en el artículo 32 del Proyecto de Ley, en la oración que expresa: 'Asimismo, en su sentencia, de acuerdo a las reglas de la sana crítica, el juez podrá extender su fallo a cuestiones no sometidas expresamente a su consideración por las partes', se autoriza a los jueces de las provincias a dictar sentencia en la materia comprendida en la norma sancionada, apartándose del principio de congruencia procesal.

Que apartarse de dicho principio, constituye un defecto descalificado por la CORTE SUPREMA DE JUSTICIA DE LA NACIÓN con fundamento en la doctrina sobre arbitrariedad, por violatorio de la garantía del debido proceso (artículo 18 de la Constitución de la Nación Argentina).

Que el defecto se acentúa por la circunstancia que algunas constituciones provinciales, otorgan rango constitucional al principio de congruencia procesal.

Que en la norma transcripta también se impone a los jueces de las provincias el acatamiento a las reglas de la sana crítica en la evaluación de los hechos sometidos a las disposiciones del Proyecto adoptar un sistema de apreciación de la prueba (la "sana crítica") cuando ese es un tema de resorte de los códigos procesales provinciales, y por violación al principio de congruencia.

Las objeciones son razonables, la *primera* en defensa de la autonomía provincial y de las facultades no delegadas en el gobierno federal; y la *segunda*, que al presente más interesa al objeto de este trabajo, por cuanto la aplicación de un texto semejante, por más noble intención que la inspirara, habría puesto en serio riesgo el derecho de defensa en juicio e, indirectamente, la seguridad jurídica; pues nadie podría pronosticar los efectos de una sentencia ambiental, ni las partes ser oídas respecto de los puntos nuevos que introduzca el juez al momento de dictarla.

Hay además una razón elemental de hermenéutica jurídica y es que debe darse preeminencia al conjunto armónico del ordenamiento jurídico, para evitar poner en pugna las garantías constitucionales, las que, por el contrario, deben integrarse armónicamente, con preservación de su valor y sentido[37].

El tercer elemento trastocado por la dinámica de los procesos colectivos, esto es, *la sentencia*, cambia en lo concerniente a sus *efectos y eficacia.*

En cuanto a los *efectos*, el hecho de extenderse a individuos que normalmente ingresan al litigio representados por una entidad intermedia, funcionario o mandatario normativamente habilitado, implica que el litigio colectivo les concierne, más allá de los sujetos que intervienen en persona, con variación del grado de apertura de acuerdo con el tipo de bienes implicados; lo que será motivo de detenido análisis en la sección especial de la parte general.

> Mayor complejidad presenta la cuestión cuando el proceso colectivo encierra un planteo de inconstitucionalidad respecto de una norma general, situación en la que es menester analizar, además, *cómo juega la teoría del control de constitucionalidad*, de clásico alcance interpartes, con el efecto expansivo propio de aquel. Esta es la médula de nuestro planteo y constituye un problema complejo, profundo, no del todo asumido y menos aún resuelto en forma definitiva, como ya se ha marcado en este breve aparte introductorio.

---

de Ley nº 25.675, pese a que la adopción de determinado sistema en la ponderación de la prueba es atribución de la jurisdicción local".

[37] Cfr. doctrina de C.S.J.N. en fallos: 255:360; 234:482 y sus citas.

En cuanto a la *ejecución*, los procesos colectivos requieren de un razonamiento práctico y estratégico enderezado, en primer lugar, al diseño de un mandato de cumplimiento posible, atento las múltiples dificultades que se plantean en supuestos de litigios estructurales o sobre bienes colectivos, como puede ser la problemática carcelaria o una contaminación ambiental. Asimismo, deben preverse mecanismos de control sobre el cumplimiento (por los propios jueces que emitieron la sentencia, por jueces delegados, por organismos del Estado, por los ciudadanos, etc.) muchas veces imbricados entre sí; y un plazo de ejecución, quizás no taxativo pero si aproximado, con fechas tope de presentación de informes sobre el grado de avance, lo que exigirá, de acuerdo al bien jurídico en juego y la dificultad del caso, estadios intermedios o un plan de acción. Especial consideración merecerá el tema de la eficacia cuando la sentencia importe el ejercicio del control de constitucionalidad de una norma de alcance federal, eje de nuestro trabajo.

PARTE GENERAL

Sección primera:
Sobre los perfiles de la acción colectiva

CAPÍTULO I: LA *CLASS ACTION* EN EL DERECHO COMPARADO

i) Noción y surgimiento

Las acciones de clase han sido definidas como aquellas demandas en las cuales una o varias personas representan los intereses de un grupo más amplio[38].

En derecho estadounidense, Hazard expresa que "es una acción intentada por, u ocasionalmente contra, un grupo o clase de individuos que demanda o es demandada a través de un representante, quien se constituye en parte, en defensa del grupo"[39].

Para Gidi la acción colectiva es la acción propuesta por un representante (legitimación) en la defensa de un derecho colectivamente considerado (objeto del proceso) cuya inmutabilidad en la autoridad de la sentencia alcanzará a un grupo de personas (cosa juzgada). En una acción colectiva los derechos del grupo son representados en juicio por un representante y la sentencia será respecto a toda la controversia, al alcanzar a los miembros titulares del derecho del grupo[40].

Se sostiene que durante el apogeo del liberalismo decimonónico, las cortes acudieron a un instituto de reminiscencias feudales, lo remozaron y adecuaron a las nuevas necesidades, y lograron así un medio útil para atender a violaciones de intereses de grupos humanos unidos solo por un circunstancial ataque a su esfera de intereses, con elementos comunes integrantes del proceso dañoso, que

38 Verbic, Francisco, *Procesos Colectivos*, Astrea, Buenos Aires, 2007, p. 13.

39 Hazard, J., "Civil Procedure", West Pub. Co., Los Ángeles, 1982, citado por Aciarri, Hugo y Stiglitz, *op. cit.*

40 Gidi, Antonio y Ferrer Mac Gregor, Eduardo, *La tutela de los derechos difusos, colectivos e individuales homogéneos. Hacia un Código modelo para Iberoamérica,* Porrúa, Academia Mexicana de Ciencias Penales, 2° edición, 2004, p. 15.

demuestran la conveniencia y utilidad de un tratamiento procesal unificado, y dieron surgimiento a los llamados *class suits* o, desde un punto de vista dinámico *class actions*[41].

Su empleo en los Estados Unidos comenzó en el siglo XIX, pero sus orígenes se remontan a la antigua jurisprudencia de *equity* inglesa en torno a la cual, desde finales del siglo XVII y principios del XVIII, se comenzó a desarrollar el concepto de *representative suit*, aplicado por la Court of Chancery inglesa.

La formulación en una norma expresa tuvo lugar en 1842, no ya en Inglaterra sino en los Estados Unidos, con la sanción de la Equity Rule 48 del año 1842; la que tenía dos limitaciones: a) solo se trataba de procesos de equidad, como el nombre lo indica; b) la sentencia que ponía fin al litigio no tenía efectos para los miembros ausentes del grupo. En 1912, la Equity Rule 38 suplantó a su predecesora, con una principal diferencia: la ausencia de regulación del efecto no vinculante de la sentencia respecto de los restantes afectados, al dejar abierta la puerta para que los magistrados pudieran extender los efectos subjetivos de aquella[42].

La institución adquirió notable desarrollo a partir del siglo XX, con motivo de dos acontecimientos claves: el primero de ellos en 1938 cuando, en el marco de una reforma profunda del sistema procesal estadounidense que significó nada menos que la superación definitiva de la distinción entre jurisdicción de *common law* y de *equity*, este tipo de proceso fue incorporado a la Regla 23 de Procedimiento Civil Federal[43].

Las principales características de esta famosa norma fueron: 1) la habilitación de las acciones de clase tanto en la jurisdicción ordinaria como de equidad; 2) la distinción de tres categorías de procedimientos representativos, que tomaron respectivamente el nombre de *true* (verdadera), *hybrid* (híbrida) y *spurious* (impura) *class action*. La primera situación se daba en los casos en que el interés que unía a los miembros era "conjunto o común", la segunda, cuando el interés era diverso o divisible pero involucraba una misma propiedad o fondo limitado; la última categoría estaba integrada por los casos en que los intereses eran igualmente diversos

41 Aciarri, Hugo y Stiglitz, Gabriel, "Legitimación Procesal Colectiva. Las Acciones de Clase. Reparación de daños", en *La Revista del Foro de Cuyo*, tomo IX, 1993, p. 235 y siguientes.

42 Cfr. Giannini, Leandro, *La tutela colectiva de los intereses individuales homogéneos*, Librería editora Platense, Buenos Aires, 2007, p. 79 y siguientes.

43 Bianchi, Alberto, "Las acciones de clase como medio de solución de los problemas de legitimación activa a gran escala", *Revista de Administración Pública* (R.A.P.), nº 235.

o divisibles, pero presentaban un beneficio en su agregación por la existencia de cuestiones de hecho o de derecho compartidas; 3) los efectos *erga omnes* de la sentencia, sea a favor o en contra de los miembros ausentes, fueron reconocidos en la primera categoría[44].

El segundo acontecimiento es justamente la modificación de la Regla 23 a través de la enmienda de 1966, cuyo texto se encuentra vigente en la actualidad, cuyas preferentes notas son: a) la supresión de las categorías de *true, hybrid y spurious* y su reemplazo por una enunciación de presupuestos generales y requisitos de admisibilidad; b) la consagración de los efectos *erga omnes* para todas las *class action*, con la posibilidad de cualquier sujeto potencialmente incluido en la clase, de manifestar su voluntad de no quedar comprendido en la sentencia en determinadas hipótesis (*opt out*).

Así, la reforma al sistema legal estadounidense, que fusionó la jurisdicción del *common law* y la *equity law*, a través de las Federal Rules of Civil Procedure (Reglas Federales de Procedimiento Judicial Civil), introdujo a través de la Regla 23, las denominadas *class action*. De esta forma, el derecho anglosajón incorporó en un cuerpo procedimental aspectos sustantivos provenientes de la influencia del *equity law*, mediante los cuales pregonaba un pragmatismo en la decisión judicial.

A partir de allí, las acciones de clase se han convertido en una herramienta considerada por algunos como uno de los *recursos sociales* más útiles en la historia, pues permitieron –entre otras cosas– el acceso a los tribunales de cientos de miles de personas que por su condición social y económica lo tenían denegado de hecho, al presionar sobre los grandes grupos económicos y sobre políticas de Estado que no siempre tienen en mira el bien común (*sic*)[45].

Consideramos que, además de ampliar las fronteras del acceso a la justicia, los procesos colectivos revisten otras virtudes como:

a) afianzar los controles a los grandes grupos económicos y de poder: judicializar en conjunto temas que conciernen a una pluralidad de individuos *visibiliza* el conflicto y, por ende, *expone* a los presuntos responsables de la situación generadora del litigio.

44 Cfr. Giannini, L., *op. cit.*, p. 81.

45 Cfr. Verbic, *op. cit.*, p. 17.

Así los procesos colectivos aportan a la generación de mayores controles, no solo respecto de las grandes firmas empresariales sino también respecto del Estado, por lo que es muy frecuente hoy en día el ejercicio de acciones colectivas de consumo referidas a los servicios públicos, que si bien se encuentran tercerizados, hacen a los cometidos esenciales del Estado.

b) constituir un nuevo carril de participación, en línea con diversas manifestaciones de la corriente de gestión pública llamada *open government*, como las audiencias en diversos ámbitos, también en el judicial.

c) fortalecer la posición negociadora de los miembros de la clase, categoría o sector, que aisladamente carecen de capacidad o peso para enfrentarse a adversarios que los superan ampliamente en poder económico, político, posesión de la información, etcétera.

De seguido, veremos los rasgos principales de las acciones de grupo en algunos países de América y Europa que tuvieron, a nuestro modo de ver, un interesante tratamiento.

ii) La acción de clase en los Estados Unidos de América. Pinceladas de la Rule 23

Para adquirir una cabal noción del instituto, es importante mencionar los requisitos enunciados por la reglamentación vigente en los Estados Unidos de América. La misma data de 1938 (con las reformas incorporadas en 1966) y constituye la legislación sobre la materia más antigua del continente. En la Rule 23(a) se enuncian como prerrequisitos concurrentes para iniciar la acción que

- la clase sea tan numerosa que el litisconsorcio de todos los miembros resulte impracticable (*numerosity*);
- la existencia de cuestiones comunes de derecho o de hecho a la clase (*commonality*);
- las pretensiones de los representantes sean típicas respecto de las reclamaciones de la clase (*typicality*);
- los representantes protejan justa y adecuadamente los intereses de la clase (*adequacy of representation*).

La norma es clara en el sentido de que, si no se reúnen los cuatro requisitos, la acción colectiva no se declarará admisible, aunque la acción pueda proseguir en la forma individual entre actor y demandado. La parte que solicita el tratamiento colectivo debe demostrar y convencer al juez que, *prima facie*, todos los requisitos que señala el precepto se encuentran cumplidos. En caso contrario, y como directa consecuencia, la certificación de la acción colectiva será denegada.

Las exigencias comienzan por la "impracticabilidad" del litisconsorcio, que no es exactamente equivalente a imposibilidad. Habría impracticabilidad del litisconsorcio si en la práctica no fuera viable que todos los miembros del grupo se unieran para proponer un litigio en litisconsorcio[46]. Además, la norma no establece un número predeterminado de integrantes que haga que se cumpla el requisito de la impracticabilidad del litisconsorcio, por lo que será una facultad del juez evaluar, si en el caso concreto, se cumplimentó o no el requisito.

El segundo presupuesto de admisibilidad, esto es, que haya cuestiones de derecho o de hecho comunes al grupo, constituye una condición inherente a un proceso colectivo. Si se pretende que las demandas de distintas personas sean tratadas en forma unitaria, es lógico que se exija que haya entre las mismas alguna conexión. Esto no quiere decir que la situación de todos los miembros del grupo deba ser idéntica (pueden establecerse subgrupos dentro de la clase), aunque sí deben ser lo suficientemente similares como para merecer un trato unitario.

El tercer requisito que establece la Regla 23 es el de la tipicidad, es decir, que los pedidos o las defensas del representante del grupo sean típicos de los pedidos o de las defensas de sus miembros. O sea, que no exista una marcada diferencia entre lo planteado por el representante y sus representados.

El último requisito es el de la representatividad adecuada. Tal exigencia hace referencia a que el representante debe ser idóneo para defender los intereses de los demás miembros afectados y diligente en todo el curso del proceso, lo que debe ser controlado de oficio por el juez. Giannini expresa que se entiende por tal locución "el requisito de las pretensiones de incidencia colectiva según el cual, quien interviene en el proceso para gestionar o representar los intereses de una clase, debe poseer las condiciones personales, profesionales, financieras, etc., suficientes para garantizar una apropiada defensa de dichos intereses"[47].

La concurrencia de este recaudo es imprescindible para que sea respetado el debido proceso legal de los miembros ausentes, a fin de que no se les imponga

[46] Gidi, Antonio y Ferrer Mac-Gregor, Eduardo, *op. cit.*, p. 3.

[47] Giannini, Leandro, J., "Legitimación en las acciones de clase", *La Ley*, 2006-E, 916.

una sentencia que es producto de un procedimiento en el cual ellos no han participado.

Tipos de acciones de clase en USA

En su apartado (b) la Rule 23 expone tres tipos de acciones de clase; por lo que, además de cumplirse los requisitos del apartado (a), la clase propuesta debe incluirse en alguno de los tipos enumerados.

Así, bajo el apartado (b)(1) se abordan casos donde múltiples demandas podrían crear el riesgo de resoluciones inconsistentes o de estándares incompatibles de conducta, y donde las acciones individuales podrían decidir, de forma práctica, el interés de los miembros ausentes de la clase. Dentro de este apartado se distinguen: a) las clases de resultado incompatible (*incompatible result classes*), y b) las clases de fondos limitados (*limited fund classes*), que garantizan que todos los demandantes reciben una compensación, siempre que no hayan atacado judicialmente el fondo por otra vía. Una característica de este tipo de acciones de clase es que los miembros no tienen un derecho a ser notificados de la tramitación y, por lo tanto, no están autorizados a ejercer la opción de salida de la clase.

Luego, en el marco del apartado (b)(2) se incluyen aquellas que propenden, principalmente, a una declaración judicial (*injunctive relief*) o, en otras palabras, cuando el objetivo buscado es, exclusiva o predominantemente, una sentencia declarativa. En estos supuestos, la satisfacción monetaria sería apropiada si se trata de una cuestión incidental a la declaración jurisdiccional. Al respecto, la jurisprudencia de los Estados Unidos entendió que el cómputo de la indemnización debe ser mecánico, sin la necesidad de un cálculo individual, de forma tal que las demandas separadas de cada miembro redundarían en una pérdida de recursos. En este tipo, los miembros tampoco tienen la opción de salida[48].

Finalmente, el apartado (b)(3) constituye un tipo subsidiario, denominado atrapa-todo (*catch-all*), es decir, una categoría donde se incorporan las acciones de clase que no encuadran en ninguno de los supuestos anteriores. Este supuesto permite la opción de salida, en el entendimiento de que, presumiblemente, cada miembro podría proteger mejor sus derechos en un litigio individual[49].

[48] Anderson, Brian y Trask, Andrew, *The Class Action Playbook*, Oxford University Press, New York, United States, 2010, ps. 33/36.

[49] Anderson-Trask, *op. cit.*, ps. 38/39.

iii) La acción de clase en Brasil

Uno de los profesores brasileros más dedicados a estas cuestiones, Antonio Gidi, sostiene que en contra del escepticismo inicial y "aun de algo de terrorismo académico, el buen sentido sugirió y la experiencia demostró que las *class actions* son compatibles con los sistemas de derecho civil". Sin embargo, hasta ahora Canadá y Brasil son los únicos lugares que han desarrollado un sistema completo y autónomo de *class actions*. En el resto del mundo, la evolución hacia estas parece bastante lenta y poco prometedora a pesar de algunos esfuerzos hechos especialmente por los académicos[50].

Actualmente existe una regulación que las prevé de modo expreso, en el Código del Consumidor de dicho país, aprobado por ley 8078, del 11 de septiembre de 1990. Este plexo, en su Título III dedicado a "La Defensa del Consumidor en Juicio", dispone que "la defensa colectiva será ejercida cuando se trate de:

I - intereses o derechos difusos, así entendidos para los efectos de este Código, los transindividuales, de naturaleza indivisible, que sean titulares personas indeterminadas y coligadas por circunstancias de hecho;

II - intereses o derechos colectivos, así entendidos para los efectos de este Código, los transindividuales de naturaleza indivisible que sea titular un grupo, categoría o clase de personas coligadas entre sí o con la parte contraria por una relación jurídica base;

III - intereses o derechos individuales homogéneos, así entendidos los resultantes de origen común" (art. 81).

Esta distinción entre tres tipos de acciones colectivas va acompañada de pequeñas diferencias en su procedimiento y en la finalidad del juicio; y resulta un antecedente inmediato de la distinción que casi 20 años más tarde, en 2009, haría la Corte Suprema de nuestro país en el caso "Halabi", sobre el que volveremos más adelante.

Por otro lado, la ley brasileña exige que el Ministerio Público sea notificado de la admisión de cualquier acción colectiva y sea invitado a intervenir como observador. Ello contribuye a asegurar un trato justo a los miembros ausentes.

[50] Gidi, Antonio, "Acciones de grupo y amparo colectivo en Brasil. La protección de derechos difusos, colectivos e individuales homogéneos", ponencia presentada en Suiza ("Debates sobre litigio colectivo en una perspectiva comparada: ¿Qué podemos aprender de cada uno?").

El Código refiere de modo expreso al tema de los efectos de la cosa juzgada en las acciones de grupo y dispone que una sentencia colectiva obligará a todos los miembros del grupo, hayan participado o no en el proceso, pero no puede perjudicar sus derechos individuales. Es decir que, si la acción colectiva es decidida a favor del grupo, todos los miembros ausentes de este se benefician de la cosa juzgada en la sentencia colectiva. Si, en cambio, es decidida en forma desfavorable, la pretensión está precluida y no puede nuevamente presentarse la misma acción colectiva para ejercitar el mismo derecho.

Sin embargo, ello no es óbice para que los miembros de la clase puedan presentarse ante los tribunales y ejercitar acciones individuales en protección de sus derechos individuales, solución que marcó una tendencia seguida en nuestro país en algunos proyectos de ley, como más adelante se verá.

iv) La acción de clase en Colombia

En Colombia, las acciones de grupo están reguladas junto a las acciones populares en la ley 472 del 5 de agosto de 1998, que reglamenta el artículo 88 de la Constitución Política de Colombia. De esta extensa norma, que a partir del Título III aborda especialmente la cuestión, citaremos lo pertinente.

Así, el art. 46 dispone que las acciones de grupo son aquellas acciones interpuestas por un número plural o un conjunto de personas que reúnen condiciones uniformes respecto de una misma causa que originó perjuicios individuales para dichas personas. Aunque ha sido controvertido (y judicializado), se cuantifica la integración del grupo, que debe ser de 20 personas como mínimo.

De acuerdo al art. 47, "sin perjuicio de la acción individual que corresponda por la indemnización de perjuicios, la acción de grupo deberá promoverse dentro de los dos (2) años siguientes a la fecha en que se causó el daño o cesó la acción vulnerable causante del mismo".

En cuanto a los titulares de las acciones, puede tratarse de personas físicas o jurídicas y el Defensor del Pueblo, así como los "Personeros Municipales y Distritales" están habilitados a presentar acciones de grupo en nombre de cualquier persona que se lo solicite o que se encuentre en situación de desamparo o indefensión. En este caso será parte en el proceso judicial junto con los agraviados.

En la acción de grupo el actor o quien actúe como demandante representa a las demás personas que hayan sido afectadas individualmente por los hechos lesivos, sin necesidad de que cada uno de los interesados ejerza por separado su propia acción u otorgue poder. A la vez, se permite que las acciones individuales relativas a los mismos hechos puedan acumularse a la acción de grupo, a solicitud del interesado, quien se acogerá a los resultados de la acción de grupo.

Sobre el derecho de autoexclusión, la ley 472 es un tanto restrictiva en cuanto al plazo, pues según el art. 56, dentro de los cinco días siguientes al vencimiento del término de traslado de la demanda, cualquier miembro podrá manifestar su deseo de ser excluido del grupo y, en consecuencia, no ser vinculado por el acuerdo de conciliación o la sentencia. Comparado con otros sistemas, que permiten el ejercicio del "*opt out*" hasta la clausura del período probatorio e incluso hasta el llamado de autos para sentencia, el término de la ley colombiana luce exiguo.

Sin embargo, existe una posibilidad más de eximirse de los efectos de la cosa juzgada y es "cuando la persona vinculada por una sentencia pero que no participó en el proceso, demuestre que sus intereses no fueron representados en forma adecuada por el representante del grupo o que hubo graves errores en la notificación (inciso b). "Transcurrido el término sin que el miembro así lo exprese, los resultados del acuerdo o de la sentencia lo vincularán. Si decide excluirse del grupo, podrá intentar acción individual por indemnización de perjuicios".

Si bien esta previsión implica un salvoconducto para quien no desea verse alcanzado por la sentencia del proceso colectivo, resulta más engorroso que el "*opt out*", que generalmente se implementa mediante un formulario y sin obligación de expresar los motivos de quien lo ejerce. Nótese, además, que la norma colombiana habla de acreditación, no de una simple justificación argumentativa.

En cuanto al contenido de la sentencia, se establece que estará sujeta a las disposiciones generales del Código de Procedimiento Civil y, además, cuando acoja las pretensiones incoadas, dispondrá, entre otras cosas:

1. El pago de una indemnización colectiva, que contenga la suma ponderada de las indemnizaciones individuales.
2. El señalamiento de los requisitos que deben cumplir los beneficiarios ausentes del proceso a fin de reclamar la indemnización correspondiente.
3. Que la indemnización se entregará al Fondo para la Defensa de los Derechos e Intereses Colectivos, dentro de los diez días siguientes a la ejecutoria, el cual será administrado por el defensor del Pueblo.

v) La acción de clase en España

El ordenamiento jurídico español ha sido tradicionalmente distante en la protección de los derechos o intereses colectivos. Sin embargo, en el año 2000 la Ley de Enjuiciamiento Civil (L.E.C.) fue reformada, para regular en forma expresa las acciones colectivas, pero solo en lo que atañe a usuarios y consumidores[51].

La L.E.C. plantea otro efecto diverso según se trate de procesos en los cuales los afectados sean fácilmente determinables o no. A tal fin, mientras que en el primer supuesto se admite una intervención posterior de los afectados en el proceso luego del mencionado llamamiento (aunque en tal caso el interesado solo podrá realizar los actos procesales que no hubieren precluido), en el segundo tal posibilidad no es aceptada. A nivel colectivo proceden tanto las pretensiones de condena como las de hacer, no hacer o dar cosa específica o genérica, tanto como acciones de cesación y de retractación, entre otras.

En cuanto a los efectos de la sentencia, el artículo 222 expresa que "La cosa juzgada afectará a las partes del proceso en que se dicte y a sus herederos y causahabientes, así como a los sujetos, no litigantes, titulares de los derechos que fundamenten la legitimación de las partes conforme a lo previsto en el artículo 11 de esta ley".

La L.E.C. le otorga efecto *erga omnes* a la sentencia dictada en el ámbito de un proceso colectivo, sin interesar si los miembros afectados participaron o no efectivamente del proceso y si la sentencia dictada ha sido favorable o no a aquellos. Es decir que a diferencia del resto de los sistemas, no se prevé el mecanismo del *opt out*, lo que es criticado por la doctrina[52], ni tampoco la expansividad *in utilibus*, que responde al principio de máximo beneficio de la cosa juzgada colectiva.

[51] Vergara, Nicolás Daniel "Las acciones colectivas en el Derecho Comparado", disponible en www.infojus.gov.ar, 2011, p. 8.

[52] Para Alejandro Ferreres Comella ("Las Acciones de Clase ('Class Actions') en la Ley de Enjuiciamiento Civil", Actualidad Jurídica Uría) "la falta de un mecanismo de *opt-out* solo parece constitucionalmente soportable si la acción de clase (i) es iniciada por una asociación de consumidores y usuarios suficientemente representativa; (ii) se sustenta sobre unos hechos que tienen tal grado de identidad entre los casos individuales de la multitud de consumidores y usuarios indeterminados representados, que se puede razonablemente presumir que las alegaciones y fundamentación jurídica esgrimidas por todos y cada uno de los consumidores y usuarios representados habrían sido coincidentes con las esgrimidas en la reclamación interpuesta por la Asociación; (iii) se publica la reclamación adecuadamente (para facilitar el ejercicio del mecanismo de *opt-in* o intervención adhesiva); y (iv) se refiere a consumidores y usuarios realmente indeterminados o de difícil determinación".

vi) El caso de Suecia

La mayoría de los países que han regulado de modo expreso el instituto de las acciones colectivas se caracterizan por otorgar la legitimación respectiva a personas jurídicas. Sin embargo, Suecia posee una regulación que permite iniciar acciones colectivas tanto a los particulares como a las personas jurídicas. En efecto, la *Ley de Procedimiento de Grupo de Suecia (L.P.G.)* prevé *tres tipos* de acciones colectivas: *una* acción pública de grupo, la cual es presentada por un representante del Estado o una municipalidad, *otra* acción de grupo privada, que es presentada por un miembro del mismo, y una *tercera* de tipo organizacional, que puede ser iniciada por una asociación sin ánimo de lucro[53]. La ley, a diferencia de lo expresado en España, no reduce su ámbito de aplicación a determinada materia, sino que es extensiva a cualquier tipo de reclamo.

Una acción de grupo puede solamente ser considerada si: "1. la acción está fundada en circunstancias que son comunes o similares a las pretensiones de los miembros del grupo; 2. las pretensiones del grupo no resultan ajenas o contrarias a los procedimientos de grupo; 3. una gran parte de las pretensiones a las que se refiere la acción no pueden ser igualmente perseguidas a través de acciones personales de los miembros del grupo; 4. el grupo, de acuerdo con su tamaño y ámbito, sea de cualquier manera apropiadamente definido por el demandante; y 5. Que el demandante, de acuerdo con su interés en el asunto sustancial, su capacidad financiera para presentar una acción de grupo y las circunstancias en general, sea el apropiado para representar a los miembros del grupo en el caso".

Estos requisitos deben ser cumplidos con el fin de que la pretensión no sea rechazada formalmente y corresponde al juez evaluar su grado de cumplimiento.

La L.P.G. sueca, si bien supera al modelo español que ni siquiera prevé el *opt out*, adopta una solución de opinable eficacia al regular, antes que la opción por la negativa a cargo de los potenciales miembros del grupo ("*opt out*"), una manifestación positiva ("*opt in*"), por escrito y dentro de cierto plazo. Va de suyo que previo a este requerimiento, los miembros que consideran que encajan en la descripción del grupo realizada por el demandante, han sido notificados de la existencia del proceso colectivo, al precisar la norma los detalles de esa debida notificación.

Por otra parte, la L.P.G. prevé expresamente la posibilidad de una conciliación entre el representante del grupo (y en nombre del mismo) con la contraparte, lo

53 Vergara, Daniel, *op. cit.*, ps. 11/14.

que, para surtir efectos, debe cumplir con los mismos requisitos que surgen de los artículos 13 y 26 de la Rule 23 de Procedimiento Judicial Federal: aprobación del tribunal y notificación a los miembros del grupo.

Una circunstancia particular que merece ser destacada es el cambio en la forma de la acción; pues el demandante en un proceso individual puede, a través de una petición al tribunal, solicitar que el caso sea transformado a un proceso de grupo, lo que únicamente puede ser admitido si el demandado presta conformidad o si es manifiesto que las ventajas con los procedimientos de grupo pesan más que su inconveniencia, desde la perspectiva del demandado.

En cuanto a los efectos de la sentencia, como se adopta el mencionado sistema de "*opt in*", solo aquellos que hayan cumplido con dicha exigencia estarán alcanzados por la sentencia dictada en el seno de una acción colectiva.

vii) El Código Modelo de Procesos Colectivos para Iberoamérica

El Código Modelo de Procesos Colectivos para Iberoamérica sancionado en Caracas (Venezuela) en 2004 tiene el mérito de constituir una guía de lo que debiera ser la litigación colectiva en los países de la región, con el objetivo declarado de "servir no solo como receptor de principios, sino también como modelo concreto para inspirar las reformas, de modo de tornar más homogénea la defensa de los intereses y derechos transindividuales en países de cultura jurídica común"[54]; para lo cual se tomó como punto de partida el análisis de la sistemática estadounidense de las *class actions* y la brasileña de las acciones colectivas; para generar un modelo nuevo, apropiado para Iberoamérica.

El texto, compuesto de 7 capítulos y 41 artículos, conforma un esqueleto bastante completo y aproximado de lo que debiera constituir la litigación colectiva, que abordaremos sucintamente, hasta llegar a la sentencia y sus efectos, tópicos que giran en torno del objeto de este trabajo.

En un comienzo, deja establecido que la acción colectiva será ejercida para hacer valer pretensiones de tutela de: 1) intereses o derechos difusos, así entendidos los supraindividuales, *de naturaleza indivisible*, de que sea titular un grupo, categoría o clase de personas ligadas por *circunstancias de hecho* o vinculadas entre

[54] Cfr. Exposición de motivos.

sí o con la parte contraria por *una relación jurídica base*; 2) intereses o derechos individuales homogéneos, así entendido el conjunto de derechos subjetivos individuales, *provenientes de origen común*, de que sean titulares los miembros de un grupo, categoría o clase (art. 1, destacado propio).

Entonces, por el *primero de los incisos* quedan comprendidos los litigios colectivos que versan sobre derechos colectivos en sí, que naturalmente son indivisibles y pertenecen al conjunto social, caso del ambiente, la defensa de la competencia, el patrimonio cultural; mientras que por el *segundo inciso* se incorporan los derechos individuales homogéneos, que son aquellos que surgen de una causa común pero que pueden diferenciarse, caso de los reclamos de consumidores por productos elaborados, por ejemplo. Esta primera diferenciación guarda analogía con lo que luego marcaría nuestro Superior Tribunal Federal, en el *leading case* "Halabi" y luego en "P.A.D.E.C."; sobre lo cual volveremos en detalle.

Luego se regula sobre los requisitos de la demanda colectiva, la legitimación activa, citación y notificación a las partes y pruebas. Sobre esto último, el art. 12 del Código, luego de consagrar la libertad probatoria dispone que "La carga de la prueba incumbe a la parte que posea conocimientos científicos, técnicos o informaciones específicas sobre los hechos, o mayor facilidad para su demostración. Sin embargo, si por razones de orden económico o técnico, dicha carga no pudiere ser cumplida, el juez impartirá las órdenes necesarias para suplir la deficiencia...". (…) "Durante la fase de instrucción, si surgieren modificaciones de hecho o de derecho relevantes para el juzgamiento de la causa, el juez podrá rever, en decisión fundada, la distribución de la carga de la prueba y conceder a la parte a quien le fue atribuida un plazo razonable para su producción, con respeto de las garantías del contradictorio en relación a la parte contraria; (…) El juez podrá ordenar de oficio la producción de pruebas, con el debido respeto de las garantías del contradictorio" [párrafos 1°, 2° y 3° respectivamente].

Con este texto, se toma partido por imponer, a priori, *la carga de la prueba* sobre la parte que tiene mayor facilidad para su demostración y se propicia una actitud proactiva del juez para que facilitar su producción.

Sin considerar ciertos aspectos aledaños, nos parece importante la pauta del art. 16, que establece que el juez deberá dar prioridad a los procesos colectivos, cuando "haya manifiesto interés social evidenciado por la dimensión del daño o por la relevancia del bien jurídico que deba ser protegido"; lo cual se conecta con una de las previsiones finales en que se plasma el ideal de la especialización de los magistrados, siempre que sea posible. Entonces y hasta tanto se llegue a la especialidad, es sumamente útil la regla que permite a un juez, con otras diversas competencias, dar trámite preferente al litigio colectivo.

El artículo 40 contempla la especialización de los magistrados, siempre que ello sea posible en el ordenamiento concreto de que se trate. El principal problema que puede encontrar esta opción es la ausencia de un suficiente volumen de asuntos que justifique la creación de órganos específicos.

En cualquier caso, se trate o no de órganos especializados, estimamos justificada la exigencia de una formación específica de los magistrados a los que vaya a atribuirse la tramitación y el entendimiento de estos procesos colectivos, caracterizados por una complejidad y fisonomía propias.

Al final del dispositivo en comentario, el Código refiere a los principios de interpretación la que será "abierta y flexible", compatible con la tutela colectiva de los intereses y derechos en cuestión.

En lo concerniente al efecto de la cosa juzgada, el C.M.P.C.I. recoge la tendencia en la materia en el art. 33 que dispone que en los procesos colectivos la sentencia hará cosa juzgada *erga omnes*, excepto cuando la pretensión fuere rechazada por insuficiencia de pruebas, caso en el cual cualquier legitimado podrá intentar otra acción, con idéntico fundamento, si se valiere de nueva prueba.

Se trata de la ya aludida expansividad para beneficiar y no para perjudicar (*secundum eventum litis*), tema sobre el que volveremos más adelante para adentrarnos al perímetro de nuestro problema: la expansividad cuando se trata de la inconstitucionalidad de normas generales.

viii) La última propuesta de Código Modelo

Bajo el nombre, "*The Class action Code, a model for Civil Law Countries*", Antonio Gidi[55] presenta en 2008 una propuesta sintética, simple y actualizada de los procesos colectivos, entre cuyas cláusulas destacamos lo siguiente:

En el título de disposiciones generales, se define a la acción de clase como herramienta para articular reclamos transindividuales de derechos difusos de naturaleza indivisible y también derechos subjetivos individuales que pertenezcan a cada miembro de la clase, conectados entre sí por circunstancias fácticas o jurídicas (derechos colectivos e individuales homogéneos), con aclaración de que es viable el enjuiciamiento colectivo siempre que sea posible brindar respuesta adecuada y eficiente a los derechos de la clase y de sus miembros.

[55] *Comparative Law Review*, 15/2013, Nicolas Copernicau University.

Estamos frente a una categorización de derechos que, luego veremos, comulga con la que efectúa la Corte Suprema en "Halabi", a lo que el autor suma una suerte de condicionamiento consistente en la aptitud para responder a las necesidades del sector concernido.

Por otro lado, Gidi precisa que la acción de clase consistirá en acciones declarativas, requerimientos de mandamiento judicial o demandas por daños (art.1), nosotros agregamos que las primeras, en su mayoría, se vinculan al confronte de constitucionalidad de una norma o acto de alcance general.

Luego define la legitimación para demandar sin apartarse demasiado de lo que ya proponen los sistemas (art.2), menciona los requisitos para la procedencia de la acción (art.3) y suma a los ya clásicos recaudos sobre representación adecuada como la competencia, capacidad, honestidad, experiencia y antecedentes de quien se presente como representante del grupo (sobre lo que volveremos más adelante), etc., la necesidad de demostrar capacidad financiera para sufragar la litigación y la duración en el tiempo de la organización en la representación de los intereses invocados en el proceso. Estas dos notas son interesantes, la primera porque se enrola en la nueva tendencia, superadora de una suerte de "minimalismo" inicial, en el sentido de reconocer que el litigio colectivo genera gastos, y en ocasiones lucro, motivo por el cual debe desalentarse la profusión de reclamos especulativos y el "travestismo" en los fines de la entidad u organización que pretende nuclear al grupo involucrado.

Más adelante, en el art. 4, aborda la cuestión del tribunal competente para entender en estos juicios en los estados federales y prevé tres opciones: a) en la jurisdicción en que el daño ocurrió o debió haber ocurrido, para los perjuicios de escala local; b) en la corte federal de la capital del Estado para daños a escala regional; c) en la correspondiente corte federal dentro del distrito federal por injurias de escala nacional.

En cuanto a la notificación de la promoción de la demanda, en la etapa inicial de la *class action*, el proyecto enfatiza que la noticia debe ser transmitida de modo simple, claro y en lenguaje práctico, con información básica tal como la definición de la clase, la identificación de su defensor, la descripción de la controversia, las consecuencias de la acción, para la clase y para sus miembros (esto nos parece importante y no se ve en todos los modelos), instrucciones sobre cómo obtener mayor información; todo lo cual estará a cargo del representante de la clase bajo el control del tribunal.

En el art. 7, el autor propone que el objeto de la demanda sea lo más amplio posible y comprenda la controversia entre las partes de modo global, sin perjuicio de distinguir los intereses que conciernen al grupo y los que atañen a cada uno de sus miembros.

Después de la certificación de la clase, refiere a la gestión del caso (*case management*) y concibe un juez activo similar a la figura del Código Iberoamericano. Lo mismo ocurre con la carga de la prueba (dinámica). A partir de entonces, el proyecto ingresa a la cuestión del acuerdo entre las partes y se establece que procurar esta opción será una facultad del representante de la clase. Para que sea válido, debe estar fundado en aspectos legales y fácticos y observar una serie de pautas que procuran defender los intereses grupales; con aclaración de que, en caso de llegarse a un arreglo parcial, la acción de clase subsistirá por todo lo que no quedó allí comprendido.

Respecto a la *sentencia de condena*, el art. 15 dispone que cuando lo demandado sea una prestación de hacer o no hacer, el juez puede ordenarlo en especie o asegurar el resultado equivalente a esa prestación. Ello se concatena con la previsión de que el magistrado debe arribar a una solución lo más amplia posible de la controversia; la que también, al igual que el acuerdo conciliatorio, puede abarcar todo o una parte del problema. La resolución parcial puede ser apelada y ejecutada sin perjuicio del mantenimiento del litigio respecto de lo que quedó afuera del fallo judicial.

A continuación, el art. 19 sienta las bases para resolver casos de litispendencia y dispone la lógica premisa de que la primera acción interpuesta prevalecerá sobre las restantes; el defensor del colectivo deberá informar al tribunal, en cada caso, sobre la existencia de una nueva demanda sobre el mismo asunto.

El art. 24 inaugura el título tercero del Código Modelo con el tema de los modos de reparación en la acción de clases por daños, los que resultarán de un Fondo de Derechos Colectivos que deberá estar manejado por una comisión conformada por miembros de la oficina del Abogado General (*Attorney General*, figura inexistente en nuestro derecho), jueces y miembros de la comunidad. Para los casos en que se hayan acogido los reclamos individuales, las sumas dinerarias resultantes se deben distribuir de una manera rápida, efectiva y económica; el tribunal puede conformar una comisión de análisis de los casos dudosos (art. 26).

En paralelo, se prevé que, si los reconocimientos de indemnizaciones particulares representan una pequeña proporción de los miembros de la clase, el tribunal puede efectuar los cálculos correspondientes para agregar esa compensación en el Fondo establecido por el art. 24.

De modo similar al Código Iberoamericano, se prevén las acciones de clase del demandado (*Defendant Class Actions*) al afirmar que pueden iniciarse contra los miembros de la clase, representada por la asociación que los nuclee, o en su defecto, por alguno de los miembros del conjunto.

En punto a la cosa juzgada y la interpretación del sistema, la propuesta de Gidi, alineada al Código Modelo de Caracas de 2004, estipula que se extenderá a toda la clase y sus miembros, sea favorable o no, salvo que la demanda fuera considerada infundada debido a: 1) una inadecuada representación de los intereses del grupo, 2) insuficiencia de evidencia. Se aclara que el reclamo individual que eventualmente dedujera un particular, alcanzado por la cosa juzgada y con posterioridad a la acción de clase, solo será admisible en la medida en que se trate de rubros no comprendidos en ella.

En cuanto a la hermenéutica, al igual que el Código Modelo de Caracas, se postula flexibilidad, creatividad y apertura por sobre las aplicaciones de extremo tecnicismo, y se añade que las reglas, principios y garantías de los procesos civiles individuales son de aplicación supletoria a las acciones de clase, con las necesarias adaptaciones previas.

CAPÍTULO II: LA ACCIÓN COLECTIVA EN EL DERECHO ARGENTINO

Como panorama introductorio diremos que la situación en nuestro derecho es peculiar ya que desde 1994 se admite constitucionalmente (en el art. 43) la existencia de categorías de intereses colectivos y su herramienta heroica de protección (el amparo), pero no existe aún una legislación autónoma vigente respecto de las acciones colectivas, más allá de las reglamentaciones de la Corte Suprema por vía de Acordadas.

Entre los antecedentes de regulación infra constitucional pueden citarse dos leyes relativamente nuevas, la de Defensa del Consumidor (ley 24.240 con la reforma integral del año 2008) y la Ley General del Ambiente (ley 25.675 del año 2002), como microsistemas de fondo sobre temas específicos que han incluido disposiciones procesales, técnica legislativa utilizada en diversos ámbitos[56], que hace "mixtos" los plexos normativos respectivos.

Este escenario se complementa con las referidas reglamentaciones del Alto Tribunal, que implican un consistente avance en aspectos como la registración y el procedimiento.

i) Antecedentes normativos

i.a) El amparo del art. 43 C.N.

Sin el afán de ajustarnos a la rigidez de una fórmula exacta, sino de acercar un concepto lo más sencillo y comprensivo posible, diremos que el amparo es "un

[56] Así, por ejemplo, en la última reforma al Régimen Penal de Trata de Personas, producida por ley 26.842 (19/12/2012), se abordan, además de cuestiones concernientes al derecho de fondo, asuntos procesales, como la obligación de tomar audiencias a las víctimas en sala o Cámara Gesell, al modificarse el art. 250 del Código Procesal Penal.

remedio extraordinario destinado a salvaguardar los derechos fundamentales, toda vez que los mismos sean lesionados, restringidos, alterados o puestos en peligro, por la acción u omisión ostensiblemente arbitraria o ilegal de un particular o de la autoridad; sin que exista otro medio más pertinente de procurar su defensa".

Usamos la palabra "remedio" porque creemos que nos acerca directamente a la idea de proceso, sin confundirse con el derecho que protege. Puede hablarse, asimismo, de una garantía procesal de garantías sustantivas o del cauce que viabiliza la protección de los derechos inherentes al individuo, a los grupos, a los consumidores, a las minorías, al medio ambiente; y en fin, a una nutrida y diversa gama de titulares.

Se califica a este remedio de "extraordinario" por oposición a todos los demás procedimientos "ordinarios". Esta nota de ser "fuera de lo común" es lo que distingue al amparo, porque también son "fuera de lo común" –según veremos– las circunstancias que lo hacen necesario. Y esta extraordinariedad lo dota de una contundente eficacia cuando están reunidos todos los recaudos que hacen a su procedencia.

Como todos sabemos, la reforma constitucional de 1994 viene a cristalizar no solo el amparo individual, remedio de utilización consolidada a partir de los emblemáticos casos Siri (1957) y Kot (1958), sino que tiene el mérito de incorporar, en el segundo párrafo, al amparo colectivo, que habilita la protección de intereses concebidos tradicionalmente a esa época, como difusos. En efecto, dicho texto establece que "podrán interponer esta acción contra cualquier forma de discriminación y en lo relativo a los derechos que protegen al ambiente, a la competencia, al usuario y al consumidor, así como a los derechos de incidencia colectiva en general, el afectado, el defensor del Pueblo y las asociaciones que propendan a esos fines, registradas conforme a la ley, la que determinará los requisitos y formas de su organización".

A partir de este texto se inicia una nueva era en el reconocimiento de los derechos de pertenencia difusa, cuya legitimación era problemática mediante el uso de las categorías de interés simple y, del lado opuesto, del derecho subjetivo; pues en rigor se trata de un tercer conjunto de derechos, con notas propias que no se amoldan en los esquemas tradicionales[57]. La legitimación activa de un nuevo sujeto, colectivo o grupal adquiere entonces jerarquía constitucional.

57 Morello, Augusto M. y Vallefín, Carlos A., *El amparo, régimen procesal*, 3° ed., Librería Editora Platense S.R.L., La Plata, República Argentina, 1998, p. 258.

Caracteres

Además de constituir, como se dijo, un remedio extraordinario o heroico, se trata de una acción "expedita y rápida", lo cual quiere significar, por lo primero, que se trate de una vía libre de incidentes, de barreras procesales que dilatan su curso; lo cual se encuentra en sintonía con la fórmula contenida en el art. 25 del Pacto de San José de Costa Rica que plasma con jerarquía constitucional (art. 75 inc. 22 C.N.) el derecho a un recurso sencillo y rápido.

Por rápido, obviamente, se ha querido indicar que el amparo debe ser un juicio ligero, presuroso, de plazos breves. Estas dos condiciones hacen a la eficacia del remedio, que solo al ser sumarísimo y de fácil tramitación podrá brindar la protección en miras a la cual fue instituido, para situaciones urgentes y de ostensible gravedad.

Recaudos de procedencia

En cuanto a los recaudos de procedencia, el amparo colectivo participa sustancialmente de las mismas condiciones que se exigen respecto del amparo individual, ya que debe tratarse de una situación de indebida limitación en el goce de un derecho colectivo, tanto en el caso de una lesión consumada como de peligro inminente.

Tal indebida limitación puede provenir de acto u omisión, arbitrarios o ilegales de particular o autoridad, y debe aclararse que en este último supuesto queda excluida la autoridad judicial, pues la ley 16.986 sancionada en 1966 (durante el gobierno de facto de Onganía) dispone, en su art. 2 inciso b, que la acción de amparo no será admisible cuando el acto impugnado emane de un órgano del Poder Judicial; lo que resulta lógico si se tiene en cuenta que las resoluciones judiciales producen, entre otros, el sustancial efecto de la cosa juzgada, lo que impide renovar la discusión acerca de las cuestiones sobre las que se expidió el fallo. A ello se suma el hecho de que contra los actos jurisdiccionales existen otras vías de revisión, que son los distintos recursos previstos en los códigos procesales.

Sentado lo anterior, puntualizamos que habrá arbitrariedad en aquella actuación que, sin ser necesariamente contraria a la ley, excede el marco de razonabilidad que marca el delicado límite a partir del cual un acto deja de ser legítimo; lo cual, a su vez, marca la necesidad de constatar la existencia de una relación proporcional entre la medida adoptada y dos extremos: el fin buscado y los medios que se utilizan para alcanzarlo. En cuanto a la ilegalidad, no es esta una noción que requiera mayores aclaraciones, remite simplemente a ocasiones de quebrantamiento de la ley en un sentido amplio, compresiva de las propiamente tales, como de los decretos, reglamentos, resoluciones de carácter general, etcétera.

Según el texto constitucional, la arbitrariedad o ilegalidad no bastan por sí solas para dar pie al amparo, sino que deben ser manifiestas. Debe tratarse de situaciones ostensibles, evidentes, que no demanden una investigación profunda por parte del juez; pues en tal caso el amparo deja de ser idóneo por la reducción de las etapas de debate y prueba.

En lo concerniente a la actualidad del perjuicio, una de las grandes virtualidades que tiene el amparo es poder actuar con carácter preventivo, de allí que el texto constitucional hable de "inminencia" o actualidad de la lesión, restricción, alteración o amenaza.

Finalmente, resulta ineludible hacer una referencia, aunque sea breve, a la cuestión de la vía judicial más idónea, que generó un profundo debate, existente en la doctrina antes de la reforma, acerca de si procede como opción principal o como vía subsidiaria. Algunos autores, como Augusto Morello[58], opinaron que a partir de la reforma constitucional de 1994 la acción de amparo juega como alternativa principal y no subsidiaria, utilizándose otras vías solo cuando sean más idóneas, circunstancia que sí configura una excepción. En la misma postura se enrola, entre otros, Alfredo Gozaini[59].

La doctrina más tradicional, encabezada por Pedro Sagüés[60], Gregorio Badeni[61], Alberto Natale[62] y Rodolfo Barra[63], mantiene su convicción respecto del papel subsidiario del amparo. A grandes rasgos, puede decirse que esta línea se basa en el contenido y resultado del debate de la Convención Constituyente, que es el termómetro por excelencia del espíritu de cualquier norma y, por ende, de la Ley Fundamental.

En efecto, según surge de la versión taquigráfica de la 29° reunión de la Convención Nacional Constituyente (3° Sesión Ordinaria del 11 de agosto de 1994)[64] la mayoría, a través de las palabras del miembro informante, Dr. Barcesat, delineó el carácter indirecto del amparo. Se precisó que "el dictamen de mayoría considera la acción de amparo como una vía excepcional", porque "parte del supuesto de la eficiencia de todo el orden jurídico en la protección de los derechos".

[58] *Op. cit.*

[59] *Derecho Procesal Constitucional. Amparo*, Rubinzal Culzoni, Santa Fe, 2002, p. 313 y siguientes.

[60] "Nuevamente sobre el rol directo o subsidiario de la acción de amparo", *La Ley online*, 9/10/95.

[61] "Reforma constitucional e instituciones políticas", Ad- Hoc, Buenos Aires, 1994, p. 240.

[62] *Comentarios sobre la Constitución. La reforma de 1994*, Depalma, Buenos Aires, 1995, p. 63.

[63] "La acción de amparo en la Constitución de 1994: legitimación para accionar", *La Ley*, 1994-E, p. 1087.

[64] www.infoleg.gov.ar

Por nuestra parte, coincidimos con Miguel A. Ekmekdjián[65] en el sentido de defender el *carácter subsidiario de esta acción, pero "con reservas"*, como dice el autor[66]. Lo primero porque pensamos que en este tema no existen lagunas que permitan sustentar con rigor la tesis del amparo-acción directa. Es una premisa elemental de hermenéutica jurídica que toda interpretación debe basarse en la letra y en el espíritu de la ley; y en este caso, tanto el texto del art. 43 C.N. como la fehaciente intención del constituyente arriba referida nos demuestran que el amparo está pensado como un proceso supletorio, de lo contrario aquél habría omitido referirse a la necesidad de la existencia de otro remedio "más idóneo", como lo hace en el último párrafo del mismo artículo, cuando consagra el hábeas corpus. No hay, pues, margen de duda.

Creemos, además, que mantener una tesitura plenamente abierta conlleva el riesgo de ensanchar desmesuradamente el cauce del amparo y convertirlo, a la postre, en un proceso ordinario más, amputándole sus dos notas sobresalientes que son la eficacia y la celeridad. Si hay una falencia sobresaliente en el derecho argentino es, con seguridad, la excesiva –a veces insólita– demora del trámite de los juicios ordinarios, lo que se debe a una serie de factores (entre ellos que los juzgados se ven sobrepasados por la enorme cantidad de litigios) que no es del caso analizar. Sí interesa señalar que, de atestarse los tribunales de acciones de amparo, estas tarde o temprano comenzarán a burocratizarse y a hacerse lentas, y entonces ya no tendrá sentido para el damnificado acudir a este remedio, porque ya no será apto para brindarle una solución en tiempo útil.

Queda de manifiesto entonces, que empeñarse en sostener que la acción de amparo es una alternativa más para el justiciable no solo va en contra de la letra y del espíritu de la Constitución, sino que pone en riesgo la liquidez del procedimiento, comprometiéndose, en última instancia, el derecho sustantivo que se intenta resguardar.

Lo segundo, esto es, "con reservas" porque no debe caerse en el extremo absolutamente opuesto a la línea amparo-acción directa y convertir el amparo un remedio exótico más que excepcional. Dicho en otras palabras, así como no nos parece prudente ni fundado que se dé curso al amparo con el solo basamento de la opción voluntaria del justiciable, tampoco resulta válido que los jueces lo rechacen

65 *Tratado de Derecho Constitucional*, Depalma, Buenos Aires, 1999, tomo III, ps. 56/57.

66 Catalano, Mariana, "Sobre ciertos perfiles del amparo después de la reforma Constitucional", *ED*, 17 de febrero de 2000.

basándose, sin más, en la existencia de otras vías, pues siempre habrá otros medios de defensa.

Pensamos, por el contrario, que en cada caso el magistrado deberá ponderar si, *de acuerdo a las particulares circunstancias y probanzas de cada caso* este remedio es procedente. Y tales probanzas estarán, *prima facie*, a cargo del actor (C.S.J.N. en fallos 249:370, 244:68 por citar algunos), premisa aceptable si se tiene en cuenta que la demostración requerida no es absoluta sino acorde al limitado margen de cognición y debate propio de este remedio.

Por último, la exigencia del agotamiento de las *vías administrativas* se ha convertido en un verdadero dilema, observemos que la Constitución nada dice, pues habla pura y exclusivamente de medio "judicial", mientras que en el régimen de la ley 16.986 (vigente a nivel nacional en lo que no fuera derogada por el texto constitucional) tanto la existencia de un remedio judicial como de uno administrativo obstruían la procedencia del amparo (art. 2 inciso a).

Los criterios de interpretación del art. 43, una vez más, distan de ser pacíficos y así como existen tribunales que entienden que el amparo es alternativo a los recursos administrativos, otros lo niegan. Cierta parte de la doctrina, que celebramos[67], admite que a esta altura exigir su agotamiento es un formalismo innecesario que entorpece o dificulta el acceso del administrado a la jurisdicción -pues solo en una ínfima sino nula proporción, los recursos administrativos son acogidos-, la realidad es que muchos tribunales lo exigen.

Lo más apropiado, para evitar la inseguridad y el escándalo jurídico que supone que los distintos tribunales adopten criterios diametralmente opuestos, al forzar la letra de la Constitución que habla de medio "judicial" más idóneo, es que las legislaturas locales adopten una previsión como la del art. 14 *in fine* del Estatuto de C.A.B.A., que dispone que "el agotamiento de la vía administrativa no es requisito para la procedencia del amparo".

Debe redactarse una previsión clara, que mencione las palabras "vía administrativa", pues la experiencia demuestra que, aunque la inconsecuencia del legislador no se supone (cfr. C.S.J.N. Fallos: 312:1614), se ha tironeado la letra y el espíritu de la Constitución para hacerle decir lo que no dice y entonces exigir que el amparista pierda un tiempo irrecuperable mientras espera que la Administración rechace

[67] Entre ellos, Armando Canosa, en su disertación sobre "Los recursos administrativos y su incidencia en el contencioso administrativo. Necesaria reforma al régimen vigente", con quien tuve el gusto de compartir el panel en el marco de las "I Jornadas Internacionales sobre cuestiones actuales del Contencioso Administrativo", celebradas en la ciudad de Salta, los días 5 y 6 de noviembre de 2015.

sistemáticamente todos sus planteos para recién poder acudir a la justicia. Sin embargo, estas previsiones locales, claro está, no se aplicarán a los litigios radicados en el fuero federal.

Por su parte, el Superior Tribunal Federal, sin consagrar premisas demasiado categóricas, tiene dicho que "la existencia de otras vías no es postulable en abstracto, sino que depende, en cada caso, de la situación concreta de cada demandante, cuya evaluación debe ser efectuada por el tribunal de grado" (fallos: 318:1154, entre otros).

Nada dice el art. 43 C.N. sobre los efectos de la sentencia que acoja la pretensión deducida mediante esta nueva versión colectiva de la acción.

i.b) Ley de Defensa del Consumidor

El derecho del consumidor, con la reforma de la *ley 26.361*, es otro de los hitos en el desarrollo de las acciones colectivas en nuestro país, aunque por cierto bastante reciente (fue sancionada el 12 de marzo de 2008) y tan solo un año anterior al icónico fallo "Halabi" de la Corte Suprema de Justicia de la Nación.

La norma en cuestión modificó sustancialmente el artículo 54 de la L.D.C. 24.240 y bajo el título "Acciones de incidencia colectiva", dispone que "para arribar a un acuerdo conciliatorio o transacción, deberá correrse vista previa al Ministerio Público Fiscal, salvo que este sea el propio demandante en la acción de incidencia colectiva, con el objeto de que se expida respecto de la adecuada consideración de los intereses de los consumidores o usuarios afectados. La homologación requerirá de auto fundado. El acuerdo deberá dejar a salvo la posibilidad de que los consumidores o usuarios individuales que así lo deseen puedan apartarse de la solución general adoptada para el caso.

La sentencia que haga lugar a la pretensión hará cosa juzgada para el demandado y para todos los consumidores o usuarios que se encuentren en similares condiciones, excepto de aquellos que manifiesten su voluntad en contrario previo a la sentencia en los términos y condiciones que el magistrado disponga. Sobre esta cuestión volveremos en detalle en la parte especial.

Si la cuestión tuviese contenido patrimonial, el juez establecerá las pautas para la reparación económica o el procedimiento para su determinación sobre la base del principio de reparación integral. Si se trata de la restitución de sumas de dinero se hará por los mismos medios que fueron percibidas; de no ser ello posible, mediante sistemas que permitan que los afectados puedan acceder a la reparación y, si no pudieran ser individualizados, el juez fijará la manera en que el resarcimiento sea instrumentado, en la forma que más beneficie al grupo afectado. Si se trata de daños diferenciados para cada consumidor o usuario, de ser factible se establecerán grupos o clases de cada uno de ellos y, por vía incidental, podrán estos estimar y demandar la indemnización particular que les corresponda".

Como se ve, la norma tiene amplio contenido y regula algunos aspectos de particular relevancia en lo que se refiere a las acciones de incidencia colectiva dirigidas a tutelar a los consumidores, como ser: a) el procedimiento para arribar a un acuerdo o transacción y sus efectos, b) el alcance de la cosa juzgada para este tipo de litigios, c) el procedimiento para la determinación de la indemnización que corresponda a cada uno de los consumidores, en caso que el litigio tenga contenido patrimonial.

Con este alcance, se habilita la defensa jurisdiccional de intereses individuales homogéneos, al impedirse que las dificultades que presenta para el consumidor iniciar un juicio individual constituyan un impedimento para obtener la tutela de su derecho.

Es sabido que en muchos de los conflictos suscitados en torno a la relación consumeril, la escasa cuantía de los reclamos individuales funciona como factor disuasivo para la parte débil de la relación contractual, que desiste de iniciar un reclamo judicial puesto que el mismo probablemente le irrogará mayores costos que aquel que intenta exigir. Por ello, la existencia de un sistema de defensa colectiva de los derechos del consumidor impide que la afectación quede impune[68], pues es poco probable que cada consumidor, en soledad, se aventure a demandar por un escaso monto. Esta dificultad, a su vez, se ve muchas veces aumentada cuando el tratamiento de la cuestión requiere de conocimientos técnicos, muy específicos y de elaboraciones complejas; a lo que cabe agregar que la dispersión de la afectación ocasiona serios problemas de coordinación entre los afectados, pues los consumidores, en general, ni siquiera se conocen entre sí[69].

El artículo 54 L.D.C. despeja toda duda en cuanto a la existencia de acciones colectivas en materia de consumo. Lorenzetti[70] observa que una de las cuestiones que se discuten es si la acción colectiva puede promoverse de modo directo o si debe requerirse en forma previa una manifestación expresa o tácita del titular de la acción individual. En el Derecho de Consumidores –dice– la solución legal es

[68] Saenz, Luis Rj, Silva, Rodrigo, en *Ley de Defensa del Consumidor Comentada y Anotada*, Picasso y Vazquez Ferreyra (dirs.), La Ley, Buenos Aires, 2009, tomo I, p. 675.

[69] Bersten, Horacio, *Derecho procesal del consumidor*, La Ley, Buenos Aires, 2005, ps. 346 y 348.

[70] *Justicia Colectiva, op. cit.*, p. 275.

clara en cuanto al carácter directo, lo cual fue reprochado por parte de la doctrina[71] que postula que no es conveniente autorizar a una asociación o al defensor del Pueblo para promover una acción colectiva sin haber tomado contacto personal con alguno de los damnificados. Ello así porque las acciones patrimoniales permanecen bajo el ámbito de disposición de su titular y no es posible que un tercero actúe en su nombre sin un mandato representativo expreso, lo que los lleva a conferir a la acción colectiva sobre intereses individuales homogéneos un carácter subsidiario de la acción individual. Esta apreciación, en principio acertada, se neutraliza según Lorenzetti, con la regla especial del Derecho del Consumidor, según la cual "las asociaciones y el defensor del Pueblo pueden iniciar directamente la acción colectiva sin consulta previa, porque se presume legalmente que hay dificultad de acceso a la justicia".

Por otro lado, la norma en comentario prevé expresamente, aunque con restricciones, la posibilidad de que las partes arriben a un acuerdo o transacción en el proceso colectivo. Las limitaciones consisten en la intervención obligatoria del Ministerio Público Fiscal, quien se deberá expedir sobre la adecuada protección de los intereses de los consumidores o usuarios involucrados, para su homologación –nuevamente, salvo que este sea el accionante–. Así también, el acuerdo deberá contemplar la posibilidad de que el consumidor se aparte de la solución adoptada para el caso para continuar con su reclamo en forma particular. Se trata de un "*opt out*" (figura sobre la que volveremos más adelante), pero respecto del acuerdo, no de la sentencia.

Esta disposición ha consagrado una herramienta más para que las partes en un litigio de estas características puedan arribar a un acuerdo amigable sin necesidad de recurrir su sustanciación, con las complejidades propias de una acción colectiva. Sin embargo, como bien señala Sáenz[72], no se trata de un acuerdo conciliatorio común; pues, como principio general, la transacción no es oponible a quien no interviene, de modo que se restringen los efectos de la cosa juzgada únicamente a las partes que suscribieron el convenio. Es por ello que para obtener la homologación del acuerdo se consagra la intervención obligatoria del Ministerio Público Fiscal, que controlará que los derechos en cuestión se encuentren debidamente tutelados.

[71] Viel Temperley, Facundo, "Acciones colectivas: dificultades prácticas", *La Ley online*, 15/05/08.

[72] Sáenz, Luis R., "Las acciones colectivas en el derecho del consumo", junio de 2014, *Revista Derecho Privado*, año III, nº 8, p. 41, Infojus.

La facultad del consumidor de autoexcluirse del acuerdo (y optar por ejercer su acción individual) ha sido criticada por alguna doctrina, que señaló que los legisladores, al mismo tiempo que consagraron la posibilidad de una transacción en el litigio, la echaron por tierra al prever que cualquier convenio de este tipo debe dejar a salvo que el consumidor particular puede apartarse de los términos acordados[73].

Los restantes aspectos trascendentes de esta disposición –efectos y ejecución de la sentencia– serán abordados más adelante, en los capítulos particularmente dedicados a estas cuestiones.

i.c) Ley General del Ambiente

La L.G.A. 25.675, sancionada en noviembre de 2002, en el capítulo relativo a daño ambiental prevé los mecanismos de tutela jurisdiccional del entorno mediante las acciones de recomposición –prioritaria– o de indemnización –subsidiaria– y da cabida, luego, a una acción de amparo específica de laxa legitimación.

En efecto, de acuerdo al art. 30: "Producido el daño ambiental colectivo, tendrán legitimación para obtener la recomposición del ambiente dañado, el afectado, el defensor del Pueblo y las asociaciones no gubernamentales de defensa ambiental, conforme lo prevé el artículo 43 de la Constitución Nacional, y el Estado nacional, provincial o municipal; asimismo, quedará legitimado para la acción de recomposición o de indemnización pertinente, la persona directamente damnificada por el hecho dañoso acaecido en su jurisdicción. Deducida la demanda de daño ambiental colectivo por alguno de los titulares señalados, no podrán interponerla los restantes, lo que no obsta a su derecho a intervenir como terceros. *Sin perjuicio de lo indicado precedentemente toda persona podrá solicitar, mediante acción de amparo, la cesación de las actividades generadoras de daño ambiental colectivo*"[74] (destacado propio).

La norma tiene *tres tramos*: el *primero* destinado al curso de acción prioritario: la recomposición o vuelta de las cosas al estado anterior, pues al ser el entorno

[73] Viel Temperley, Facundo, "Acciones colectivas. Dificultades prácticas", en *LL*, 2008-C, 996.

[74] Conviene apuntar que el art. 27 del mismo plexo define al daño ambiental como "toda alteración relevante que modifique negativamente el ambiente, sus recursos, el equilibrio de los ecosistemas, o los bienes o valores colectivos". Entre sus principales caracteres, se ha señalado que es veloz, expansivo, atemporal, extraterritorial, inmensurable y, sobre todo, bifronte, por su aptitud de impactar, en paralelo, en el ambiente y en los intereses personales o patrimoniales de terceras personas, de rebote o a través del daño ecológico (cfr. Bibiloni, Héctor Jorge, "El Proceso Ambiental", Lexis Nexis, Buenos Aires, 2005, ps. 85/102).

un "macro" bien que pertenece a todos y a nadie en particular, que está fuera del comercio y constituye un presupuesto indispensable para una existencia humana digna, la única alternativa plausible frente a su menoscabo es la reparación "*in natura*" y solo si ella no es posible procede la indemnización, consagrada en el *segundo* tramo del dispositivo, que será subsidiaria y destinada al Fondo de Compensación establecido en el art. 34, con el objeto –justamente– de proceder a la enmienda, compensación y prevención de los sistemas ecológicos.

Por lo pronto, el esquema del art. 30 no prevé un mecanismo de tutela de los derechos individuales homogéneos sino que se focaliza en el fenómeno de la afectación difusa del entorno como bien indivisible; habiéndose afirmado, con acierto, que "el legislador tuvo la intención de referirse al daño ambiental en sí mismo y no a los daños particulares –a las cosas o a las personas– derivados del daño ambiental"[75]. La "indemnización pertinente" a la que está legitimado el sujeto directamente damnificado (además del defensor del Pueblo y las O.N.G.) es la reparación a título personal y no la que podría promoverse para el resarcimiento de la totalidad del grupo afectado, por ejemplo, a través de una declaración genérica de responsabilidad, con una etapa posterior de liquidación del *quantum* por cada uno de los sujetos lesionados, al modo en que lo prevé el ya referido Código Modelo de Procesos Colectivos para Iberoamérica. Es por ello que la norma, a los efectos de la acumulación de las pretensiones semejantes, no habla de clase o grupo.

Giannini se lamenta por esta limitación, que considera una falencia de la norma, y opina que "dado que se trata de una 'ley de presupuestos mínimos' de haberse contemplado un mecanismo idóneo en la materia, dicho esquema hubiera vinculado inmediatamente a las provincias, haciéndose operativo en todo el país. Sin embargo, esta misma cualidad del ordenamiento analizado es la que autoriza a cada Estado a prever un sistema de enjuiciamiento más completo en lo procesal, con consideración de que las normas sentadas por el Parlamento nacional resultan pisos infranqueables por debajo de los cuales toda restricción a las posibilidades de defensa jurisdiccional resultaría inconstitucional"[76]. Sin embargo, esta falta de previsión de la posibilidad de reclamo de los intereses individuales homogéneos no obsta que en la práctica se los pueda reclamar, lo que el propio autor admite[77], con los obstáculos propios de la falta de sistematización, claro está.

[75] Prada, Marina, "Las acciones de clase y el ambiente", *La Ley*, suplemento del 25/09/2006.

[76] Giannini, *op. cit.*, p. 238.

[77] Ídem, p. 239.

La crítica del autor aparece descontextualizada y el contexto es que en el año 2002 en que se sancionó la L.G.A., no había demasiado desarrollo en la materia, pues el derecho ambiental, al igual que toda la doctrina de los procesos colectivos, era incipiente en esa época, aunque luego su desarrollo fuera intenso.

La segunda parte del dispositivo procura evitar la congestión judicial derivada de la duplicación de procesos con idéntico objeto, con el riesgo de soluciones contradictorias, al habilitar no la acumulación de expedientes sino la intervención como terceros interesados de quienes pretendan demandar con posterioridad. Se concilian, de esta manera, los objetivos de economía procesal y seguridad jurídica, por un lado, con los de participación y acceso a la justicia de todos los eventuales interesados en un asunto colectivo, por el otro.

El *tercer* tramo de la norma plasma la figura del amparo para el cese de la actividad lesiva. Se trata de un instituto muy cercano a una acción popular[78], que cualquiera está habilitado a iniciar, sea una persona física o jurídica, nacional o extranjera, y está dotado de un objeto específico, cual es extinguir la acción lesiva en curso, es decir que el daño debe estar produciéndose al momento de plantearse el amparo ambiental.

Puesta en perspectiva la acción de amparo de la L.G.A. y su par constitucional (en realidad habría una relación de género a especie entre esta y aquella), puede colegirse que el diseño de aquella resulta limitado en un doble aspecto: primero, porque solo puede reclamarse una cosa, que es la cesación de la agresión actual, mientras que el amparo constitucional tiene mayor versatilidad[79]; y segundo, que carece de aptitud preventiva, otra de las grandes virtudes del amparo constitucional. Esta imposibilidad de anticiparse al daño es, de alguna manera, sesgar este magnífico instrumento[80].

En el amparo de la L.G.A., a diferencia de la versión constitucional, no existen puntuales recaudos de procedencia; antes bien, en la medida en que se respete su objeto, la admisibilidad será la regla, en consonancia con el art. 32 del mismo plexo, que establece que "el acceso a la jurisdicción por cuestiones ambientales no admitirá restricciones de ningún tipo o especie".

Una última gran diferencia es que el efecto de la sentencia es *erga omnes* (no *inter partes*), salvo rechazo por falta de pruebas, es decir, como ya se dijera en

78 Coinciden con esta postura Cafferata, Néstor y Morello, Augusto, *Visión procesal de las cuestiones ambientales*, Rubinzal Culzoni, Santa Fe, 2004, ps. 165/166.

79 Pueden constituir su objeto pedidos como: presentación de Estudio de Impacto Ambiental y Social (E.I.A.S.), una audiencia pública, la clausura de un local o establecimiento, etcétera.

80 En igual línea, Sagués, Néstor Pedro, "El amparo ambiental. Ley 25.675", *La Ley online*, 11/8/93.

comentario al sistema brasilero, es un efecto expansivo "*secundum eventum litis*", punto sobre el cual volveremos en la Sección Segunda.

Para finalizar, resulta interesante mencionar que hubo proyectos de reforma al capítulo de daño ambiental de la L.G.A., hoy carentes de estado parlamentario.

a) En marzo de 2007 los senadores nacionales Ricardo Gómez Diez y Pedro Salvatori presentaron en la Cámara Alta un proyecto de reformas a los aspectos procesales de la ley, con la sugerencia de la Asociación Argentina de Derecho Procesal que, a su turno, tuvo origen en una propuesta elaborada por el Instituto de Derecho Procesal de la Facultad de Ciencias Jurídicas y Sociales de la Universidad Nacional de La Plata[81].

La modificación más importante, en lo que atañe a nuestro propósito, se encuentra prevista por el art. 1 del Proyecto, que prevé insertar como segundo párrafo del art. 30 de la L.G.A. el siguiente texto: "Los legitimados enunciados en el párrafo anterior podrán asimismo demandar colectivamente la reparación de *los perjuicios individuales homogéneos sufridos a consecuencia del daño ambiental*"; pues abre la puerta a los reclamos por intereses individuales homogéneos, que –como se indicó– son los daños colaterales producidos a consecuencia del daño ambiental, y que el actual art. 30 no contempla, aunque –a decir verdad– tampoco obsta.

Despejadas las dudas sobre la procedencia de este rubro mediante una categórica recepción, luego el proyecto regula lo pertinente a la representación de la clase, control de la representatividad adecuada del legitimado activo, destino de la indemnización, la relación de la cosa juzgada colectiva con las pretensiones individuales, etc.; puntos sobre los cuales, en lo pertinente, se volverá más adelante.

b) El segundo proyecto a mencionar tuvo origen en la Cámara de Diputados de la Nación (expte. 4281-D-06) que intentó agregar dos incisos (bis y ter) al art. 30, referidos a costas, que eximían al accionante vencido del pago salvo prueba de temeridad o malicia y establecían la gratuidad del trámite (tasa de justicia, impuestos, sellado e incluso prueba pericial). Por otra parte, consagraba la autonomía de terceros interesados, en el 2° párrafo de la norma en comentario.

c) Por último, un proyecto iniciado también en la Cámara de Diputados de la Nación cuya firmante es Alicia Marcela Comelli[82] (expediente: 0793-D-2015, del

[81] Verbic, Francisco, "El proyecto de reformas a la Ley General del Ambiente nº 25.675. En búsqueda de un sistema procesal colectivo para la reparación del daño ambiental en la República Argentina", *Revista de Processo*, nº 157, Ed. Revista dos Tribunais, Brasil.

[82] http://www1.hcdn.gov.ar/proyectos_search

12/03/2015), proponía la modificación de los artículos 19 y 21 de la L.G.A., sobre participación ciudadana.

i.d) El amparo colectivo en otras regulaciones

A fin de ilustrar sobre el panorama general en las provincias y siempre con cuidado de la extensión de la referencia, escogimos dos plexos:

a) *El Código Procesal Constitucional de Tucumán*, aprobado por ley 6.944 (BO 08/3/99)[83], en un capítulo compuesto por 15 artículos consagra la figura del amparo colectivo, con buen grado de detalle.

Así, en el art. 71 dispone que "la defensa jurisdiccional de los intereses colectivos comprende la tutela de la salud pública, la conservación del equilibrio ecológico, de la fauna y de la flora, y la protección del medio ambiente de conformidad a los principios contenidos en el artículo 41 de la Constitución Provincial; la preservación del patrimonio cultural y de los valores estéticos, históricos, urbanísticos, artísticos, arquitectónicos, arqueológicos y paisajísticos amparados por el artículo 145 de la Constitución Provincial; la correcta comercialización de mercaderías a la población, la competencia leal y los intereses y derechos del consumidor y del usuario de servicio públicos; en general, la defensa de valores similares de la comunidad y de cualesquiera otros bienes que respondan, en forma idéntica, a necesidades comunes de grupos humanos a fin de salvaguardar la calidad de la vida social".

El art. 73, bajo el título "*subsidiariedad*", establece que "no es admisible esta acción si se hubieran dejado de usar oportunamente vías de impugnación especiales acordadas por las leyes o reglamentos, *salvo* que por tales vías no pudiera obtenerse la finalidad tuitiva garantizada por esta ley" (destacado propio). Se trata de una excepción que va en línea con lo dicho en torno a los recursos administrativos y avanza sobre el silencio de la C.N. al respecto, que –en definitiva, y como señala Sbdar[84]–, se impondrá por supremacía jerárquica.

Luego la norma distingue entre *amparo de protección y amparo de reparación* que, relacionados a la protección del medio ambiente, defensa de la competencia, defectos en productos elaborados que afecten a un colectivo de consumidores, etc., constituyen opciones utilizables según que el daño a esos bienes o valores colectivos se haya o no producido.

[83] Disponible en www.justucuman.gov.ar

[84] Sbdar, Claudia Beatriz, *Amparo de Derechos Fundamentales*, Ciudad Argentina editores, Buenos Aires, 2003, p. 166.

Se destaca el rol del Ministerio Público como actor, así como las previsiones sobre la publicidad de la acción, por edictos o por televisión, radio o cualquier otro medio de difusión que el juez estime conveniente.

El plexo admite la conciliación (art. 84) en forma de instancia obligatoria y se puntualiza que la sentencia, cuando se acoja el recurso, indicará claramente la conducta que debe observar el sujeto obligado y el plazo dentro del cual debe hacerlo.

Los mandatos judiciales deben ser cumplidos por los agentes públicos o los sujetos requeridos en el modo y plazo que se establezca, sin que valga contra ellos la excusa de obediencia debida ni alguna otra. Incumplida la sentencia dentro del plazo fijado al efecto, el juez adopta las medidas que proceden en derecho (art. 85). Las costas se aplican en el orden causado, salvo el caso de temeridad o grave negligencia por parte de alguno de los litigantes o propósito manifiestamente malicioso del vencido (art. 86).

En suma, fue una previsión moderna para su época (hace 18 años), acorde al espíritu de la reforma constitucional de 1994, pero incompleta en cuanto no regula (quizás por su complejidad o incluso porque entonces no se advertía que fuera dificultoso) sobre el efecto de las resoluciones recaídas en los procesos colectivos.

b) La ley n° 13.928 de la Provincia de Buenos Aires[85], mucho más actual (sancionada el 27 de noviembre de 2008), modificó la fisonomía del proceso de amparo previsto en el art. 20 inc. 2° de la Constitución local.

La nueva ley regula aspectos aislados del amparo colectivo, de los cuales nos interesa destacar lo siguiente:

En materia de legitimación, se reconoce a toda persona física o jurídica que se encuentre afectada en sus derechos o intereses individuales "... o derechos de incidencia colectiva"; con inclusión también de "... las asociaciones que, sin revestir el carácter de personas jurídicas, justificaren, mediante la exhibición de sus estatutos, *que no contrarían una finalidad de bien público*" (art. 4).

Esto último, que nosotros remarcamos con cursiva, nos parece una solución inadecuada. Ya veremos más adelante cómo la Corte Suprema de Justicia de la Nación se ha esforzado por definir el perímetro de la legitimación de los nuevos actores del amparo colectivo, y ha marcado que la reforma de 1994 no ha consagrado una automática aptitud para demandar; a lo que se suma la precisa indicación del art. 43 segundo párrafo de la C.N. en el sentido de que las asociaciones legitimadas son las que propendan a los fines de tutela de los intereses difusos *que dicen representar*. No es lo mismo que el control de admisibilidad implique verificar

85 http://www.gob.gba.gov.ar

esta coherencia sustancial en el objeto, a que solo constate si el mismo tiene una finalidad de bien público (expresión demasiado indeterminada, por aparte).

Son acertadas, en cambio, las previsiones que establecen, en cabeza de quien promueve un amparo colectivo, la carga de identificar en su escrito de demanda "... el grupo afectado, indicando la relación o situación jurídica que los une" (art. 7); y la que impone al demandado la carga de "... comunicar la existencia de acciones colectivas de las que tuviere conocimiento, que alcancen en forma total o parcial al mismo grupo y que tengan relación con la acción planteada", en oportunidad de evacuar el informe circunstanciado o contestar demanda; bajo apercibimiento de que si no lo hiciera "...el actor podrá beneficiarse de la sentencia recaída en el otro proceso aun cuando su amparo fuera rechazado" (art. 10).

Párrafo aparte merece la cuestión del alcance de la cosa juzgada, que la ley 13.928 enuncia en los siguientes términos: "En los procesos colectivos, la sentencia alcanza a todo el grupo de afectados, y *será oponible al vencido en beneficio de quienes, a pesar de no haber intervenido en el juicio, compartan la situación jurídica o de hecho con los que interpusieron la acción*. En caso de rechazo de la acción, cualquier legitimado que no haya intervenido en el proceso, puede intentar otra acción con idéntico objeto, si se valiera de nueva prueba y se encontrare dentro del plazo establecido para interponer la acción" (art. 15).

Nos parece una regulación pertinente y ensamblada con los sistemas hoy predominantes en materia de expansividad de la cosa juzgada en los procesos colectivos (lo que veremos en la parte especial).

Sin embargo, esto fue observado en el decreto n° 3.344/08 (art. 4°), bajo el argumento de que "... la normativa proyectada implica otorgar efectos '*erga omnes*' a la sentencia que recaiga en el amparo colectivo dando de tal modo al pronunciamiento judicial carácter legislativo, conculcando el principio de división de poderes".

Compartimos con Verbic nuestra discrepancia con este punto del veto[86], pues se trata de un recorte sustancial a una de las propiedades peculiares del amparo colectivo, sin matices y sin razonamiento un jurídico y sistemático sólido que la avale; cuando se trata de una problemática seria y profunda que ha merecido tanto interesantes debates como idas y vueltas de nuestro Superior Tribunal Federal. Intentaremos echar luz sobre ello a lo largo de todos los capítulos y secciones que siguen.

[86] Verbic, Francisco, "El proceso colectivo en la nueva ley de amparo de la Provincia de Buenos Aires. Falta de visión sistémica y un oportuno veto parcial del Poder Ejecutivo", *LLBA*, 2009 (abril), 235.

ii) Antecedentes jurisprudenciales

Aclaraciones previas

Tal como ocurrió con la acción de amparo, cuya creación pretoriana a partir de los ya referidos fallos "Siri" (1957) y "Kot" (1958) es por todos conocida, las acciones colectivas tuvieron un desarrollo exponencial a partir del fallo "Halabi" (febrero de 2009), seguido luego por el caso "P.A.D.E.C." (agosto de 2013).

Pero aún antes de estos dos precedentes del Superior Tribunal Federal que de modo claro y contundente sientan las bases de las acciones colectivas y suplen con ello la inercia del legislador y/o la falta de voluntad política de regular al respecto[87]; diferentes tribunales, incluida la Corte, emitieron resoluciones concernientes a intereses colectivos e individuales homogéneos, quizás sin categorizarlos, pero dándoles un tratamiento distinto al de los clásicos litigios individuales.

Puede trazarse, entonces, una línea divisoria entre dos claras etapas: una, anterior a febrero de 2009, fecha en que se emite el mencionado *leading case* "Halabi"; y otra, posterior a ese momento, donde su doctrina empieza a germinar.

A fin de no extendernos innecesariamente, se analizarán en forma exhaustiva solo los fallos de la segunda etapa, en tanto que la referencia a los primeros será genérica, como pasos en el camino de evolución de la teoría que cristaliza en "Halabi".

Como es lógico y para un mayor enriquecimiento, en el segundo tramo del análisis de precedentes se citarán las elaboraciones doctrinarias suscitadas en cada caso, pero las mismas estarán concatenadas con nuestra opinión, que se destacará en cursiva para su más fácil visualización.

87 Lo que también ocurrió y aún ocurre con la acción de amparo, a 20 años de su consagración constitucional, al motivar que, increíblemente, aún rija –en lo que no fuera derogada por el texto de la carta magna– la ley 16.986 emitida, paradójicamente, en el marco de un gobierno de facto (año 1966).

Por último, es menester dejar esclarecido que en este capítulo los resolutorios del segundo segmento se analizarán en cuanto a su contribución a la teoría de los procesos colectivos; sin perjuicio de que luego, en la parte especial y tras el repaso de los pilares de la teoría del control de constitucionalidad, volvamos sobre ellos para, entonces sí, ensamblar los tópicos que hacen a la problemática: el efecto expansivo en los procesos colectivos que acogen un planteo de inconstitucionalidad de una norma de alcance general.

ii.a) Etapa anterior a 2009

En este primer recorte podemos citar algunos casos que contienen elementos de los procesos colectivos, sea por la materia o por la cantidad de sujetos involucrados en situaciones semejantes.

Así como el fallo "Mendoza" (C.S.J.N. 8/7/2008) fue un sustancial disparador en la evolución del derecho ambiental en nuestro país, nadie desconoce que "Halabi, Ernesto c/P.E.N." (C.S.J.N. 24/2/2009) en materia de procesos colectivos, tuvo igual impacto.

Para una mejor comprensión, primero explicaremos los pronunciamientos y luego haremos una clasificación bifronte: a) por los bienes en juego, b) por los intereses en juego.

De este recorte temporal, interesan los siguientes casos:

1) "Kattan, A. E. y otro c/Gobierno nacional-Poder Ejecutivo"[88]

Reseña: El 22 de marzo de 1983 el juez nacional de 1° instancia en lo Contencioso Administrativo Federal n° 2 hizo escuela al acoger, en el marco de una acción de amparo, una medida de no innovar y *suspendió los efectos de resoluciones que autorizaban la caza de 14 toninas overas* (una especie de cetáceo de la familia de los delfines que habitan las aguas del sur argentino)[89] por el peligro que ello podía representar para la fauna marítima y las generaciones futuras.

[88] *La Ley*, 1983-D, 568, con nota de Guillermo J. Cano; *La Ley*, 2002, 714, con nota de Marcelo Alberto López Alfonsín.

[89] La especie se distribuye en dos sitios. La población más grande se encuentra en varias ensenadas de la costa de Argentina, en el estrecho de Magallanes, Chile, y cerca de las islas Malvinas. La segunda población, descubierta en la década de 1950, reside cerca de las islas Kerguelen, 8000 km al este de la primera población. Prefieren las aguas poco profundas. La población global se desconoce, pero

El magistrado observó que la cuestión planteada tenía analogía profunda con la "cuestión de los pingüinos" que tomara estado público y provocara un amparo similar, resuelto negativamente por el Juzgado nº 5 de este mismo fuero. Sostuvo que, como se dijo en dicho precedente de junio de 1982, nuestro derecho no reconoce la llamada "acción popular", limitándose el derecho del actor a un "interés simple", compartido por todos los habitantes del país que se preocupan en proteger la fauna silvestre.

Sin embargo, consideró que la ley 22.421 impone el deber de velar por la protección de la fauna silvestre que habita en el territorio de la república y que la norma comprende también a la fauna marítima, y que "todos los habitantes de la Nación tienen el deber de proteger la fauna silvestre, conforme a los reglamentos que para su conservación dicten las autoridades de aplicación (ley 22.421)".

En base a este razonamiento, el judicante reparó en que de la documentación (recortes periodísticos) traída por los actores surgía que la cuestión de las toninas "exportables" ha conmocionado a las entidades interesadas en preservar la fauna marina, *aunque no sean ellas las que se presentaron en el juicio*; "existiría enfrentamiento entre la Dirección de Interés Marítimo y Pesca del Chubut que, por lo general, no autoriza la extracción de estos ejemplares (en Chubut no habría antecedentes de permisos como el dado) con las autoridades nacionales". Y concluyó que, sin perjuicio de la necesidad de un estudio más profundo y amplio, la única manera de evitar la depredación invocada y asegurar el interés a conservar el medio ambiente es detener, aunque sea temporalmente, el efecto de las autorizaciones otorgadas. A ello sumó la existencia de urgencia, pues ya había comenzado a correr el plazo para la caza de los ejemplares.

En consecuencia, hizo lugar al amparo iniciado por Alberto E. Kattan y Juan Schröder contra el Estado nacional; y declaró nulas las resoluciones por las cuales se había autorizado a "Sunshine International Aquarium" y "Matsushima Aquarium" a capturar y exportar 8 y 6 ejemplares de *cephacrhynschus commersonii*, respectivamente, entre el 1 de enero y el 31 de diciembre de 1983.

Nuestra opinión: Este fallo, duramente criticado por una autoridad del derecho administrativo como Marienhoff[90], y en cambio elogiado en la Convención Constituyente del 1994 por el convencional Schröder (además de coactor en este litigio,

una inspección en 1984 estimó que había 3400 ejemplares en el estrecho de Magallanes, disponible en https://es.www.wikipedia.org

90 Marienhoff, Miguel, "Delfines o toninas y acción popular", *ED*, 105-244.

conocido defensor de causas ambientales[91]), representa el primer antecedente de una acción colectiva iniciada por un grupo de personas en defensa de un bien colectivo cual es el medio ambiente.

La mirada desapasionada que permite el transcurso del tiempo da cuenta de lo bien encaminado que estaba el juez Funes, que aportó no solo a la teoría del derecho ambiental sino a la construcción de una noción de interés que afecta a muchos: sube al escenario un actor colectivo en defensa de intereses de igual índole.

No obstante, analizado el resolutorio a la luz del art. 43 C.N., sancionado casi diez años después, surge patente que la acción acogida se asemejó a una popular en cuanto a la legitimación, pues el actor era un ciudadano común que no revestía el carácter de afectado en los términos del primer párrafo de esa norma y tampoco era ninguno de los legitimados extraordinarios del segundo párrafo.

En cambio, los efectos se mantuvieron para el caso concreto, porque las normas invalidadas no eran generales sino actos administrativos de carácter particular, relativos a permisos de pesca concretos. En definitiva, se trató de un curso procesal híbrido, de ilimitada legitimación, pero acotados efectos.

2) "Ekmekdjián c/Sofovich"[92]

Reseña: Este famoso *leading case* de la Corte Suprema, del 7/7/1992, llegado en queja hizo lugar, por mayoría, a la acción de amparo promovida por el actor, destacado constitucionalista, contra el responsable de un programa televisivo en el cual se habían vertido ciertas opiniones sobre la Virgen María y Jesucristo que reputó agraviantes, con el fin de ejercer el derecho de réplica en los términos del art. 14.1 de la Convención Americana sobre Derechos Humanos. Rechazada la acción en la segunda instancia, el accionante dedujo recurso extraordinario cuya denegación motivó su presentación directa ante la Corte Suprema de Justicia de la Nación, que terminó por condenar al demandado (Gerardo Sofovich) a dar lectura, en alguno de los programas televisivos, a la primera hoja de la carta al lector presentada por aquel.

Para así decidir, entre otras consideraciones, el tribunal entendió que "así como todos los habitantes tienen el derecho de expresar y difundir, sin censura previa, su

91 Diario de Sesiones de la Convención Nacional Constituyente, 30° reunión, 3° reunión ordinaria, 12 de agosto de 1994, p. 4112.

92 Fallos: 315:1492, *ED*, 148-354: *La Ley*, 1992-C, 543, Colección de Análisis Jurisprudencial Derecho Constitucional, Sabsay, Daniel Alberto (dir.), La Ley, 2005, 83, con nota de Pablo Luis Manili.

pensamiento –ideas, opiniones, críticas– por cualquier medio de comunicación, así también todo habitante, que por causa de una información inexacta o agraviante sufra un daño en su personalidad, tiene derecho a obtener mediante trámite sumarísimo una sentencia que le permita defenderse del agravio moral mediante la respuesta o rectificación, sin perjuicio del ejercicio de las restantes acciones civiles y penales que le pudieren corresponder. Y para justificar la legitimación del reclamante, echó mano de la doctrina tradicional de los derechos subjetivos, al decir que "la afirmación que provoca la rectificación o respuesta invade los sentimientos más íntimos del afectado, convirtiéndose así –y tratándose de un sentimiento o creencia de sustancial valoración para el derecho– en un agravio al derecho subjetivo de sostener tales valores trascendentales frente a quienes, sin razón alguna, los difaman hasta llegar al nivel del insulto soez, con grave perjuicio para la libertad religiosa", y concluyó que la defensa de los sentimientos religiosos, a través del ejercicio del derecho de respuesta, forma parte del sistema pluralista que en materia de cultos adoptó la Constitución Nacional en su art. 14.

Respecto *al efecto reparador* de la réplica, el Alto Tribunal *sostuvo que alcanzaba al conjunto de quienes pudieron sentirse ofendidos con igual intensidad por el mismo agravio,* a fin de evitar, como bien señala Gelli[93], que el derecho reconocido se convirtiera en un multiplicador de respuestas interminables, "es decir, adjudicó al accionante un cierto tipo de representación del grupo afectado, en el caso, los católicos heridos en sus sentimientos religiosos".

Se enmarcó la pretensión del actor en la segunda categoría de la clásica trilogía (derecho subjetivo, interés legítimo e interés simple) plenamente vigente en ese momento y más propia del derecho administrativo que del constitucional, lo que implicó una clara innovación en la apreciación de la legitimación (el actor en representación de todo un sector) y en los efectos de la condena (a todo el sector de la población que pudo sentirse afectado en sus sentimientos hacia la Virgen María).

Nuestra opinión: Entre las numerosas interpretaciones y repercusiones que tuvo este precedente, destacamos el gran mérito de avizorar la dificultad práctica del efecto interpartes de la sentencia cuando la pretensión por ella acogida concernía sustancialmente a un universo de sujetos. Entonces y aun cuando la manda judicial se agotara en el cumplimiento de una prestación consistente en leer la carta al lector escrita por Ekmekdjián (en carácter de réplica), el resolutorio ingresa firme en el listado de procesos colectivos.

[93] Gelli, María Angélica, *Constitución de la Nación Argentina comentada y concordada*, La Ley, Buenos Aires, 2006, p. 492.

No se trata, sin embargo, de una acción popular, como acabamos de señalar con el caso "Kattan", sino que se admitió la legitimación de un individuo expresamente habilitado en cuanto afectado (primer sujeto de los mencionados en el segundo párrafo del art. 43 C.N.) por el acto lesivo, en representación de un grupo (numeroso en nuestro país) con delimitación concreta por el hecho de ser católicos.

3) "Consumidores Libres c/Telefónica de Argentina y otro"[94]

Reseña: En el caso, se había demandado a Telefónica de Argentina S.A., Telecom Argentina Stet-France Telecom S. A. y Telintar S.A. con el fin de que se las condenara a reducir las tarifas telefónicas "a términos razonables y equitativos" de forma tal que les permitieran una razonable utilidad que no excediese la tasa de retorno del 16 % anual prevista en el capítulo XII, art. 12.3.2 del pliego de privatización de Entel (dto. 731/89) calculada en la forma dispuesta en dicho plexo normativo, o la que en más o en menos se considerase luego de evaluar la prueba; y se solicitó, además, la devolución de todo monto que las demandadas hubieran percibido, hasta el día en que la sentencia a dictarse se encontrase firme, por exceso en un nivel tarifario que permitió la obtención de una tasa de retorno superior a la indicada.

El juez de primera instancia desestimó el reclamo por una cuestión estrictamente formal: la falta de reclamo administrativo previo, y dio lugar a este trascendente fallo de la Cámara Nacional en lo Contencioso Administrativo Federal (sala V) del 17 de octubre de 1997; mediante el cual los jueces entendieron que la circunstancia de que la actora haya demandado por la vía prevista en el art. 322 del C.P.C. y C.N. no constituye un óbice para la aplicación del precepto contenido en el art. 43 de la Constitución Nacional, en virtud de la analogía existente entre esa acción y la de amparo. Se previó así que, si las cuestiones en juego exigiesen una mayor amplitud de debate y prueba, podía disponerse la sustanciación conforme al trámite previsto para el juicio sumario.

Asimismo, el tribunal decidió que la exigencia de la interposición de un reclamo administrativo impropio en los términos del art. 24 inc. a) de la Ley de Procedimiento Administrativo 19.549 no es imprescindible cuando ello importa un inconducente y excesivo rigor formal, dilatorio de la defensa en juicio garantizada en el art. 18 de la Constitución Nacional, y expresó que "El ejercicio de las acciones frente a las licenciatarias del servicio básico telefónico no se encuentra sujeto a las

[94] http://www.planetaius.com.ar

normas del título IV de la ley 19.549. No cabe extender a ellas las prerrogativas conferidas solo al Estado nacional como gestor del interés público".

Nuestra opinión: Este resolutorio sienta importantes pautas para el tratamiento de cuestiones pluriindividuales, dado que flexibiliza el examen de admisibilidad del tipo de acción utilizada para el reclamo (en cuanto al agotamiento de la vía) y examina la legitimación de nuevos actores del proceso, las asociaciones, de acuerdo a un criterio de verdad real que atiende al objeto con el cual fueron constituidas, denunciado en el respectivo estatuto.

De esta manera, se da el puntapié inicial para el surgimiento de una nueva corriente jurisprudencial, menos rígida en la apreciación de la legitimación de las asociaciones, que intenta ubicarse en el justo medio entre ensanchar y restringir indebidamente la legitimación de los sujetos procesales; lo cual reviste importancia si se tiene en cuenta que las asociaciones constituyen uno de los principales protagonistas en la articulación de los procesos colectivos.

En cuanto a los efectos, aunque no lo dijera, era ínsito a la resolución que la suspensión de las tarifas comprendía a todos los usuarios afectados por las mismas.

Otro tanto ocurrió, en 2001, en la causa "Consumidores Libres-Coop. Ltda. c/Telefónica de Argentina y otro", de similar fisonomía, donde la sala IV de la Cámara Nacional Federal en lo Contencioso administrativo debió entender en el reclamo de la asociación referida que, adujo una rentabilidad excesiva de los licenciatarios del servicio telefónico (telefonía fija en aquella época) y solicitó la suspensión cautelar del acuerdo suscripto (entre el Estado nacional y aquellos) que les permitía corregir el valor del pulso dos veces por año, hasta que recayera sentencia en el juicio principal.

La Cámara hizo lugar a la medida cautelar solicitada y ordenó al Estado nacional y a las demandadas que se abstuvieran de aplicar las correcciones establecidas en el art. 2° de los acuerdos aprobados, hasta tanto recayera pronunciamiento definitivo, pero sin decir nada, expresamente, sobre el efecto expansivo de lo resuelto.

4) "Asociación de Grandes Usuarios de Energía de la República Argentina (Agueera) c/Provincia de Buenos Aires"[95]

Reseña: Este resolutorio del Superior Tribunal Federal, de abril de 1997, abordó el planteo de la Asociación de Grandes Usuarios de Energía de la República

[95] C.S.J.N. 22/04/1997, *La Ley*, 1997-C, 322.

Argentina a fin de que se declare la inconstitucionalidad de los decretos ley 7290/67 y 9038/78 y del decreto 1160/92 de la provincia de Buenos Aires que gravaban el consumo de energía eléctrica que se realiza en jurisdicción provincial y, por lo tanto, afectaban en forma indirecta a todos los usuarios de dicho marco territorial.

La demandada opuso excepción de falta de legitimación activa, al argumentar que no se configuraría "un perjuicio o lesión actual al actor" en los términos del art. 322 del Código Procesal Civil y Comercial, pues la actora no revestía carácter de obligada a efectuar pago impositivo alguno por la legislación cuestionada y pretende la protección de derechos inherentes a sus asociados como personas que ni siquiera fueron individualizadas. La Corte Suprema desestimó la defensa opuesta.

Para ello, entendió que la asociación se encontraba entre los sujetos a los que el art. 43 de la Constitución Nacional otorga legitimación activa, sin que obste –en lo que respecta a su legitimación para accionar– el hecho de que aquella haya demandado por la vía prevista en el art. 322 del Código Procesal de la Nación, en virtud de la analogía existente entre esa acción y la de amparo.

Nuestra opinión: Nuevamente, estamos frente a un criterio acorde a las tendencias constitucionales que inspiraron la reforma de 1994, que reconoce a la legitimación de las entidades colectivas constituidas en defensa de los bienes y derechos comunes la extensión que se supone que tengan.

En esta inteligencia pero desde el fondo del asunto y con cita de precedentes propios, el tribunal sentenció que la acción declarativa, al igual que el amparo, tiene una finalidad preventiva y no requiere la existencia de daño consumado en resguardo de los derechos de base constitucional; lo que –a su criterio– determinó la aptitud de postulación de la actora, en función de una de sus finalidades, que es la de evitar el perjuicio que la imposición de un tributo causaría a los grandes usuarios de energía eléctrica que ella representa.

Agustín Gordillo, en un comentario breve pero conciso sobre este fallo[96], opina que la Corte Suprema resuelve aquí, acertada y novedosamente, que los derechos de incidencia colectiva previstos en el art. 43 de la Constitución Nacional son una institución vigente del derecho argentino y dan lugar a acciones de clase que pueden ser iniciadas por asociaciones en defensa del universo de usuarios. Por otro lado, se declara que tales derechos de incidencia colectiva no se ejercitan solamente por la vía del amparo sino también, por ejemplo, por acción declarativa

[96] "Las asociaciones de usuarios y la defensa de los derechos de incidencia colectiva - Acción declarativa de inconstitucionalidad", *La Ley*, 1997-C, 322.

de inconstitucionalidad y por otros procesos abreviados que permitan conocer la constitucionalidad del acto impugnado. Aunque no lo dice, cabe inferir que se trata de las acciones sumarias y sumarísimas en defensa del consumidor previstas en la ley 24.240.

Compartimos la lectura positiva que hace el autor, pero no sin advertir que la interpretación "amplia" que adopta el fallo en cuanto a la llave de acceso a los reclamos colectivos *no ha sido absoluta ni libre de disquisiciones*, lo que se apreciará a lo largo del repaso de los antecedentes. Consideramos acertado el ejercicio de cierto filtro, pues de otro modo, la sola invocación del carácter de sujetos mencionados en el art. 43 C.N. (esto es, de afectado, asociaciones y defensor del Pueblo) avalaría la admisibilidad de planteos colectivos; sin mayor examen sobre los puntos clave que atañen a la legitimación en cada supuesto: la verificación de afectación real (para el afectado), objeto de los estatutos y vinculación con el contenido del reclamo (para las asociaciones) o ámbito territorial de actuación (para aquellas y el defensor del Pueblo).

5) "Defensoría del Pueblo de la Ciudad de Bs. As. c/Edesur"[97]

Reseña: La Defensoría del Pueblo de la Ciudad de Buenos Aires interpuso acción de responsabilidad y reparación de daños y perjuicios contra Edesur S.A., con el objeto de que se la condenara a la reparación de los daños sufridos por los damnificados de la Ciudad de Buenos Aires (usuarios y terceros), entre los que se incluyó a aquellos derivados de la falta de provisión eléctrica (APAGÓN) ocasionada por el corte de energía que tuvo lugar el *15 de febrero de 1999*.

La actora fundó su legitimación, sustancialmente, en la Constitución Nacional, en la Constitución de la Ciudad de Buenos Aires y en la ley 3 de la Legislatura de Buenos Aires. Asimismo, solicitó que se fijara el procedimiento sumarísimo previsto en los arts. 52 y 53 de la ley 24.240 y que la condena declarase la responsabilidad de la demandada por los daños causados a los damnificados indeterminados que serían individualizados a través del procedimiento de ejecución de sentencia, indicándose la forma de efectuar la citación pública de estos para que se presenten a estimar y demostrar el daño propio.

[97] *LL*, 2000-C-395, Colección de Análisis Jurisprudencial Obligaciones Civiles y Comerciales, Dora M. Gesualdi (dir.), La Ley, 2003, 12, con nota de Martín Alejandro Christello; *LLP*, 2000, 912.

La sentencia de primera instancia hizo lugar parcialmente a la demanda promovida y condenó a Edesur S.A. a pagar a la Defensoría del Pueblo de la Ciudad de Buenos Aires los daños causados, a determinarse en la etapa de liquidación. Apelaron ambas partes y la cuestión llegó a la Cámara Nacional Federal Civil y Comercial (sala I), que luego de un enjundioso análisis, en marzo del año 2000 resolvió: a) confirmar la sentencia apelada en cuanto hizo lugar a la demanda promovida por la Defensoría del Pueblo de la Ciudad de Buenos Aires *por su propio derecho*; y b) revocarla en cuanto rechazó la legitimación invocada por la Defensoría del Pueblo de la Ciudad de Buenos Aires en relación con los usuarios.

Para así resolver, la Alzada entendió que la admisión de la demanda del defensor del Pueblo facilita el acceso de los usuarios a la justicia y garantiza el derecho de igualdad ante la ley, pues se trata de personas que generalmente ven dificultado su acceso a los tribunales debido a la posición débil que ocupan en relación con la empresa prestadora. Abonó esta postura en una interpretación amplia de la Constitución de dicha ciudad.

Dijo que la defensora del Pueblo de la Ciudad funda su legitimación en normas constitucionales, lo cual es muy diferente a lo que sucede en la *class action*, regulada en la Regla 23 del Procedimiento Civil para los Tribunales Federales de Estados Unidos, en la que una persona acude ante un tribunal en representación de una determinada clase, sin autorización o mandato,

Por otro lado, los camaristas asumieron la cuestión del *efecto expansivo* de su resolución, en los siguientes términos: "Tampoco se puede dejar de considerar que el hecho que originó la promoción de la presente acción afectó a cientos de miles de usuarios (...) Por lo demás, *es razonable que frente a una gran cantidad de situaciones análogas se dicte una sola sentencia que comprenda a todas* –si existe una norma que así lo permita– *evitándose así un dispendio inútil de actividad jurisdiccional* (considerando 20, destacado propio), y aclararon que "como aquí se ha emitido un pronunciamiento en cuanto a la responsabilidad reconocida por la demandada en los hechos que motivaron este juicio, es conveniente aclarar que en esos eventuales juicios que se inicien para probar y determinar los daños y perjuicios de los usuarios afectados por el corte de energía en cuestión, la demandada podrá plantear –en lo que hace a los daños– aspectos propios de cada caso particular, que no hayan sido materia de este pleito" (consid. 21).

Ello se completó con una referencia a la forma de notificación para poner en conocimiento de los usuarios la sentencia que se dicta, la que se dejó a cargo de la Defensoría del Pueblo de la Ciudad de Buenos Aires, "en forma extrajudicial y por los medios que ella estime pertinentes, y sin obligación alguna por parte de la demandada en ese aspecto".

Nuestra opinión: Buena lógica jurídica y precisión son las notas de este precedente, que se destaca por cuanto se hizo cargo en forma expresa de dos cuestiones sustanciales: la legitimación y los efectos. En cuanto a lo primero, si bien concluyó que no eran atendibles los argumentos de la actora, que había invocado la "*class action*" para fundar su legitimación, admitió el reclamo colectivo con raízo en las normas constitucionales y legales (Ley de Defensa del Consumidor) pertinentes.

Respecto a las secuelas expansivas del resolutorio, sus firmantes asumen o "blanquean" lo que se daba por entendido en pronunciamientos anteriores (e incluso posteriores) y acudieron, para justificarlas, a fundamentos de política judicial e índole pragmática.

Por último, las disquisiciones sobre la notificación del fallo fueron de gran utilidad y comulgan con elementos tenidos en cuenta en la motivación de la Acordada sobre Procesos Colectivos (nº 12/2016) al vincular la necesidad de evitar un gasto jurisdiccional superfluo con elementales nociones de seguridad jurídica.

6) "Asociación Benghalensis y otros c/Ministerio de Salud y Acción Social - E.N. s/amparo"[98]

Reseña: Este caso, resuelto definitivamente por la Corte el 01/06/2000, versó sobre un amparo promovido por un grupo de O.N.G. relacionadas a actividades contra la epidemia del Síndrome de Inmunodeficiencia Adquirida (S.I.D.A.), a fin de que se ordene al Estado Nacional a cumplir con la asistencia, tratamiento, rehabilitación y suministro de medicamentos a los afectados por dicha dolencia. Contra la decisión de la Cámara que –al confirmar la resolución de la anterior instancia– hizo lugar a lo solicitado, interpuso el Estado nacional recurso extraordinario. La Corte Suprema de Justicia de la Nación, por una mayoría un tanto lavada[99], confirmó la sentencia apelada.

Para ello, por vía de remisión al dictamen del procurador general que la Corte hizo suyo, se entendió que si bien los gastos que demanda el cumplimiento de la Ley de Lucha contra el S.I.D.A. nº 23.798 deben ser solventados por la Nación y

[98] C.S.J.N. fallos: 323:1339; *LL*, 2001-B-123; *DJ*, 2001-1, 965.

[99] La votación de la entonces Corte de 9 miembros fue: *en disidencia*: Julio Nazareno, Carlos Fayt y Enrique S. Petracchi. *Según su voto:* Eduardo Moliné O'Connor, Antonio Boggiano y Adolfo R. Vázquez. Sin observaciones, votaron solamente Guillermo López, Gustavo Bossert y Augusto Belluscio.

por las provincias, ello no supone que el Estado federal haya delegado la responsabilidad del cumplimiento del mencionado régimen, declarado expresamente de interés nacional. Y aunque, con arreglo a la citada norma los medicamentos para los enfermos de S.I.D.A. se distribuyan a través de los gobiernos locales, el Estado nacional no se desliga de responsabilidad frente a terceros, sin perjuicio de la que les cabe a las jurisdicciones provinciales o instituciones privadas.

Nuestra opinión: Aunque no hay demasiado desarrollo sobre el aspecto colectivo de la cuestión, encontramos algunas referencias, por ejemplo, en el voto de Vázquez, para quien el propósito preeminente que inspiró el dictado de la Ley de Lucha contra el S.I.D.A. 23.798 fue la protección de la salud pública, de modo que la problemática de dicha enfermedad no se circunscribe a una provincia en particular o a varias de ellas, sino que afecta a la vasta extensión de nuestro país.

Por la importancia del tema de fondo abordado y el compromiso de la Corte para poner término al deficiente suministro de medicamentos al colectivo constituido por los enfermos de S.I.D.A., este es un fallo de pertinente cita.

7) "Defensor del Pueblo de la Nación c/Ministerio de Economía y Obras y Servicios Públicos"[100]

Reseña: Este resolutorio, del 21/08/2003 es el primero de una serie concerniente a planteos sobre el *Régimen Simplificado para Pequeños Contribuyentes, ley 24.977* (sancionada el 3 de junio de 1998) por cuanto esta norma, dentro del marco de creación del régimen simplificado para Pequeños Contribuyentes, también denominado monotributo, obligó a los profesionales con ingresos inferiores a $36.000 a inscribirse como monotributistas. En su defecto, quedaban categorizados como responsables inscriptos del I.V.A. y excluidos de la posibilidad de empadronarse como responsables no inscriptos.

Los planteos judiciales, instados por diversas entidades representativas de sectores de actividad y profesiones[101], a los que adhirió la Defensoría del Pueblo

[100] *La Ley*, 2003-F, 936-*IMP*, 2003-B, 2121, con nota de Daniel Malvestiti; *DJ*, 2003-3, 742, *La Ley*, 2004-C, 270, con nota de Eduardo Pablo Jiménez.

[101] Como apunta Eduardo Pablo Jiménez, deben recordarse los reclamos efectuados por la Confederación Farmacéutica Argentina, Confederación Médica de la República Argentina, Confederación Médica Gremial de la Capital Federal, Colegio de Escribanos de la Capital Federal, Consejo Profesional de Agrimensura de Jurisdicción Nacional, Colegio de Calígrafos Públicos de la Ciudad de Buenos Aires; pero esencialmente a los que formularon el Colegio Público de Abogados de la Capital Federal.

de la Nación, atacaron la ley en la inteligencia de que violentaba ciertos derechos y garantías constitucionales de los ciudadanos.

La Corte entendió que el defensor del Pueblo de la nación no se encontraba legitimado para actuar en la acción, si varios profesionales afectados por la reforma introducida por dicha ley ya habían iniciado acciones judiciales con el mismo objeto (del dictamen de la Procuradora Fiscal que la Corte hizo suyo).

Nuestra opinión: Más allá de la cuestión técnica relativa al derecho tributario donde no vamos a ingresar, a partir de este precedente, el primero de toda una saga, el Alto Tribunal dispone filtros a la recepción indiscriminada de reclamos colectivos por vía del art. 43 de la Constitución Nacional cuando preexisten otros reclamos con el mismo objeto. Claro que una solución posible hubiera sido la acumulación de los casos por su coexistencia temporal.

8) "Colegio de Fonoaudiólogos de Entre Ríos c/Estado Nacional"[102]

Reseña: Cinco días después, el 26/08/2003, la Corte Suprema hizo lugar al recurso extraordinario interpuesto por el Fisco Nacional contra la sentencia de Cámara que había acogido la acción de amparo promovida por el Colegio de Fonoaudiólogos de Entre Ríos, al declarar la inconstitucionalidad del art. 2 de la ley 24.977, art. 27 del dto. 885/98 y de cualquier otra disposición que obstara la validez de la opción de revistar como responsables no inscriptos en el I.V.A. a quienes tengan ingresos brutos anuales que no superen la suma de $36.000.

En concreto, el tribunal rechazó la acción de amparo por entender que la actora carecía de legitimación y que resultaban aplicables las consideraciones vertidas por el tribunal en la sentencia dictada en los autos "Cámara de Comercio, Industria y Producción de Resistencia c/A.F.I.P. s/amparo" toda vez que, al igual que en dicho precedente, "la acción de amparo ha sido deducida respecto de *derechos de carácter patrimonial, puramente individuales, cuyo ejercicio y tutela corresponde exclusivamente a cada uno de los potenciales afectados*, por encontrarse la protección de esa clase de derechos al margen de la ampliación del universo de legitimados establecida por el art. 43 de la Constitución Nacional". Tales consideraciones conducen a negar legitimación procesal a la entidad actora para promover el presente amparo en procura de una decisión judicial que declare

[102] *La Ley*, 2004-A, 93, con nota de Juan Oklander; *DJ*, 2003-3, 891; *DJ*, 2004-1, 184, con nota de Augusto M. Morello; *La Ley*, 2004-C, 269, con nota de Eduardo Pablo Jiménez; Colección de Análisis Jurisprudencial Elementos de Derecho Administrativo - Julio Rodolfo Comadira, 381.

la inconstitucionalidad de normas tributarias y su consiguiente inaplicabilidad al conjunto de sus asociados" (destacado propio).

Nuestra opinión: Puede advertirse, así, que en este supuesto la Corte no repara tanto en la aptitud del Colegio Profesional para representar a sus integrantes, sino en la naturaleza *patrimonial* y netamente *individual* de los derechos en juego, al referir a la primera categoría de derechos que luego en "Halabi" completa hasta llegar a tres (1. derechos individuales ejercitables por su titular, 2. derechos colectivos e 3. intereses individuales homogéneos). Como anticipamos al comentar Agueera, comienza a distinguirse la índole de los derechos involucrados en el litigio como tamiz para admitir los planteos colectivos, que no proceden en el primer supuesto.

9) "Colegio Público de Abogados de Capital Federal c/Ministerio de Economía, Obras y Servicios Públicos"[103]

Reseña: Este fallo, de la misma época que el anterior[104], desestimó el reclamo (el último de la serie que mencionamos), vinculado nuevamente a la impugnación de la ley 24.977, considerada discriminatoria por quienes promovieron amparo.

El Alto Tribunal, otra vez mediante un pronunciamiento breve que no ingresa al fondo del asunto, dejó establecido que "si bien la Constitución Nacional, tras la reforma constitucional de 1994, ha ampliado el universo de los sujetos legitimados para accionar por la vía del amparo, que tradicionalmente estaba limitado a los que fueran titulares de un derecho subjetivo individual, esta amplitud no se ha dado para la defensa de cualquier derecho, sino como medio para evitar discriminaciones y tutelar los mencionados en el segundo párrafo del art. 43 del texto constitucional, es decir, los que protegen al ambiente, a la competencia, al usuario y al consumidor, así como los derechos de incidencia colectiva en general", y en particular, con relación a la actuación del defensor del Pueblo de la nación, que este funcionario "carece de legitimación procesal para interponer acción de amparo a fin de que se declare la inconstitucionalidad de los arts. 1° y 2° de la ley 24.977", remarcado que su intervención cesa "cuando la persona interesada ha impetrado acción judicial o recurso administrativo".

Nuestra opinión: Como se ve, en las tres sentencias emitidas con motivo del cuestionamiento judicial del monotributo a los profesionales, se supeditó la

---

[103] *La Ley*, 2004-C, 268, con nota de Eduardo Pablo Jiménez.

[104] Es del 7/10/2003, es decir, unos meses más tarde.

procedencia del reclamo a su presentación y tramitación individual, en la inteligencia de que en el supuesto no se debatían derechos de aquellos protegidos por el art. 43, sino otros de tipo individual-patrimonial que, como se dijo en el fallo anterior, deben ser practicados por sus titulares sin que proceda a su respecto la extraordinaria legitimación establecida en el segundo párrafo del art. 43 C.N.

Así, la Corte consolida un análisis más estricto de la legitimación.

Resoluciones trascendentes durante el año 2006

Como advierte Salgado, durante el año 2006 la Corte Suprema emitió distintos fallos referidos a los derechos de incidencia colectiva que, vistos en forma conjunta, constituyen un avance sustancial respecto a lo que, hasta ese momento, había dicho en la materia[105]. Se trata de cinco fallos que el autor ordena en forma cronológica, tres de los cuales fueron suscriptos el mismo día.

Compartimos su postura en el sentido de que se hizo camino en la concepción y decisión sobre asuntos colectivos, no obstante lo cual, es necesario aclarar que estas acciones *no tramitaron como planteos colectivos.*

Se trata de los casos "Mendoza, Beatriz y otros c/Estado Nacional y otros", "Monner Sans c/Fuerza Aérea Argentina", "Hospital Materno Infantil de Salta", "Asociación Civil Mujeres por la Vida", y "Defensoría del Pueblo de la Ciudad de Buenos Aires c/Secretaría de Comunicaciones", que abordaremos seguidamente, con la numeración correlativa.

10) "Mendoza, Beatriz y otros c/Estado Nacional y otros"[106]

Reseña: Este histórico fallo, el primero de una larga saga, se refiere al saneamiento de la Cuenca Hídrica Matanza-Riachuelo y constituye un hito en la evolución de la defensa jurisdiccional del medio ambiente, lo que le ha valido fama internacional.

El caso se generó a raíz de la demanda de un grupo de 17 vecinos domiciliados en la Capital Federal y en la Provincia de Buenos Aires contra el Estado nacional, la Provincia de Buenos Aires, el Gobierno de la Ciudad Autónoma de Buenos Aires y alrededor de 40 empresas que desarrollan su actividad industrial en las adyacencias

[105] Salgado, José María, "La Corte y la construcción del caso colectivo", *La Ley*, 2007-D, 787.

[106] *La Ley*, 2006-D, 88.

de la Cuenca Hídrica Matanza-Riachuelo, a fin de obtener una indemnización por los daños y perjuicios sufridos a raíz de los dramáticos niveles de contaminación del río.

Ante la complejidad del conflicto, la cantidad de firmas demandadas (entre ellas curtiembres, frigoríficos, químicas, embotelladoras) y la diversidad de temas planteados, la Corte, distinguió y por tanto escindió dos tipos de pretensiones:

- El resarcimiento de los bienes individuales, afectados por vía indirecta a raíz de la lesión al ambiente (daño colateral, de rebote o "*par ricochet*" según la doctrina francesa) cuyo titular es el sujeto que los posee y cuyo reclamo debe ser ejercido en forma individual;
- La defensa del bien de incidencia colectiva configurado por el ambiente, cuya esencia es indivisible e insusceptible de apropiación privada, y que, por ello, sí puede ser reclamada por los legitimados extraordinarios para su tutela.

En base a ello la Corte concluyó que respecto de los primeros era incompetente, y derivó los reclamos a conocimiento de la Cámara Civil y abrió la instancia originaria solo para entender del conflicto ambiental propiamente dicho. De este modo, rechazó la acumulación de pretensiones requerida por la actora.

Justificó esta decisión en razones de trascendencia institucional que imponen el uso de un riguroso criterio hermenéutico de los supuestos que dan lugar a su competencia originaria, a efectos de preservar los limitados recursos humanos y materiales con los que cuenta para el ejercicio de su función.

En consecuencia, resolvió:

a) Dictar sentencia sobre las pretensiones que procuran la tutela y reparación del daño ambiental de la cuenca.
b) Ordenar a la Autoridad de Cuenca (instituida por ley 26.168) el cumplimiento de un programa de recomposición establecido en los considerandos.
c) Responsabilizar al Estado nacional, la Provincia de Buenos Aires y la Ciudad Autónoma de Buenos Aires, en modo concurrente, por la ejecución de dicho programa. Un claro caso de obligación solidaria.
d) Establecer que la Auditoría General de la Nación realizará el control específico de la asignación de fondos y de ejecución presupuestaria de todo lo relacionado con el Plan Integral de Saneamiento.

e) Habilitar la participación ciudadana en el control del cumplimiento del Plan de Saneamiento y del mencionado programa, coordinada por el defensor del Pueblo de la Nación, mediante la conformación de un cuerpo colegiado en el que participarán los representantes de las O.N.G. intervinientes.

f) Atribuir competencia al Juzgado Federal de Primera Instancia de Quilmes para conocer en todas las cuestiones concernientes a la ejecución de este pronunciamiento y en la revisión de las decisiones finales tomadas por la Autoridad de Cuenca.

Nuestra opinión: Con absoluta lucidez, la Corte aborda las múltiples ramificaciones del problema y responsabiliza a las distintas esferas de gobierno involucradas en un Plan de Saneamiento que importó la aplicación de un principio medular para la reparación ambiental, cual es el de *progresividad* o *gradualismo* (art. 4 L.G.A.); pues la vuelta de las cosas al estado anterior, sobre todo cuando de daño ambiental se trata, insume considerable tiempo, y la mejor manera de controlar el proceso (si no la única) es mediante la formalización de un plan o programa de recomposición con metas a corto y largo plazo. En la especie, el programa debía ajustarse a objetivos especificados en el propio fallo[107].

Como dijimos en una breve glosa a esta célebre sentencia[108], su enorme peso deriva no tanto de su elaboración doctrinaria como de la aplicación de criterios estratégicos en la formulación de la parte resolutiva, ya que no solo condenó solidariamente a las tres esferas del Estado a la elaboración del aludido Plan Integral de Saneamiento, sino que incorporó directivas concretas para su monitoreo. Así, estableció un doble sistema:

i. *Participación ciudadana*, cuya organización encomendó al defensor del Pueblo de la Nación (quien fuera admitido en el proceso como tercero interesado), con lo que se buscó evitar el caos y/o la ineficacia de una intervención desarticulada.

ii. *Fiscalización profesionalizada* del manejo y asignación de fondos que demande la puesta en marcha del Plan Integral de Saneamiento, a cargo de la Auditoría General de la Nación, aunque este Organismo nunca fuera parte ni tercero en el proceso.

[107] Esos objetivos fueron: 1) el mejoramiento de la calidad de vida de los habitantes; 2) la recomposición del ambiente de la cuenca en sus tres componentes –agua, aire y suelos–, y 3) la prevención de los daños, 4) saneamiento de basurales, 5) limpieza de márgenes de río, 6) expansión de la red de agua potable, 7) desagües pluviales, 8) saneamiento cloacal y 9) plan sanitario de emergencia.

[108] Catalano, Mariana, "El fallo Mendoza", *La Ley*, 2008-E, 127.

Otra nota distintiva es que se delegó la etapa de ejecución de la sentencia en un juez federal de primera instancia. Esto trasunta, por un lado, que el tribunal fue consciente de la enorme complejidad de la cuestión, y por el otro, que confirió a la etapa de ejecución de sentencia la importancia que verdaderamente tiene, al jerarquizar lo que nosotros consideramos un peldaño crucial en la escalera al cabal acceso a la justicia: el efectivo cumplimiento de la manda judicial.

11) "Monner Sans c/Fuerza Aérea Argentina"[109]

Reseña: Este fallo se vincula con el derecho a la información de usuarios del servicio de aerotransporte y tiene su origen en un reclamo que por vía de amparo iniciara el abogado Ricardo Monner Sans, en carácter de usuario, a efectos de que la Dirección Nacional de Aeronavegabilidad establezca el lugar y horario en el cual los usuarios y las asociaciones que los nuclean puedan consultar las conclusiones de dicho organismo sobre el estado de los aviones de las distintas empresas aéreas y su documentación fundante. Se pedía, en particular, que la Dirección "publique mensualmente en dos diarios de circulación en toda la República Argentina, un informe explícito y fundado respecto de la calificación mensual de las empresas aerotransportistas respecto de la seguridad que ofrecen sus aeronaves".

En primera instancia se hizo lugar parcialmente a la medida solicitada y la Cámara confirmó la decisión, lo que motivó la interposición de recurso extraordinario federal por el Estado, el que fue concedido en lo concerniente a la interpretación de normas federales y denegado en cuanto a la causal de arbitrariedad invocada. La Corte, por mayoría, lo declaró inadmisible aplicación del art. 280 del C.P.C.C.

El voto de Argibay: La Dra. Argibay formula disidencia en la inteligencia de que la legitimación procesal activa no puede determinarse de manera desvinculada del interés concreto que se pretende proteger en la demanda, pues ningún sujeto está genéricamente habilitado o impedido para intervenir en cualquier causa judicial. En ese hilo, explicó que luego de la reforma constitucional de 1994 el concepto de *causa judicial* puede referirse tanto a la controversia sobre un derecho individual como a un interés o derecho de incidencia colectiva, es decir, que tiene por objeto un bien colectivo o público.

En sus propios términos, "imputar una concreta denegación de información relevante para la decisión de consumo, como lo es la de usar el servicio de

[109] C.S.J.N. 26/09/2006, *La Ley online*, 2006/12/27, p. 10, 45.507-S; *DJ*, 2006-3-654.

aerotransporte comercial, es, por sí mismo, un daño o perjuicio que puede servir de base para la configuración de una 'causa' judicial, más allá del resultado final del proceso, es decir, de la procedencia o no de otorgar esa información".

Por ello, la sola circunstancia de que el actor no pueda invocar un daño particularizado o un derecho o interés propio no es suficiente para negarle legitimación, si ha invocado la defensa de un bien colectivo. A su vez, este derecho puede ser afectado por la falta de información disponible para tomar la decisión de consumo (art. 42 de la C.N.). A criterio de la jueza, tratándose del servicio de aerotransporte de pasajeros, que no tiene restricciones normativas ni fácticas de acceso que excluyan al actor como usuario, debe aquel ser considerado como un "afectado" singular al que el artículo 43 de la C.N. reconoce legitimación activa para buscar un pronunciamiento que proteja el interés colectivo o público en cuestión.

En lo concerniente al modo en que ha de operar el derecho a una información "adecuada y veraz", establecido en el art. 42 de la Constitución Nacional, señaló que, a diferencia de lo sostenido por la Dirección de Aeronavegación de la Fuerza Aérea Argentina, la misma sí está obligada a proporcionar la información solicitada por el usuario a menos que haya una norma expresa que la obligue a ello, pues la cláusula constitucional genera el deber de proporcionar toda información relevante para la decisión de consumo, a menos que se invoque una razón normativa o fáctica que justifique mantener dicha información en reserva, "en efecto, si bien el artículo 42, por su generalidad, no es concluyente, tampoco es superfluo"; y concluyó por la confirmación de la sentencia en lo que fuera materia de recurso extraordinario.

Nuestra opinión: Aun cuando en virtud del "*certiorari*" el tribunal no ingresa al análisis del asunto, encontramos "*holding*" en el voto disidente; cuya importancia afinca en la resignificación tanto del tradicional concepto jurídico de *causa*, (al incorporar la faz colectiva) como de las condiciones exigibles a quien se arrogue la representación de intereses *extrapatrimoniales* (de información adecuada y veraz) de un sector de la población (los usuarios del servicio de aeronavegación). Algo similar al planteo resuelto por la mayoría del tribunal en el *leading case* "Halabi".

12) "Ministerio de Salud y/o Gobernación"[110]

Reseña: Médicos del Hospital Materno Infantil y dos asociaciones profesionales promovieron una acción de amparo contra la provincia de Salta a efectos de que

[110] C.S.J.N. 31/10/2006, *La Ley*, 2006/11/10, p. 6.

se diera solución a las graves insuficiencias de infraestructura, equipamientos, insumos y recursos humanos que padecía el hospital nombrado, en la cual peticionaron concretamente que se condenara al Ministerio de Salud a tomar medidas urgentes de reestructuramiento y reequipamiento generales, la reconstrucción de quirófanos, reacondicionamiento de las salas de atención, incorporación de servicios de higiene adecuada, aprovisionamiento de medicamentos indispensables y cobertura de las exigencias mínimas requeridas por los Jefes de Servicio de las distintas áreas del hospital.

La Corte de Justicia de la Provincia de Salta rechazó la demanda en el entendimiento de que la pretensión de los actores no constituía una causa concreta en los términos del art. 116 de la Constitución Nacional y que el amparo no era la vía apta para realizar el planteo.

Rechazado el recurso extraordinario, el Superior Tribunal Federal ingresó al estudio de la queja correspondiente, hizo lugar a la misma y dejó sin efecto la sentencia, por lo que devolvió las actuaciones a la instancia local a efectos del dictado de un nuevo fallo.

Para llegar a dicho resultado sostuvo, en lo que respecta al carril escogido, que la Corte provincial no había dado adecuada respuesta al planteo de los actores tendiente a demostrar que la tutela de sus derechos no encontraría cauce adecuado por las vías ordinarias.

Nuestra opinión: Para la Corte Suprema hubo una concepción ritualista en el superior tribunal salteño, perspectiva que nosotros compartimos, pues pensamos que este convirtió la nota de subsidiariedad del amparo en una premisa infranqueable y *de constatación meramente formal* (es decir, divorciada de las constancias fácticas concretas expediente), temperamento que reiteró en otros casos trascendentes, como "Salas, Dino y otros c/Salta, provincia de y Estado Nacional s/amparo", sobre tala de bosque nativo salteño.

Por otro lado, presentan notas singulares los fundamentos vertidos en los votos concurrentes de los ministros Lorenzetti y Argibay; el primero de ellos por la construcción doctrinaria respecto de las categorías de derechos, los bienes sobre los que recaen y la consecuente habilitación jurisdiccional, lo que el tribunal en pleno apropió en "Halabi". El segundo, es decir, el voto de la ministra Argibay por cuanto en sintonía con su anterior opinión en "Monner Sans", extiende el concepto constitucional de "causa" a los conflictos colectivos y remarca que también en este ámbito es un requisito exigible para su judicialización.

12.1) El voto de Lorenzetti

Al avanzar sobre lo ya sostenido en dos ocasiones ("Mendoza" y "Monner Sans"), Lorenzetti se refirió a las categorías de derechos y describió la existencia de tres, al sumar dos a los clásicos individuales patrimoniales que pueden ser ejercidos por su titular (° categoría): los que tiene por objeto bienes colectivos (2° tipo) y los concernientes a derechos individuales homogéneos (3° tipo).

Y respecto a la segunda categoría señaló dos elementos de calificación prevalentes: cuando la petición tiene por objeto la tutela de un bien colectivo, que pertenece a toda la comunidad, es indivisible y no admite exclusión alguna. En este caso la legitimación se concede en forma extraordinaria a efectos de reforzar su protección, sin ser posible la apropiación individual de ese bien, ya que no se trata de los clásicos derechos subjetivos. Son bienes que pertenecen a la esfera social y no corresponden a un número indeterminado de personas ya que ello implicaría, de llegarse a su determinación, la posibilidad de identificar a su titular.

Indicó que la pretensión debe estar focalizada en la incidencia colectiva del derecho, diferenciándola de aquellos casos en que la lesión a esta clase de bienes tiene, además, repercusión en la esfera particular del individuo. La legitimación en estos casos, señala el magistrado, es conferida al defensor del Pueblo, a las asociaciones y los afectados y la misma debe diferenciarse de la protección de los bienes individuales – patrimoniales o no– para los cuales existe una esfera de disponibilidad particular.

Puntualizó que a la par de los derechos subjetivos individuales y a los derechos colectivos –referidos a bienes colectivos indivisibles–, la Constitución Nacional admite una tercera categoría de derechos, los individuales homogéneos, que no giran en torno a un bien colectivo, ya que se afectan derechos individuales enteramente divisibles. "Existe un hecho, único o continuado que provoca la lesión de todos ellos y, por lo tanto, es identificable una circunstancia fáctica homogénea. Dicha homogeneidad fáctica o normativa lleva al legislador a considerar razonable la realización de un solo juicio con efectos expansivos de la cosa juzgada que en él se dicte, salvo lo que hace a la prueba del daño".

Y enunció los elementos de procedencia de este tipo de acciones individuales homogéneas: 1) circunstancia fáctica común, 2) pretensión procesal enfocada al aspecto colectivo de los efectos de este hecho y 3) afectación grave del derecho de acceso a la justicia. Remarcó que la mora del legislador en el dictado de una ley que reglamente el ejercicio efectivo de las denominadas acciones de clase debe ser solucionada lo antes posible para facilitar el acceso a la justicia, pero no impide que los jueces den eficacia a las disposiciones constitucionales que son plenamente operativas, como lo hizo en un comienzo con la acción de amparo.

12.2) El voto de Argibay

Por su parte Argibay, remitiéndose a lo dicho en "Monner Sans", reiteró que a partir de la reforma constitucional de 1994 el concepto de causa judicial incluye la controversia entre partes adversas no solo en lo relativo a su esfera individual, sino también los supuestos en que el daño o riesgo se refiera a bienes o intereses colectivos, y entendió por tales a aquellos que no están asignados a titulares individuales, sino que pertenecen a la comunidad como un todo.

En lo referente a la legitimación, aclaró que en los derechos colectivos ha sido asignada a ciertos sujetos específicamente designados en el art. 43 de la Constitución Nacional –defensor del Pueblo, asociaciones y particular afectado–, "sin embargo la reforma constitucional no tuvo por efecto eliminar la exigencia de un caso, ni desarticular el sistema jurisdiccional de los derechos individuales"; por lo tanto, ni los individuos no afectados tienen legitimación para la defensa judicial de los bienes colectivos, ni los sujetos mencionados en el segundo párrafo del art. 43 cuentan con legitimación para sustituir a sus titulares en la defensa judicial de los derechos individuales, que deben ser ejercidos por sus titulares.

13) "Mujeres por la Vida (Asociación Civil sin Fines de Lucro - filial Córdoba) c/Ministerio de Salud y Acción Social de la Nación"[111]

Reseña: La asociación actora interpuso amparo y medida cautelar tendientes a que el Ministerio de Salud y Acción Social de la Nación suspenda la ejecución en todo el territorio de la Nación del "Programa Nacional de Salud Sexual y Procreación Responsable", para lo cual planteó la inconstitucionalidad parcial de la ley 25.673.

En primera instancia se otorgó la medida cautelar, la que fue revocada por la Cámara Federal de Apelaciones (sala A) de Córdoba, al rechazar "*in limine*" el amparo. Para así decidir, consideró que la actora carecía de legitimación para promover la acción ya que, aun cuando se tenga en consideración su objeto social, pretendía que el Poder Judicial se pronunciara sobre el acierto o desacierto de una política

[111] C.S.J.N. 31/10/2006, *La Ley*, 2006/11/15, p. 8.

sanitaria implementada por el gobierno nacional a través del Poder Legislativo. Consideró, por lo expuesto, que no se configuraba un "caso" o "causa" judicial y agregó que el amparo no era la vía idónea.

Concedido el recurso extraordinario la Corte resolvió, por mayoría, revocar el fallo y remitió a los fundamentos del procurador fiscal subrogante, quien sostuvo que el art. 43 de la Constitución Nacional reconoce a las asociaciones como sujetos legitimados para interponer acción rápida y expedita de amparo, aunque estos sujetos sean distintos de los afectados en forma directa. Y a diferencia de lo considerado por la Cámara, tuvo por configurado un "caso" en los términos del art. 116 de la C.N. por existir un perjuicio concreto y actual derivado de la norma cuestionada.

Nuestra opinión: Vale glosar por aparte los votos disidentes de los jueces Lorenzetti y Argibay que colocan, a nuestro modo de ver, en su justo quicio la cuestión toda vez que, en rigor, no era esta la oportunidad para dar cabida a la legitimación colectiva del segundo párrafo del art. 43 de la Constitución Nacional, pues los derechos controvertidos eran personalísimos y propios de la esfera privada y autónoma de las personas, sobre una cuestión compleja y opinable como el estilo de vida sexual de cada uno, donde difícilmente pueda haber acuerdo unánime.

13.1) El voto de Lorenzetti

El magistrado propició la confirmación de la sentencia que rechazó *in limine* la acción de amparo por falta de legitimación de la asociación actora, en el convencimiento de que dicha aptitud procesal encuentra un límite insoslayable en la Constitución Nacional que protege de modo relevante la esfera de la individualidad personal, ya que no se trata solo del respeto a las acciones realizadas en privado, sino "del reconocimiento de un ámbito en el que cada individuo es soberano para tomar decisiones libres sobre el estilo de vida que desea".

Al retomar lo ya dicho por su parte en otros precedentes, puntualizó que "la tutela de los derechos de incidencia colectiva sobre bienes colectivos corresponde al defensor del Pueblo, a las asociaciones y a los afectados, y ella debe ser diferenciada de la protección de los bienes individuales, sean patrimoniales o no, para los cuales hay una esfera de disponibilidad en cabeza de su titular".

Se trata de una disidencia que, en lo formal, pudo interpretarse como contraria a la legitimación de la Asociación, pero más se asemeja a una defensa de la autonomía personal.

13.2) El voto de Argibay

En la misma línea, la Dra. Argibay también entendió que debía confirmarse la resolución desestimatoria del amparo, en base a que el derecho a la vida, a la salud y a la patria potestad no pueden tomarse como si fuesen colectivos debido a que son perfectamente divisibles y ejercidos de diferente manera por cada titular.

Con notable claridad expuso que la legitimación especial autorizada por el segundo párrafo del art. 43 de la C.N. se refiere a bienes e intereses "que no reconocen titulares individuales y que, por ende, pueden ser alcanzados por decisiones de los órganos estatales, el Poder Judicial entre ellos, sin consultar de manera separada el interés de cada uno de los individuos que forman parte de la comunidad y sin violar, por ello, el derecho de defensa en juicio de las personas afectadas"; y advirtió que siempre que una demanda sea presentada bajo la invocación de un derecho de incidencia colectiva, corresponderá a los jueces determinar si efectivamente se busca la protección de un bien o interés colectivo o si, en cambio, se trata de derechos individuales cuya protección corresponde, en principio, a sus titulares.

En ese orden de ideas, declaró que el uso de anticonceptivos depende de una decisión individual sobre qué riesgos cada mujer prefiere evitar y cuáles afrontar, y por ello el Estado se limita a poner cierta información y prestaciones a disposición de los particulares, lo cual demuestra que, con la condición del art. 19 del plexo fundamental, *el ejercicio de las relaciones sexuales y el uso de anticonceptivos es un derecho que se mantiene descentralizado y tales elecciones son de competencia de sus titulares y no de la colectividad.*

Sin eufemismos y con criterio ajustado a la por entonces incipiente doctrina en materia de procesos colectivos, este voto también nos resulta acertado.

14) "Defensoría del Pueblo de la Ciudad de Buenos Aires c/Secretaría de Comunicaciones resol. 2926/99 s/amparo ley 16.986"[112]

Reseña: El objeto de esta acción consistía en la declaración de nulidad de la Resolución 2926/99 de la Secretaría de Comunicaciones que autorizaba el cobro del servicio de información de guía –n° 110–, y establecía una tarifa máxima para la prestación, por falta de audiencia pública.

[112] C.S.J.N. 31/10/2006, disponible en www.infojus.gob.ar

En primera instancia y en la sala V de la Cámara Contencioso Administrativo Federal se hizo lugar al pedido, y se reconoció la legitimación del presentante en orden a lo dispuesto por el art. 137 de la Constitución de la Ciudad Autónoma de Buenos Aires, dado que el acto impugnado resultaba ilegítimo en tanto que no se había convocado a dicho encuentro participativo antes de su emisión, lo que conculcó el debate y la debida defensa del derecho de los usuarios.

Llegado el caso a la Corte por vía de recurso extraordinario, la misma, en decisión dividida, revocó el resolutorio de la instancia anterior por falta de legitimación, conclusión a la que arribó luego de analizar las facultades conferidas al pretensor por el mencionado ordenamiento local en cuanto su actuación se encuentra limitada a la defensa en juicio de los intereses individuales o colectivos ante los tribunales de la justicia ordinaria de la Capital, o cuando las leyes nacionales o federales hayan sido aplicadas en el ámbito local por órganos de esta última naturaleza en los supuestos en que estas normas le hayan confiado su ejecución.

Se encaró la protección constitucional de "los consumidores" y su derecho a una información adecuada y veraz, al postular que el constituyente de 1994 tuvo la clara intención de alentar su participación en la elaboración de ciertas disposiciones de la Administración, como ocurría en el caso; "sumado a que el ente de que se trata no dio razones por las cuales no era necesario la convocatoria pública y solo sostuvo a lo largo del litigio que se trataba de una facultad discrecional". Por ende, se concluyó que la omisión infundada de audiencia tornaba ilegítimo el acto administrativo impugnado y que debía confirmarse el fallo.

Nuestra opinión: Para la mayoría, un órgano de control de la administración de la Ciudad cuyas atribuciones derivan de la legislatura local, pero sin ser representante ni tener la personería legal de los particulares afectados, carece de competencia constitucional para objetar los actos de las autoridades nacionales, y eventualmente obtener su anulación.

Se sienta, entonces, la premisa de que el defensor del Pueblo de la nación no puede cuestionar una ordenanza municipal, del mismo modo el defensor local no está habilitado para hacer lo propio con disposiciones o actos provinciales o nacionales.

Es la esfera de competencias lo que se intentó preservar con este fallo, que cerca la legitimación, quizás con el aceptable propósito de ordenar la litigación colectiva, al menos en lo que concierne a estos funcionarios específicamente instituidos a tal fin.

Lo que no resulta aceptable, en cambio, es que cuando el defensor del Pueblo de la nación se presentó al juicio y requirió participación, la Corte no se la otorgara, pues bien pudo de esa manera, excepcionalmente, dejar subsistente el reclamo y resolverlo.

Con una mirada más flexible, que nos parece acorde a la situación planteada, la disidencia fue marcada por dos jueces que también votaron juntos en otros casos: Zaffaroni y Lorenzetti. Ellos consideraron que el defensor del Pueblo de la Ciudad se encontraba legitimado no solo por las normas que rigen su competencia sino por una disposición general que lo habilitaba en tal sentido (art. 137 de la Constitución de C.A.B.A.), y que era directamente operativa al vincularse con derechos humanos como son los que atañen a los consumidores. Entendieron que la discusión de fondo versaba sobre intereses individuales homogéneos, ya que la decisión tendría efectos sobre una pluralidad relevante de sujetos.

Con este recorrido intentamos demostrar que, así como las instituciones y los cambios sociales se gestan en forma paulatina, otro tanto ocurre con las instituciones jurídicas. Entonces, si bien "Halabi" cristaliza las pautas elementales en procesos colectivos, distintos fallos, con menor o mayor profundidad, habilitaron esa senda.

Y allende el enorme peso de las decisiones de la Corte Suprema que predominan en la lista, diversos tribunales contribuyeron a que ello ocurra, aporte que amerita reconocimiento.

Clasificación de los fallos pre-"Halabi"

• *Por los bienes en juego:*

La temática *ambiental* ha determinado que las resoluciones se emitan en clave colectiva, primero, tímidamente, por una sentencia de grado en la causa "Kattan, A. E. y otro c/Gobierno nacional –P.E.N.–"[113], sobre la preservación de toninas overas, que suspendía los efectos de resoluciones del Poder Ejecutivo Nacional que autorizaban la caza de 14 ejemplares.

Luego, con mayor profundidad, por la Corte Suprema de Justicia de la Nación, en el internacionalmente famoso caso "Mendoza, Beatriz y otros c/Estado

[113] *La Ley*, 1983-D, 568, con nota de Guillermo J. Cano; La Ley, 2002, 714, con nota de Marcelo Alberto López Alfonsín.

Nacional y otros"[114], sobre la contaminación de la cuenca Matanza Riachuelo, que generó una serie de pronunciamientos en su sede, donde aún tramitan algunas cuestiones.

Entre ellos se destaca el fallo de fecha *8/7/2008*, que resolvió la cuestión de fondo y condenó solidariamente al Estado Provincial, Nacional y a C.A.B.A. a la elaboración de un Plan Integral de Saneamiento, con instancias recíprocas de control que incluyeron a la Auditoría General de la Nación, el defensor del Pueblo y la ciudadanía; y delegó, por razones de inmediación, la ejecución de la sentencia en un juez de primera instancia.

De este precedente se destaca el compromiso asumido por la Corte (repárese que se trataba de una demanda de daños y perjuicios donde era dudosa su competencia originaria) así como el estratégico entramado de la parte resolutiva, que demuestra un cabal entendimiento de la complejidad de la materia ambiental, teñida de agonía en el caso de la contaminación de la cuenca. En lo que a la teoría de los procesos colectivos concierne, reviste importancia el hecho de la Corte haya delimitado el ámbito en que habría de intervenir: el de la degradación de la cuenca, mientras que derivó los reclamos particulares de los vecinos a la justicia civil. Esto implicó poner en práctica la diferencia conceptual entre bienes colectivos e intereses individuales homogéneos.

• *Por los intereses en juego:*

Derechos personales

a) "Ekmekdjián c/Sofovich"[115]
b) "Asociación Benghalensis y otros c/Ministerio de Salud y Acción Social - E.N. s/amparo"[116]
c) "Ministerio de Salud y/o Gobernación"[117]
d) "Mujeres por la Vida - Asociación Civil sin fines de lucro -filial Córdoba- c/Ministerio de Salud y Acción Social de la Nación"[118]

[114] www.cij.gov.ar; *La Ley*, 2006-D, 88.

[115] Fallos: 315:1492; *ED*, 148-354: *La Ley*, 1992-C, 543, Colección de Análisis Jurisprudencial Derecho Constitucional, Sabsay, Daniel Alberto (dir.), La Ley, 2005, 83, con nota de Pablo Luis Manili.

[116] C.S.J.N. fallos: 323:1339; *LL*, 2001-B-123; *DJ*, 2001-1, 965.

[117] C.S.J.N. 31/10/2006, *La Ley online*, 2006/11/10, p. 6.

[118] C.S.J.N. 31/10/2006, *La Ley online*, 2006/11/15, p. 8.

Estos cuatro casos resuelven significantes planteos desde el punto de vista colectivo. El *primero* de ellos, además, presenta como nota distintiva que el reclamo (vinculado a la ofensa de sentimientos religiosos por ciertas manifestaciones vertidas sobre la Virgen María en un programa de televisión) fue deducido no por una asociación o entidad intermedia de la sociedad civil, sino directamente del actor en su carácter de católico. Algo parecido sucedió años después en "Halabi" donde la demanda de un ciudadano sería acogida con efecto sobre un universo inmensamente mayor de personas.

En "Ekmekdjián" el costado colectivo vino de suyo, porque la sentencia (que ordenó la publicación de una réplica del actor a las expresiones del conductor televisivo que había ofendido sus sentimientos religiosos, en el mismo medio) alcanzó a todos que los que pudieran haberse sentido agraviados por la misma causa. Fue un claro caso de intereses individuales homogéneos, donde la Corte tuvo el mérito de admitir la legitimación del actor cuando la acción de amparo (en su modalidad individual y colectiva) aún no había irrumpido en el texto de la Constitución Nacional, lo que ocurrió dos años después (1994).

El caso "Asociación Benghalensis", resuelto por la Corte el 01/06/2000, versó sobre un amparo promovido por un grupo de O.N.G. a fin de que se ordene al Estado Nacional a cumplir con la asistencia, tratamiento, rehabilitación y suministro de medicamentos a los afectados por el Síndrome de Inmunodeficiencia Adquirida (S.I.D.A.). Contra la decisión de la Cámara que –al confirmar la resolución de la anterior instancia– había hecho lugar a lo solicitado, interpuso el Estado nacional recurso extraordinario. La Corte Suprema de Justicia de la Nación, por una mayoría un tanto lavada, confirmó la sentencia apelada.

También vinculado a prestaciones de la salud, el caso "Ministerio de Salud y/o Gobernación", tiene que ver con el reclamo de un conjunto médicos del Hospital Materno Infantil y dos asociaciones profesionales en contra de la provincia de Salta a efectos de que se diera solución a las graves insuficiencias de infraestructura, equipamientos, insumos y recursos humanos que padecía el hospital nombrado, hoy Hospital de Niños, y peticionaba concretamente que se condenara al Ministerio de Salud a tomar medidas urgentes de reestructuramiento y reequipamiento generales, aprovisionamiento de medicamentos indispensables y cobertura de las exigencias mínimas requeridas por los jefes de servicio de las distintas áreas del Hospital.

Desestimada la demanda en las instancias locales, fundamentalmente por no ser la vía idónea y por falta de agotamiento de las vías administrativas locales, la Corte Suprema revocó el rechazo, considerando ritualista la concepción del superior tribunal salteño; perspectiva que nosotros compartimos.

Por otro lado, presentan notas singulares los fundamentos vertidos en los votos concurrentes de los ministros Lorenzetti y Argibay: primero, por su construcción doctrinaria respecto de las categorías de derechos, que el tribunal en pleno apropiaría en el caso "Halabi"; y segundo, por cuanto extienden el concepto constitucional de causa a los conflictos colectivos, al remarcar que también en este ámbito la concurrencia de dicho elemento es un requisito exigible para su judicialización.

Por último, en "Mujeres por la Vida c/Ministerio de Salud y Acción Social de la Nación" la asociación actora había interpuesto amparo y medida cautelar tendientes a que el Ministerio de Salud y Acción Social de la Nación suspendiera la ejecución en todo el territorio de la Nación del "Programa Nacional de Salud Sexual y Procreación Responsable", para lo cual planteó la inconstitucionalidad parcial de la ley 25.673.

Acogido en primera instancia, la Cámara Federal de Apelaciones (sala A) de Córdoba, rechazó "*in limine*" el amparo por falta de legitimación activa y falta de "caso" o "causa" judicial, y agregó que el amparo no era la vía idónea. Concedido el recurso extraordinario, la Corte resolvió, por mayoría, revocar el fallo y remitió a los fundamentos del procurador fiscal subrogante, quien sostuvo que el art. 43 de la Constitución Nacional reconoce a las asociaciones como sujetos legitimados para interponer acción rápida y expedita de amparo, aunque estos sujetos sean distintos de los afectados en forma directa.

Los hábeas corpus correctivos colectivos

El legado de "Verbitsky"[119]

La modalidad plural en las presentaciones de hábeas corpus, que generó ciertas resistencias *antes* de la reforma de 1994[120], que expresamente la incluye en

[119] C.S.J.N. 03/05/2005, fallos: 328:1146, *La Ley*, 2005-E, 39, con nota de Daniel Alberto Sabsay; *La Ley*, 2005-D, 534, con nota de Marcela I. Basterra; Pedro M. Lorenti (h.); *La Ley*, 2005-C, 439, con nota de Roberto José Boico; *DJ*, 2005-2, 172; *La Ley*, 2005-C, 534, con nota de Jorge Kent; *La Ley*, 2005-E; sup. penal, 2005 (agosto), 16, con nota de María de los Ángeles Milicic; Víctor R. Corvalán; sup. penal, 2005 (mayo), 7, con nota de Jorge Kent.

[120] Se señalaba que la cuestión de la viabilidad de este hábeas corpus era controvertida, pues de la letra y el espíritu de la Constitución no se deducía, necesariamente, que tenga que ser el hábeas corpus el instrumento procesal adecuado para resolver el trato incorrecto a los detenidos, desde que hablaba de "arresto sin orden estricta de autoridad competente", Sagüés, Néstor Pedro, *Hábeas corpus*, Astrea, 2° ed., Buenos Aires, 1988, p. 212.

el cuarto y último párrafo del art. 43 C.N., se emplea cuando se producen actos de agravamiento arbitrario o ilegal respecto de las formas o condiciones masivas en que se cumplen las penas de privación de libertad[121].

En otras palabras, se trata de una herramienta tendiente a hacer cesar la deficiente y a veces deplorable e inhumana situación de los detenidos en establecimientos de encierro, lo que socava su dignidad y demás derechos elementales, de espaldas a proclamada finalidad resocializadora de la pena.

El caso "Verbitsky" trata justamente de esto. En los hechos, el 21 de noviembre de 2001 el director del Centro de Estudios Legales y Sociales interpuso un hábeas corpus correctivo y colectivo a favor de la totalidad de los detenidos alojados en establecimientos policiales superpoblados y/o en comisarías de la provincia de Buenos Aires. Relató que los detenidos, incluidos mujeres y menores, padecían condiciones nefastas por cuanto los calabozos estaban en pésimo estado de conservación e higiene. La acción fue rechazada por el Tribunal de Casación Penal de la Provincia de Buenos Aires, que consideró que debía analizarse cada caso en concreto.

Llegada la cuestión a la Corte Suprema por vía de recurso extraordinario, por mayoría, se revocó la sentencia cuestionada. Esta decisión emblemática, del año 2005, fue sucedida por otra en 2021, donde se entendió que, pese al transcurso del tiempo (16 años) y distintas acciones, la cuestión no había quedado zanjada.

a) En el caso concreto y sin ánimo de explayarnos demasiado sobre el fondo para sí poner de relieve aristas que interesan al objeto de este trabajo, recordaremos sucintamente que en la primera oportunidad (2005) la Corte dijo que la presencia de adolescentes y enfermos en establecimientos policiales y/o en comisarías superpobladas de la provincia de Buenos Aires *es susceptible de configurar un trato cruel, inhumano o degradante u otros análogos y generar responsabilidad del Estado Nacional*, con flagrante violación a los principios generales de las Reglas Mínimas para el Tratamiento de Reclusos de las Naciones Unidas, además de poner en peligro la vida y la integridad física del personal penitenciario y policial. Por ello, instruyó a la Corte local y a los demás tribunales locales que extremen la vigilancia para el adecuado cumplimiento de las Reglas Mínimas para el tratamiento de reclusos de las Naciones Unidas y de las demás normas que nacional e internacionalmente imponen el tratamiento digno de toda persona privada de la libertad, en especial

[121] Sola, Juan Vicente, *Tratado de Derecho Constitucional*, La Ley, Buenos Aires, 2009, tomo V, p. 256.

en lo que hace a la tutela de la vida humana y la integridad física de los presos, del personal y de terceros.

En cuanto a la pertinencia de la intervención de la justicia en el asunto, estableció que "[A] diferencia de la evaluación de políticas, cuestión claramente no judiciable, corresponde sin duda alguna al Poder Judicial de la Nación garantizar la eficacia de los derechos y evitar que estos sean vulnerados, como objetivo fundamental y rector a la hora de administrar justicia y decidir las controversias". Las políticas –precisó el fallo– "tienen un marco constitucional que no pueden exceder, que son las garantías que señala la Constitución y que amparan a todos los habitantes de la Nación. (...) Desconocer esta premisa sería equivalente a neutralizar cualquier eficacia del control de constitucionalidad [pues] no se trata de evaluar qué política sería más conveniente para la mejor realización de ciertos derechos, sino evitar las consecuencias de las que clara y decididamente ponen en peligro o lesionan bienes jurídicos fundamentales tutelados por la Constitución, y, en el presente caso, se trata nada menos que del derecho a la vida y a la integridad física de las personas" (considerando 27° del voto de la mayoría).

La Corte no ignoró la dimensión colectiva del planteo, sino que se hizo cargo de fundamentarla, al aseverar que pese a que la Constitución Nacional no menciona en forma expresa el hábeas corpus como instrumento deducible en forma colectiva, tratándose de una pretensión esgrimida a favor de la totalidad de los detenidos en establecimientos policiales y/o en comisarías superpobladas de la provincia de Buenos Aires, era lógico que procediera. Si se reconoce la tutela colectiva de los derechos citados en el párrafo segundo del art. 43 de la Constitución Nacional, con igual o mayor razón la carta magna otorga las mismas herramientas a un bien jurídico de valor prioritario y del que se ocupa en especial, no para reducir o acotar su tutela sino para privilegiarla (considerando 16).

El principal mérito que tiene este fallo reside en que, como se expone en el párrafo anterior, admitió expresamente la viabilidad de la figura del hábeas corpus colectivo, en la línea jurisprudencial que en forma implícita había marcado el Alto Tribunal en oportunidad de resolver el caso "Mignone, Emilio Fermín s/acción de amparo"[122], en el que hizo lugar a la acción colectiva y resolvió que las personas privadas de libertad sin condena podían ejercer su derecho a votar en los establecimientos carcelarios al momento de llevarse a cabo las elecciones.

Como se ve, los magistrados que conformaron la mayoría efectuaron una apreciación sistémica del art. 43, que operó como puerta de acceso a la consagración de

[122] Fallos: 2807:2000, *La Ley*, 2002-C, 377.

todas las garantías constitucionales, postura que no fue compartida por Boggiano, quien en su voto en disidencia –conservador a nuestro modo de ver– sostuvo que, en el caso, el hábeas corpus interpuesto a favor de la totalidad de las personas detenidas alojadas en establecimientos policiales y comisarías de la provincia de Buenos Aires importó una impugnación genérica al sistema carcelario provincial. En consecuencia, este ministro entendió que debía estarse a la inveterada jurisprudencia de la Corte Suprema de Justicia de la Nación según la cual "no compete a los jueces hacer declaraciones generales o abstractas, porque es de la esencia del Poder Judicial decidir colisiones efectivas de derechos".

b) Como adelantamos, hubo un "rebote" de la causa en 2021, en virtud de un recurso de hecho deducido por el Consejo de Defensores de la Provincia de Buenos Aires, lo que determinó un segundo pronunciamiento supremo, el 13/5/21.

Esta vez, la Corte Suprema de Justicia de la Nación revocó la decisión de la Suprema Corte de Justicia de Buenos Aires (S.C.B.A.) que, frente al planteo del Concejo de Defensores local y con remisión a previas resoluciones, había: a) considerado agotada la ejecución de la sentencia colectiva del 2005 y b) ordenado que los planteos se canalicen por vías procesales individuales.

En un fallo dividido, el voto de la mayoría entendió que estaba en tela de juicio la inteligencia de un pronunciamiento del tribunal dictado en esta misma causa, sobre cuyo alcance los recurrentes fundan sus reclamos. Y que "los argumentos que sostienen la decisión cuestionada implican un inequívoco apartamiento de lo dispuesto por esta Corte en su anterior intervención en el caso" (considerando 2°); y añadió que "el prudente análisis de todas las circunstancias en juego, que en su momento llevó al tribunal a admitir una pretensión procesal enfocada en el aspecto colectivo del reclamo y a implementar un remedio congruente con su alcance, desaconseja volver a transitar un camino que ya fue considerado ineficaz desde una perspectiva enfocada en la entidad y magnitud de las violaciones que –cuando menos– deben comenzar a ser mitigadas, en tanto exceden la eventual promoción de reclamos individuales referidos a situaciones particulares" (considerando 6).

"Tampoco puede advertirse –continúan Lorenzetti, Highton y Maqueda– qué beneficio implicaría, medido en orden a maximizar la eficiencia del objetivo que se persigue, la propuesta de reemplazar el proceso colectivo originado a partir de la sentencia dictada hace más de dieciséis años por la sustanciación de una nueva acción colectiva de hábeas corpus (...)".

"De procederse de ese modo, se estaría rehusando la utilidad del caudal fáctico-probatorio reunido en la instancia de origen durante todo este período, del fructuoso aporte de las partes intervinientes y de las prácticas jurisdiccionales que, en mayor o menor medida, han iniciado el proceso de remoción de las indignas condiciones carcelarias que produjeron el estado de cosas que se pretende revertir" (considerando 7°).

c) En cumplimiento de la nueva manda cortesana, la cabeza del poder judicial bonaerense emite una nueva resolución, el 2/5/22, por la que dispone la adopción de un plan de cumplimiento de la sentencia, "P.S.C." para hacer frente a la situación policéntrica que genera la emergencia carcelaria, habida cuenta de la revocación de la Corte Suprema a su anterior criterio de dar por finalizada la cuestión.

Indica que tal programa se desarrollará por medio de una serie de decisiones graduales y de efectos progresivos, que solo podrá encauzarse adecuadamente al amparo y con el compromiso de todos los actores institucionales, en particular, los otros poderes de estado, para alcanzar "el objeto de revertir el estado de cosas inconstitucional que caracteriza a la situación de las personas privadas de libertad en la Provincia". E insiste en el carácter complejo, dinámico y multicausal del grave problema que refleja la superpoblación y hacinamiento en las cárceles y comisarías de jurisdicción provincial.

Con posterioridad a la primera versión de este célebre "*leading case*", se registran diversos precedentes de habeas corpus correctivos colectivos interpuestos por defensores oficiales, y más actualmente por la Procuraduría Penitenciaria de la Nación, en su mayoría acogidos por los tribunales intervinientes, donde los problemas recurrentes más delicados son: traslados de los internos, falta de cupos en establecimientos carcelarios y alojamiento por tiempo prolongado de los internos en dependencias de Gendarmería, Prefectura Naval, Comisarías, etcétera.

Consumidores y usuarios de servicios públicos:

a) "Consumidores Libres c/Telefónica de Argentina y otro"[123]
b) "Agueera c/Provincia de Buenos Aires"[124]
c) "Defensoría del Pueblo de la Ciudad de Bs. As. c/Edesur"[125]

Estos casos se vinculan con planteos de índole consumeril relacionados a la prestación de servicios públicos. En ellos existen reproches a normas reglamentarias

[123] *La Ley*, 2001-F, 158; *DJ*, 2001-3, 530.

[124] C.S.J.N. 22/04/1997, *La Ley*, 1997-C, 322.

[125] *LL*, 2000-C-395, Colección de Análisis Jurisprudencial Obligaciones Civiles y Comerciales, Gesualdi, Dora M. (dir.), La Ley, 2003, 12, con nota de Martín Alejandro Christello; *LLP*, 2000, 912.

(decretos y reglamentos de las áreas técnicas respectivas), pero las resoluciones se detienen en la legitimación o en la instancia precautoria.

En efecto, en el caso "Consumidores Libres" se consideró suficiente el cumplimiento de los requisitos de la cautelar (verosimilitud en el derecho y peligro en la demora) procediéndose a la suspensión cautelar del acuerdo suscripto entre el Estado nacional y los licenciatarios del servicio telefónico, que permitía actualizar el valor del pulso dos veces por año según la variación del índice de Precios al Consumidor de Estados Unidos, con foco en la vía procesal utilizada y en la legitimación.

Por su parte, en "Agueera" la atención del Tribunal Cimero estuvo puesta en la legitimación, para reconocérsela a favor de la accionante, en los términos del art. 43 (2° párrafo), de la Constitución Nacional; y se añadió que la circunstancia de que la asociación actora haya demandado por la vía prevista en el art. 332 del Código Procesal de la Nación no constituye óbice para la aplicación del mencionado dispositivo constitucional en lo que respecta a su legitimación para accionar, en virtud de la analogía existente entre esa acción y la de amparo.

En el tercer caso, se reconoció la legitimación del defensor del Pueblo de la Ciudad Autónoma de Buenos Aires para accionar a fin de que se declare la responsabilidad de la empresa prestadora del servicio de energía eléctrica por los daños causados a los usuarios con motivo de la interrupción del servicio.

Vale destacar la mención concreta que hace el fallo a que la efectiva tutela judicial de los derechos de los consumidores requiere que se enfaticen los mecanismos colectivos que para ello existen, a fin de resolver los conflictos que los involucran y sin resentir el funcionamiento de los tribunales de justicia.

Cuestiones tributarias:

a) "Colegio de Fonoaudiólogos de Entre Ríos c/E.N."[126]
b) "Colegio Público de Abogados de Capital Federal c/Ministerio de Economía, Obras y Servicios Públicos"[127]

Ambos casos implicaron cuestionamientos constitucionales al Régimen Simplificado para Pequeños Contribuyentes (ley 24.977) desde una perspectiva de

[126] *La Ley*, 2004-A, 93, con nota de Juan Oklander; *DJ*, 2003-3, 891; *DJ*, 2004-1, 184, con nota de Augusto M. Morello; *La Ley*, 2004-C, 269, con nota de Eduardo Pablo Jiménez; Colección de Análisis Jurisprudencial Elementos de Derecho Administrativo - Julio Rodolfo Comadira, 381.

[127] *La Ley*, 2004-C, 268, con nota de Eduardo Pablo Jiménez.

grupo. Sin embargo, la Corte los resolvió sin ingresar al fondo del asunto, anclada en una concepción de la legitimación hoy ya superada por la admisión de una categoría intermedia entre los derechos individuales y los colectivos, cual es la de los intereses individuales homogéneos.

En ese momento, en cambio, la Corte estableció que si bien la Constitución Nacional tras la reforma constitucional de 1994 amplió el universo de los sujetos legitimados para accionar por la vía del amparo, ello no fue para la defensa de cualquier derecho sino como medio para evitar discriminaciones y tutelar a los mencionados en el segundo párrafo del art. 43 del texto constitucional, es decir, los que protegen al ambiente, a la competencia, al usuario y al consumidor, así como los derechos de incidencia colectiva en general; cosa que –entendió– no ocurría en estos supuestos, en que se debatían prerrogativas de tipo individual-patrimonial perfectamente defendibles por su propio titular.

Se trata de una apreciación que prescinde del factor (determinante en la doctrina especializada posterior) de que tanto la génesis de estos reclamos como sus situaciones consecuentes fueron sustancialmente idénticas.

ii.b) De 2009 en adelante. El fallo "Halabi, Ernesto c/P.E.N."[128]

Como se refiriera anteriormente, "Halabi" marcó un antes y un después en el desarrollo de los procesos colectivos, al profundizar conceptos en cuanto a la ya señalada categorización de derechos, y más particularmente, en torno a los intereses individuales homogéneos. Su trascendencia radica, en que –aunque con argumentos divididos– convalidó la extensión de los efectos de la declaración de inconstitucionalidad de una norma de alcance general.

El litigio se inició para cuestionar la validez de la ley 25.873, que introdujo al viejo régimen de telecomunicaciones (ley 19.798) dos polémicos artículos (de los

[128] *La Ley*, 2009-B, 157, con nota de Juan Vicente Sola; *La Ley*, 2009-B, 189, con nota de Fernando R. García Pullés; Maximiliano Torricelli; Roberto J. Boico; R.C.yS. 2009-III, 71, *La Ley*, 10/03/2009, 7, con nota de Gregorio Badeni; *La Ley*, 2009-B, 259, con nota de Gregorio Badeni; sup. adm., 2009 (marzo), 60; *La Ley*, 2009-B, 404, con nota de Daniel Alberto Sabsay; *DJ*, 25/03/2009, 729, con nota de Carlos Aníbal Rodríguez; sup. const., 2009 (marzo), 33, con nota de María Angélica Gelli, *La Ley*, 2009-B, 601, con nota de Mariana Catalano; Lorena González Rodríguez; *La Ley*, 2009-B, 649, con nota de Juan Carlos Cassagne; *La Ley*, 2009-B, 568, con nota de María Angélica Gelli; *La Ley*, 2009-C, 251, con nota de Fernando De La Rúa; Bernardo Saravia Frías; sup. const., 2009 (mayo), 43, con nota de Claudio D. Gómez; Marcelo J. Salomón; Catalano Mariana, *La Ley online*, AR/DOC/1130/2009AR/DOC/1130/2009.

tres que componían la norma), a partir del que se establecía que todo prestador de servicios de telecomunicaciones debía disponer de los recursos humanos y tecnológicos necesarios para la captación y derivación de las comunicaciones que transmiten, para *su observación remota* a requerimiento del Poder Judicial o del Ministerio Público, de conformidad con la legislación vigente (art. 1 de la ley).

De seguido, el art. 3 disponía que los prestadores de servicios de telecomunicaciones debían registrar y sistematizar los datos filiatorios y domiciliarios de sus usuarios y clientes y los *registros de tráfico de comunicaciones* cursadas por los mismos para su consulta sin cargo por parte del Poder Judicial o el Ministerio Público de conformidad con la legislación vigente. La información referida *debía ser conservada por los prestadores de servicios de telecomunicaciones por el plazo de diez años.* Asimismo, de acuerdo al decreto n° 1563/2004, reglamentario de la ley, las comunicaciones debían ser codificadas, y en caso de ser interceptadas, se procedería a su decodificación mediante procedimientos fijados por la autoridad (art. 2°, inc. J-8).

El órgano estatal encargado de ejecutar las intercepciones dispuestas por el juez o fiscal era la Dirección de Observaciones Judiciales dependiente de la Secretaría de Inteligencia de la Nación (S.I.D.E.).

Como puede suponerse, la norma fue objeto de *severas críticas* con eje en la desprotección del derecho a la intimidad en las comunicaciones, y en la imposición a las empresas del rubro de los costos del almacenamiento y sistematización de información. Tales circunstancias, y las dificultades para su implementación, determinaron que la aplicación fuera suspendida (no derogada) por decreto n° 357/2005.

Este fue el cuadro de situación que motivó a Ernesto Halabi (a título personal y en su condición de ciudadano y abogado) a iniciar la acción que se convertiría en el caso líder en la materia. Así, invocando una lesión al derecho a la intimidad, al principio de no autoincriminación y al secreto profesional (arts. 18 y 19 C.N.), el accionante planteó la inconstitucionalidad de la ley y su decreto reglamentario.

La demanda fue acogida en primera instancia el 14 de junio de 2005 y confirmada el 28 de noviembre de ese año, por la sala II de la Cámara Nacional en lo Contencioso Administrativo Federal. Interpuesto recurso extraordinario por el Estado nacional, el caso llegó a la Corte Suprema.

La riqueza del fallo, suscripto en pleno por Lorenzetti, Highton, Maqueda y Zaffaroni, con disidencias parciales de Petracchi y Argibay, por un lado, y Fayt, por el otro, radica fundamentalmente en el aspecto procesal, pues sobre el sustancial ya no había controversia (dado que el Estado no había apelado la declaración de inconstitucionalidad), aunque subrayó algunas directrices.

a) La cuestión de fondo

Esclarecido que la apelación se ciñó a la *expansión* de la decisión sobre la totalidad del colectivo de usuarios, el problema sustantivo estaba resuelto.

Por ello, sobre este aspecto, los jueces efectuaron apreciaciones muy concretas, señalando que las comunicaciones telefónicas y por Internet a las que se refiere la ley 25.873 y todo lo que los individuos transmiten por las vías pertinentes, integran la esfera de intimidad personal y se encuentran alcanzadas por las previsiones de los artículos 18 y 19 de la Constitución Nacional.

Remarcaron, con cita del fallo de la Corte Interamericana de Derechos Humanos en "Bulacio vs. Argentina" (2003), que el Estado tiene límites muy concretos en el ejercicio de las atribuciones enderezadas a garantizar la seguridad y el orden público. En esta línea, entendieron que lo resuelto por los jueces de la causa (al declarar la inconstitucionalidad de la ley 25.873, arts. 1° y 2°, y del decreto 1563/04) se ajustaba a los requisitos del estándar establecido respecto de la inviolabilidad de la correspondencia, que imponen la aplicación de pautas de interpretación restrictivas en el examen de las intercepciones de las comunicaciones personales, pues resulta evidente que las normas cuestionadas afectaban una de las facetas del ámbito de la autonomía individual que constituye el derecho a la intimidad, al no distinguir ni precisar las oportunidades y situaciones en que la intervención de las comunicaciones sería permitida.

Por lo demás, indicaron que "no cabe perder de vista que ha sido el propio legislador quien, al establecer en el artículo 3° de la ley 25.873 la responsabilidad estatal por los daños y perjuicios que pudieran derivar para terceros de la observación y utilización de la información obtenida, ha reconocido que el sistema de captación, derivación y registro de comunicaciones que implementó podría no respetar las garantías mínimas exigibles para tan drástica injerencia en la esfera íntima de los particulares" (pto. 27 de los considerandos).

Sostiene Badeni en su comentario a este fallo[129], que la Corte, al confirmar los pronunciamientos emitidos en las instancias inferiores, "revela, una vez más su preocupación por dispensar a los derechos humanos una firme protección frente a los inevitables e invalorables progresos tecnológicos cuando, su instrumentación, en lugar de estar focalizada en el fortalecimiento de la vigencia de ellos, conforma estructuras estatales autoritarias frente a las cuales las personas

[129] Badeni, Gregorio, "El dinamismo tecnológico impone la creatividad judicial para la defensa de los derechos humanos", *La Ley online*, 10/03/2009, 5-*La Ley*, 2009-B, 255.

encuentran afectada su dignidad. Precisamente, debido a la insensibilidad social de los tecnócratas y al desinterés de ciertos gobernantes por ampararla invocando un falaz interés general".

En suma, el foco del reproche a la norma radicaba en el inadmisible deber de captar y conservar comunicaciones impuesto a las empresas de telecomunicaciones y resistido incluso por ellas que, como se dijo, debían soportar el costo económico de esta nueva tarea, que claramente no forma parte del servicio.

Se habilitaba, de ese modo, la intromisión en una porción de la vida privada de las personas, que cada vez más transcurre por telefonía celular y redes sociales; por un lapso de diez años y sin orden judicial ni motivo concreto alguno, por si acaso el Ministerio Público o el Poder Judicial necesitasen esa información conservada. Con el agravante de que todas esas comunicaciones iban a quedar en manos de las empresas, es decir, no a cargo de un organismo público.

Así, la norma invalidada importaba un franco atropello a las garantías individuales, licenciado con la excusa o bajo el paraguas del interés general en futuras y eventuales investigaciones penales. La claridad de la falla y la contundencia del análisis jurídico efectuado en ambas instancias; al punto que –reiteramos–, el Estado no se agravió de la declaración de inconstitucionalidad cuando dedujo recurso extraordinario ante la Corte relevan de mayores comentarios.

b) La lección procesal

b.a) El tema de la legitimación

Los jueces ingresaron al tema en el punto 10° de los considerandos, enunciando la regla tradicional según la cual los derechos sobre bienes jurídicos individuales son ejercidos por su titular. Y "ello no cambia por la circunstancia de que existan numerosas personas involucradas, toda vez que se trata de obligaciones con pluralidad de sujetos activos o pasivos, o supuestos en los que aparece un litisconsorcio activo o pasivo derivado de la pluralidad de sujetos acreedores o deudores, o bien una representación plural".

En estos casos, dijeron, no hay variación en cuanto a la existencia de un derecho subjetivo sobre un bien singular disponible por su titular, quien debe, forzosamente, probar una lesión a ese derecho para que se configure una cuestión justiciable. A esta categoría de derechos se refiere el primer párrafo del artículo 43 de la C.N. en que encuentra cabida la acción de amparo.

Pero además de esa tradicional primera categoría, delimitaron dos más que emanan del 2° párrafo del dispositivo constitucional mencionado: los derechos de incidencia colectiva que tienen por objeto bienes colectivos (art. 43 de la Constitución Nacional) y son ejercidos por el defensor del Pueblo de la Nación, las asociaciones que concentran el interés colectivo y el afectado; caracterizando su legitimación como extraordinaria, instituida para reforzar la protección de estos derechos insusceptibles de apropiación individual desde que recaen sobre bienes que pertenecen a la esfera social.

Y luego, los intereses individuales homogéneos (tal el caso de los derechos personales o patrimoniales por daños colaterales a la contaminación, derechos de los usuarios y consumidores, defensa de la competencia y personas discriminadas); supuestos en que no hay un bien colectivo sino enteramente divisible, pero hay un hecho, único o continuado, que provoca la lesión a todos ellos y, por lo tanto, es identificable como causa fáctica homogénea.

Trazada la tipología, que ya se había sugerido en "Ministerio de Salud y/o Gobernación" y en "Mujeres por la Vida" (en sendos votos de Lorenzetti), la Corte encuadró la pretensión deducida por el abogado Ernesto Halabi como un supuesto de ejercicio de derechos de incidencia colectiva referentes a los intereses individuales homogéneos (es decir, en el tercer supuesto), ya que su pretensión era representativa de los intereses de todos los usuarios de los servicios de telecomunicaciones, como también de todos los abogados.

b.b) Los recaudos de procedencia de la acción de clase

En el considerando n° 13, la Corte abordó estas cuestiones indicando que la procedencia de este tipo de acciones requiere de *tres elementos medulares*: 1. la verificación de una causa fáctica común, 2. una pretensión procesal enfocada en el aspecto colectivo de los efectos de ese hecho y 3. la constatación de que el ejercicio individual no aparece plenamente justificado.

Sentado ello, se explicó el contenido de estos tres puntos o elementos, marcando que el primero de ellos consiste en la existencia de un hecho único o complejo que lesiona a una pluralidad relevante de derechos individuales. El segundo radica en que la pretensión debe estar concentrada en los efectos comunes y no en lo que cada individuo puede peticionar, como ocurre en los casos en que hay hechos que dañan a dos o más personas y que pueden motivar acciones de la primera categoría. "De tal manera, la existencia de causa o controversia no se relaciona con el daño diferenciado que cada sujeto sufra en su esfera, sino con los elementos homogéneos que tiene esa pluralidad de sujetos al estar afectados por un mismo hecho".

Como tercer elemento, puntualizó, es exigible que el interés individual considerado aisladamente no justifique la promoción de una demanda, con lo cual podría verse afectado el acceso a la justicia.

La concurrencia de estos tres extremos no es indispensable absolutamente siempre, pues en palabras del Alto Tribunal "*sin perjuicio de tales extremos*, la acción resultará de todos modos procedente en aquellos supuestos en que cobran preeminencia otros aspectos referidos a *materias tales como el ambiente, el consumo o la salud o afectan a grupos tradicionalmente postergados o débilmente protegidos*". En tales circunstancias, la naturaleza de esos derechos excede el afán de cada persona involucrada, y al mismo tiempo, pone en evidencia la presencia de un *fuerte interés estatal para su protección, entendido como el de la sociedad en su conjunto* (destacado propio).

Hay acá una argumentación innovadora, que –para nosotros equivocadamente– pasó desapercibida en la ponderación doctrinaria del fallo, pues lo que hace la Corte es nada menos que permitir que en caso de fuerte interés público se suavice el examen de admisibilidad que estructura a través de los tres elementos que deben caracterizar a los procesos colectivos para ser tenidos y tramitados como tales, quedando librada a la prudente apreciación del juez la percepción de la transcendencia y significado social de las cuestiones ventiladas en la causa.

En suma: el proceso colectivo procederá, para los supuestos de intereses individuales homogéneos, cuando el caso esté articulado sobre la base de los tres pilares indicados en un comienzo (causa fáctica común, prevalencia de lo colectivo sobre lo individual e ineficacia de la litigación individual); mientras que para la hipótesis de sustancia colectiva o pública puede efectuarse un examen menos riguroso de los mismos, pues el bien tutelado, por su importancia y significancia masiva intrínseca, de por sí habilita el proceso grupal.

b.c) El efecto expansivo de la sentencia

No es este el momento de ahondar en la problemática, sobre la que volveremos en la Parte Especial, para vincularla con el tópico del control de constitucionalidad. Solo resaltaremos que, como adelantamos en el recuadro, el *considerando 21* del voto mayoritario manifiesta que "a esta altura de la exposición se impone recordar que el apelante centró sus agravios en el aspecto de la sentencia mediante el cual la cámara procuró reforzar la virtualidad de su decisión atribuyéndole carácter *erga omnes*".

En rigor, el Estado nacional se había agraviado de ello porque la demanda había sido deducida por un particular, *sin intervención* del defensor del Pueblo de la Nación.

Los fundamentos del Tribunal Cimero sobre este punto fueron divididos. Solo bástenos, por ahora, referir que el voto mayoritario remarcó que el verdadero sustento de la proyección superadora de la regla interpartes, determinante de la admisibilidad de la legitimación grupal, *es inherente a la acción colectiva en virtud de la trascendencia de los derechos que por su intermedio se intentan proteger*. Tal estándar jurídico, siempre para los firmantes de la mayoría, reconoce su fuente primaria en el propio texto constitucional y, lejos de ser una construcción novedosa, aparece como una institución ya arraigada en el ordenamiento normativo vigente, en regulaciones especiales que instauran instrumentos de carácter colectivo, tales como el art. 54, párrafo segundo, de la Ley de Defensa del Consumidor 24.240 y el art. 33, *in fine*, de la Ley General del Ambiente 25.675.

b.d) Pautas de interpretación

En el punto 14 *in fine* de los considerandos, el voto de la mayoría declaró: "Por lo demás (...) dado que es la primera oportunidad en la que se delinean los caracteres de la acción colectiva que tiene por objeto la protección de derechos individuales homogéneos y que no existe una reglamentación al respecto, cabe ser menos riguroso a la hora de evaluar el resto de los recaudos que habrá que exigir en lo sucesivo en los procesos de esta naturaleza. En estas condiciones, se considera que ha existido una adecuada representación de todas las personas, usuarios de los servicios de telecomunicaciones –dentro de los que se encuentran los abogados– a las que se extenderán los efectos de la sentencia".

Como apartado final de esta glosa es importante destacar que la Corte, como al pasar, efectuó una justificación de su laxo proceder en el filtro de los recaudos de las acciones colectivas, dando a entender que esa flexibilidad obedecía a la novedad del planteo en tanto colectivo y precisando que ello no debiera repetirse en lo sucesivo.

Esta premisa se completó con la consideración acerca de la publicidad que se le había dado a la audiencia celebrada ante el tribunal, como también la circunstancia de que la declaración de inconstitucionalidad de la ley 25.873 se encontraba a esa altura firme y, en consecuencia, suspendido el decreto reglamentario 1563/04. Asimismo, se tuvo en cuenta las presentaciones que, en apoyo de la pretensión del demandante, habían realizado como Amigos del Tribunal la Federación Argentina de Colegios de Abogados y el Colegio Público de Abogados de la Capital.

A pesar de estas aclaraciones tendientes a justificar el efecto colectivo de un amparo individual, da la impresión de que el Alto Tribunal *eligió "Halabi" como el caso estrella* para estructurar la doctrina de los procesos colectivos, aunque pudo haber escogido cualquier otro semejante, antes (por ejemplo, "Badaro" o "Arriola") o después. Y creemos que eligió bien, pues como se dijo, la cuestión de fondo en "Halabi" no era polémica (como sí la tenencia para consumo en "Arriola") y declarar su inconstitucionalidad no tenía consecuencias económicas drásticas para el Estado (como los reajustes jubilatorios en "Badaro").

ii.c) Etapa posterior a 2009

1) El fallo "P.A.D.E.C. c/Swiss Medical"[130]

Cuatro años después del *leading case* "Halabi", la Corte hizo aplicación progresiva de las premisas allí sentadas, para reconocer legitimación a la asociación llamada "Protección, Asesoramiento y Defensa del Consumidor" en un litigio por ella iniciado, en los términos de los arts. 52, 53 y 54 de la ley 24.240, a fin de reclamar la nulidad de la cláusula predispuesta en los contratos tipo de la demandada empresa de medicina prepaga en virtud del cual dicha parte se reservaba la posibilidad de

[130] C.S.J.N. 21/08/2013; *La Ley*, 23/09/2013; *La Ley*, 2013-E, 290; *La Ley*, 2013-E, 589; *La Ley*, 2013-F, 447; *DJ*, 19/02/2014, 11.

reajustar unilateralmente la cuota mensual; revocando los fallos en las instancias anteriores que habían rechazado la demanda por falta de legitimación activa.

> Para decidir en el sentido indicado, el tribunal que en este caso, a diferencia de "Halabi", sí contó con el voto del Dr. Fayt –que se sumó a la mayoría sin reservas y robusteció la autoridad del fallo– entendió que la asociación estaba legitimada porque entre sus propósitos constaba la defensa de los derechos de los consumidores y usuarios tutelados por el art. 42 de la Constitución Nacional, y porque de no admitirse su actuación se habría producido una clara vulneración del acceso a la justicia pues no se justificaba que cada uno de los posibles afectados del conjunto involucrado promoviera su propia demanda.

En cuanto a la vía utilizada, dejó aclarado que la circunstancia de que el reclamo se hubiera deducido a través de un *proceso ordinario* no constituía un obstáculo para la aplicación de los criterios del precedente "Halabi", ya que el propio texto constitucional autoriza el ejercicio de acciones apropiadas para la defensa de intereses colectivos con prescindencia de las figuras expresamente diseñadas en él o en las normas procesales vigentes; trazando (en el voto del doctor Petracchi) una analogía entre la acción de la Ley de Defensa del Consumidor utilizada en el caso y la de amparo, que también constituye un procedimiento abreviado tendiente a evitar que se consume la violación de derechos y garantías constitucionales, concretamente los derechos de los usuarios y consumidores previstos en el art. 42 de la carta magna.

El voto del juez *Petracchi* agregó un argumento más para despejar las dudas sobre la legitimación de "P.A.D.E.C.", puntualizando que *la circunstancia de que existan consumidores o usuarios que eventualmente no tengan interés en formar parte de la acción no resulta un impedimento para otorgar legitimación a las asociaciones para defender los intereses del grupo en general*; en línea con una interpretación amplia del modo en que opera en la práctica la habilitación inserta en el art. 43 de la Constitución Nacional, pues se supone que las asociaciones pueden accionar en forma directa, sin necesidad de requerir en cada caso la autorización o venia de un conjunto más o menos extendido de usuarios y sin que la oposición o interés de no participar de algunos obste a la materialización del reclamo, pues para ello existe el "*opt out*". La legitimación de las asociaciones, en suma, opera sin necesidad de recabar consensos.

El mismo ministro, en su disidencia en "Fernández, Raúl c/Estado Nacional (P.E.N.) s/amparo - ley 16.986", del 7 de diciembre de 1999[131], había destacado que la tutela expedita de los derechos del usuario que consagra el mencionado precepto sería letra muerta si, en el caso, se interpretase esa cláusula en el sentido de que ella se reduce a garantizar a cada usuario el derecho de demandar individualmente el cobro de unos pocos pesos o centavos, pese a tener idénticos intereses y una misma causa para accionar que los demás. En este escenario, como el costo de demandar en forma individual superaba claramente el beneficio que cada uno de ellos podría obtener de la sentencia dictada en la causa respectiva, "una interpretación tal equivaldría lisa y llanamente a negar la efectividad de la tutela constitucional frente al acto manifiestamente lesivo, que significa una recaudación excedente de varios millones de pesos por año" (voto en disidencia, pto. 14).

Esta consideración, influida por una noción de costos propia del análisis económico del derecho, es importante para dimensionar en sus justos términos el filtro de los presupuestos de procedencia, lo mismo que poner en claro que no se cercena el margen de libertad ni el derecho de defensa de los integrantes de la clase, desde que –como se dijo– los mismos tienen la posibilidad de excluirse de la acción.

En sentido similar, la jueza *Argibay* (también por su voto) dejó establecido que la procedencia de la acción no se veía impedida por la circunstancia de que algunos miembros del grupo tuvieran un interés patrimonial diferenciado e incluso contrapuesto con el defendido por la asociación accionante, pues tales intereses pueden ser puestos a salvo de la cosa juzgada mediante una oportuna petición de exclusión.

Como se ve, los fundamentos de Petracchi y Argibay, concurrentes con la mayoría, se ocupan de la situación de los consumidores disconformes, desinteresados o indiferentes frente a una sentencia con futuros efectos masivos.

Claro que se trata de argumentaciones válidas como premisa general, pero no aplicables al caso de procesos colectivos en que se declara la inconstitucionalidad de una norma de alcance general, situación en la que debemos preguntarnos si ha de existir la posibilidad de exclusión, o sea, si es válido que potenciales miembros del grupo elijan permanecer alcanzados por una norma invalidada desde el punto de vista constitucional. Cuestión sobre la que volveremos más adelante.

En cuanto a los recaudos de procedencia de la acción, el fallo reiteró lo ya sentado en "Halabi", acerca de que las acciones que tutelan derechos de incidencia colectiva referentes a intereses individuales homogéneos requieren la verificación

[131] Fallos: 322:3008.

de una causa fáctica común, una pretensión procesal enfocada en el aspecto colectivo de los efectos de ese hecho y la constatación de que el ejercicio individual no aparece plenamente justificado.

Sin perjuicio de ello, aclaró que también procederá la acción de clase cuando pese a tratarse de derechos individuales, exista un fuerte interés estatal en su protección, sea por su trascendencia social o en virtud de las particulares características de los sectores afectados.

Respecto al caso concreto, se estimó que el derecho de los afiliados al servicio de medicina prepaga era de incidencia colectiva, y más precisamente, un supuesto de intereses individuales homogéneos afectados por un hecho único consistente en una cláusula de los contratos tipo con la empresa, que la autorizaba a ajustar (léase aumentar) unilateralmente el importe de la cuota.

En consecuencia, se tuvo por equivocada la declaración de falta de legitimación de P.A.D.E.C., ordenándose que vuelvan los autos al tribunal de origen para que, por medio de quien corresponda, se dicte un nuevo pronunciamiento y se corra vista al Ministerio Público Fiscal para resguardo de los intereses de los consumidores o usuarios afectados en caso de eventual acuerdo conciliatorio o transacción (art. 54 de ley 24.240).

Así, sin demasiada incursión en el tema del efecto expansivo, más allá de lo que atañe a las asociaciones y el espíritu del constituyente de 1994 de incluirlas entre los sujetos facultados a demandar por cuestiones colectivas, la Corte hizo lugar al recurso extraordinario.

2) "Thomas Enrique c/E.N. s/amparo"[132]

Un diputado nacional solicitó la suspensión de la aplicación de la ley 26.522 de Servicios de Comunicación Audiovisual, sancionada el 10 de octubre de 2009, en el marco de una acción de amparo contra el Estado Nacional, Poder Legislativo (Cámara de Diputados) y Poder Ejecutivo. La resolución de primera instancia acogió el pedido cautelar y luego la Cámara Federal de Mendoza (sala A) confirmó

[132] Sentencia del 15 de junio de 2010, La Ley, 2010, 4, con nota de Jorge Luis Portero, Eduardo O. Magri, Félix Loñ, Andrés Gil Domínguez; *La Ley*, 2010-C, 718; *DJ*, 07/07/2010, 1839; sup. adm., 2010 (septiembre), 63, con nota de Maximiliano Antonietta, Fernando E. Juan Lima, Orlando D. Pulvirenti.

esta decisión, frente a lo cual el Estado nacional planteó recurso extraordinario federal. La Corte Suprema, en *junio de 2010, revocó la decisión apelada.*

"*Thomas*" es, como se señala, un precedente de *singular relevancia* a nuestro propósito, desde que marca con especial contundencia el perímetro del efecto de la declaración de inconstitucionalidad que se entendió compatible con nuestro sistema de control de constitucionalidad, y plasma con ello una discordancia con su precedente del año anterior ("Halabi"). Retornaremos al tópico en la parte especial.

Asimismo, se hizo cargo de una problemática planteada por una práctica adoptada con cierta frecuencia en la época del fallo (y que a la postre determinó la sanción, el 24 de abril de 2013, de la Ley 26.854 de Medidas Cautelares en que el Estado es parte o interviene), consistente en plantear ante diversos tribunales medidas precautorias en contra de actos emanados del Congreso o del Poder Ejecutivo, para obtener su virtual derogación como consecuencia de la invocación de intereses supraindividuales.

2.1) Pues bien, en su secuencia argumentativa, el fallo empezó por señalar que el actor carecía de legitimación, en su carácter de legislador, para impugnar la constitucionalidad de la mencionada norma con fundamento en presuntas irregularidades en el trámite parlamentario, pues no demostró de qué modo había sido privado de ejercer sus atribuciones, tanto durante el tratamiento llevado a cabo en las comisiones que tomaron intervención, como en oportunidad de la consideración de los diversos dictámenes que realizó la Cámara de Diputados, de la votación en general del proyecto del dictamen de mayoría y su ulterior tratamiento y votación en particular.

Asimismo, sentenció que la invocación de la calidad de ciudadano, con sustento en el art. 43 de la Constitución, sin la demostración de un perjuicio concreto, es insuficiente para sostener la legitimación a los fines de impugnar la constitucionalidad de una norma, pues el de "ciudadano" es un concepto de notable generalidad y su comprobación, en la mayoría de los casos, no basta para demostrar la existencia de un interés "especial" o "directo", "inmediato", "concreto" o "sustancial" que permita tener por configurado un "caso contencioso".

En prieta síntesis, las razones por las cuales no se reconoció a Enrique Thomas aptitud para demandar fueron dos: a) la calidad de ciudadano conforme doctrina de fallos anteriores, pues el demandante no pudo concretar un agravio diferenciado de la situación en que se hallaban los demás ciudadanos, considerada insuficiente para fundar su legitimación la invocación del interés general en que se cumplan la Constitución y las leyes (arg. fallos: 321:1352); y b) falta de prueba de una supuesta irregularidad en el trámite parlamentario: se aplicó la doctrina del caso "Gómez

Diez"[133] dado que el diputado alegó falencias en el proceso de aprobación de esta ley que supuestamente él, desde su banca en la Cámara, no había podido contener ni evitar, lo cual *no* se tuvo por acreditado en el grado requerido como para tener por configurado un daño claro, directo e inmediato de sus prerrogativas legislativas.

A estas argumentaciones se sumó la del voto del doctor Petracchi, en el sentido de que "de la ampliación de los sujetos legitimados por la reforma constitucional de 1994 no se sigue una automática aptitud para demandar, sin un examen previo de la existencia de una cuestión susceptible de instar el ejercicio de la jurisdicción, en atención a que no ha sido objeto de reforma la exigencia de que el Poder Judicial intervenga en el conocimiento y decisión de 'causas', arts. 108, 116 y 117 de la Constitución Nacional"; doctrina clásica sobre la cual volveremos más adelante.

3) "Municipalidad de Berazategui c/Cablevisión S.A. s/amparo"[134]

El conflicto inicial se produjo por el incumplimiento por parte de la accionada a las Resoluciones 50/2010 y 36/2011 de la Secretaría de Comercio Interior –como autoridad de aplicación y con invocación de las facultades conferidas por la ley 20.680– mediante las cuales se implementó un régimen en materia de precios de la televisión paga, que establecían distintas fórmulas para la determinación del *valor máximo del abono mensual total* que los usuarios deberían pagar a los operadores.

La demanda, promovida por el intendente municipal de Berazategui, fue acogida en primera instancia y confirmada, por mayoría, por la sala II de la Cámara Federal de Apelaciones de La Plata, que dejó firme la sentencia estimativa, ordenado *refacturar el servicio prestado* a los usuarios del partido de Berazategui con sujeción a las mencionadas resoluciones, sin que pudieran interrumpir o modificar el servicio hasta tanto se resuelva la cuestión suscitada.

Llegado el caso a la Corte por vía de recurso extraordinario de la demandada, el tribunal, con la firma de Lorenzetti, Highton de Nolasco (según su voto), Fayt y Maqueda, revocó el criterio de la Alzada, al dejar sin efecto la precautoria concedida. Para así resolver, destacó que la cautelar innovativa es una decisión excepcional porque altera el estado de hecho o de derecho existente al tiempo de su dictado, habida cuenta de que configura un anticipo de jurisdicción favorable

133 C.S.J.N., "Gómez Diez, Ricardo y otros c/P.E.N. - Congreso de la Nación s/proceso de conocimiento", 1999, fallos: 322: 528.

134 C.S.J.N. 23/9/2014, www.infojus.gov.ar

respecto del fallo final de la causa, lo que justifica una mayor prudencia en la apreciación de los recaudos que hacen a su admisión (fallos: 316:1833; 320:1633).

Ensambló esta premisa clásica en materia de cautelares con la consideración del aspecto colectivo de la cuestión al manifestar que, concretamente, por sus efectos expansivos, resultaba imprescindible acentuar la apreciación de los parámetros legales exigidos para su procedencia "ya que las garantías del debido proceso y la igualdad ante la ley se ven particularmente comprometidas"; lo que no se tuvo por cumplimentado.

Otro motivo para la revocación del decisorio de la Cámara fue la consideración negativa de la legitimación activa del jefe comunal, por entender la Corte que carecía de facultades para cuestionar normas emanadas de la autoridad nacional (Resoluciones de la Secretaría de Comercio), pues ello excedía el ámbito jurisdiccional de sus incumbencias, circunscriptas a los intereses locales.

Sentado lo que antecede, con cita del precedente "Halabi", se puso de manifiesto la necesidad de establecer pautas mínimas de prelación para que se eviten pronunciamientos contradictorios derivados de procesos colectivos en los que se ventilan pretensiones sobre un mismo bien jurídico; destacándose la importancia de la preferencia temporal y de su gravitación en los procesos vinculados a bienes colectivos (fallos: 315: 1492, considerando 25).

La consecuencia de esta verbalizada preocupación por el escenario caótico que podrían generar sentencias contradictorias en procesos colectivos análogos (además de un vano dispendio jurisdiccional), fue el dictado de la Acordada 32/2014, que instituye el Registro de Procesos Colectivos.

El voto concurrente de Highton de Nolasco

La vicepresidenta del tribunal coincidió con lo expresado por el voto de la mayoría, al reiterar sus argumentos en los puntos 1 a 8, a lo que añadió algunas consideraciones interesantes en el punto 9 *in fine*, como la cita del precedente "Consumidores Financieros Asociación Civil para su Defensa c/Banco Itaú Buen Ayre Argentina S.A. s/ordinario" (de la misma época, 24/6/2014), en que se exhortó a los tribunales de grado a implementar adecuadas medidas de publicidad orientadas a evitar la superposición de procesos, con notificación a la asociación actora de que en el futuro debía informar en forma clara e indubitable en su primera presentación procesal la iniciación de más de una acción colectiva con el mismo objeto.

En el considerando 10 agregó que la existencia de un Registro de Acciones Colectivas tiende a evitar el escándalo jurídico que podría representar el dictado de decisiones contradictorias en causas conexas o superpuestas y a lograr la economía procesal que mejor se ajuste a un adecuado servicio de justicia; a la vez que favorecerá el acceso a justicia al permitir a los habitantes conocer la existencia de procesos y sentencias de las que puedan ser beneficiarios.

En síntesis, el tribunal determinó dos razones "tradicionales" para revocar el fallo de Cámara: primero, la excepcionalidad de las cautelares innovativas, segundo, la falta de legitimación del actor. A ello añadió un motivo singular: que el *a quo*, al confirmar el decisorio de primera instancia, había omitido ponderar adecuadamente los agravios de la demandada en cuanto a la incidencia colectiva del pleito.

Se ingresó de este modo al análisis de la faz colectiva y en la inteligencia de que, en el caso, el grupo estaba conformado por los usuarios del sistema de televisión por cable de la Municipalidad de Berazategui.

Luego se efectuaron consideraciones fundamentales de política judicial, que advirtían que durante el último tiempo se ha verificado un incremento de causas colectivas con idénticos o similares objetos provenientes de diferentes tribunales del país, lo que además de dispendio jurisdiccional, genera el riesgo cierto de que se dicten sentencias contradictorias y favorece la objetable multiplicación de acciones con objetos superpuestos para ampliar las posibilidades de obtener alguna resolución –cautelar o definitiva– favorable a los intereses del legitimado activo.

Con estas ponderaciones, el fallo sentó las bases para la creación de un *Registro de Acciones Colectivas* de obligatoria inscripción para todos los procesos de esa naturaleza que tramiten ante los tribunales nacionales, lo que al poco tiempo se estableció por la Acordada 32/2014. Allí reside su importancia.

4) "Consumidores Financieros Asociación Civil para su defensa c/Banco Itaú Buen Ayre Argentina S.A. s/ordinario"[135]

La asociación civil inició demanda contra el Banco Itaú Buen Ayre S.A. con el objeto de que se lo condenara a devolver a sus clientes de cuenta-corriente lo percibido de más durante los últimos diez años por el cobro del concepto denominado "riesgo contingente". En primera instancia se admitió la excepción de *falta de legitimación activa* opuesta por la demandada, criterio que fue revocado por la Alzada; lo que motivó un recurso extraordinario por parte del banco, el que fue

[135] Sentencia del 24 de junio de 2014, www.cij.com.ar, *LL*, sup. const., 2014 (agosto), 54.

rechazado por la Corte Suprema de Justicia de la Nación, que confirmó la decisión de segunda instancia.

Para así decidir, la Corte puso de manifiesto la semejanza entre ese pleito y las cuestiones ventiladas en "P.A.D.E.C. c/Swiss Medical S.A. s/nulidad de cláusulas contractuales", por cuanto estaban en juego intereses individuales homogéneos y se encontraban cumplidos los recaudos para hacer viable una acción colectiva en los términos de la doctrina sentada en el precedente "Halabi" y del artículo 52 de la ley 24.240.

Tuvo por bien admitida la legitimación de la asociación actora, al entender que un criterio contrario produciría una clara vulneración del acceso a la justicia, lo que introdujo un análisis económico, en términos de eficiencia costo-beneficio, "pues no parece justificado que cada uno de los posibles afectados del colectivo involucrado promueva su propia demanda".

Sobre el trámite procesal, mandó al juez a encauzarlo de acuerdo a las pautas del derecho del consumidor, debiendo verificarse a) la precisa identificación del colectivo involucrado, b) la idoneidad de quien asumió su representación y c) la adecuada notificación de todas aquellas personas que pudieran tener un interés en el resultado del litigio, de manera de asegurarles tanto la alternativa de optar por quedar afuera del pleito como la de comparecer en él.

Por otro lado, tras advertir que la asociación actora había iniciado demanda colectiva contra diversas entidades bancarias, con idéntico objeto y en distintos tribunales de C.A.B.A., exhortó a los tribunales de grado a implementar adecuadas medidas de publicidad orientadas a evitar la superposición de procesos. Esta situación ya había sido especialmente considerada en la causa "Halabi" (considerando 20), donde se señaló que la multiplicación de procesos colectivos con un mismo objeto podría traer aparejado el riesgo de que se dictaran sentencias disímiles o contradictorias sobre una misma materia.

La sentencia posee, en una opinión que compartimos, el mérito de establecer un "bajo control" en cuanto a las acciones colectivas de consumo, objeto de las presentaciones de las asociaciones vinculadas al rubro[136], lo que nos parece atinado ya que es la única manera de evitar planteos superfluos en abuso de la legitimación colectiva que emana del art. 43, 2° párrafo de la C.N. No olvidemos, además, que esa legitimación opera en forma automática, en el sentido de que

136 Ghersi, Carlos, "Las acciones colectivas y el acceso a la jurisdicción", sup. const., 2014 (mayo), 25/08/2014, 53; *La Ley*, 2014-E, 97.

las asociaciones y entidades afines dedicadas a la defensa del interés de usuarios y consumidores no tienen la obligación de recabar el consenso de aquellos como paso previo a judicializar cualquier planteo.

Se destaca, nuevamente, la consideración a los *"efectos comunes"* como elemento determinante a la caracterización y trámite colectivo de la causa, al marcar el tribunal la necesidad de que se corra vista al Ministerio Público en virtud de lo previsto en los arts. 25 (inc. a) y 41 de la ley 24.946 y 52 de la ley 24.240.

5) *"Kersich, Juan Gabriel y otros c/Aguas Bonaerenses y otros s/amparo"*[137]

Un grupo de 25 vecinos de la ciudad de 9 de Julio, Provincia de Buenos Aires, promovió acción de amparo contra Aguas Bonaerenses S.A. (ABSA), con el objeto de que dicha empresa: a) comience a realizar, en el plazo de 180 días o en el que judicialmente se fije, los trabajos y tareas necesarios a fin de adecuar la calidad y potabilidad del agua de uso domiciliario, según los parámetros establecidos por la Organización Mundial de la Salud en coincidencia con la norma del artículo 982 del Código Alimentario Argentino, toda vez que el agua provista por la empresa prestataria del servicio contenía niveles de arsénico superiores a los permitidos; b) disponga la efectiva adecuación de un proyecto específico con plazos concretos de realización, como también de su posterior implementación tanto por el Organismo de Control de Aguas de Buenos Aires como por las áreas competentes que determine el Ministerio de Infraestructura local.

Asimismo, dirigió su reclamo contra la provincia de Buenos Aires, en su carácter de titular del dominio acuífero cuya preservación es responsabilidad de la empresa prestataria del servicio, y con fuente en la obligación del Estado local de conservar los recursos naturales según la Constitución local.

En rigor, lo que el tribunal tuvo que resolver en el caso fue una cuestión *procesal*, ya que el magistrado, luego de hacer lugar a la medida cautelar solicitada por los demandantes[138], aceptó la adhesión de dos mil seiscientos cuarenta y un (2641)

[137] C.S.J.N. 2/12/2014, www.csjn.gov.ar

[138] Por la que ordenó a Aguas Bonaerenses S.A. que suministrara a cada uno de los actores, en su domicilio y a las entidades educativas y asistenciales involucradas en el presente reclamo, agua potable –en bidones– que se adecue a las disposiciones del artículo 982 del Código Alimentario Nacional, en la cantidad necesaria para satisfacer las necesidades básicas de consumo, higiene personal, y limpieza de manos y alimentos y cocción de estos en una ración no menor a 200 litros por mes; y prohibió el consumo de agua de la red domiciliaria provista por la demandada en los establecimientos educativos y asistenciales en cuestión.

personas en condición de nuevos actores, respecto de quienes hizo extensiva la medida cautelar; y ordenó a la demandada acompañar con relación a todos y cada uno de ellos, el informe de rigor en el plazo de diez días, con aclaración expresa de que este lapso podía ser ampliado a pedido de aquella en consideración a la cantidad de presentaciones efectuadas.

Esta decisión había sido confirmada por la Cámara de Apelaciones en lo Contencioso-administrativo de La Plata, en el entendimiento de que a) la demandada no desconocía el interés legítimo de los actores y adherentes con relación al objeto de la pretensión; b) los adherentes, en tanto "vecinos" de la localidad afectada de 9 de Julio, ostentaban un interés jurídico suficiente para considerarlos provisoriamente legitimados con el objeto de promover el amparo; c) la accionada no podía alegar –en función del número de usuarios involucrados– violación al derecho de defensa al invocar la dificultad de responder el informe circunstanciado en el plazo de ley (art. 8 de ley 16.986), ya que el juez había aclarado expresamente que dicho término podía ser ampliado en caso de que la misma lo requiriera.

Llegado el caso al Alto Tribunal, se calificó la causa los términos de "Halabi", precisándose que se procuraba la tutela de un derecho de incidencia colectiva referido a uno de los componentes del bien colectivo ambiente: *el agua potable*. Se puso de resalto que los jueces de la causa no aplicaron las reglas del proceso colectivo previsto en el artículo 43 de la Constitución Nacional, deficiencia que "se patentiza cuando el juez de primera instancia, pese a calificar al presente como amparo colectivo, recurrió a reglas procesales *incompatibles* con ese tipo de proceso, soslayando las consecuencias negativas que tal temperamento ocasionaría en el normal trámite de la causa. Máxime cuando la provincia de Buenos Aires dispone de normativa específica (con base en el artículo 20 de la Constitución Provincial, en especial, ley 13.928, con modificaciones introducidas por ley 14.192) que aplicada armoniosa y sistemáticamente, y de acuerdo con los principios rectores de la Ley General del Ambiente, hubiese impedido la violación palmaria del derecho de defensa en juicio de la agencia estatal demandada".

Luego destacó que tratándose de un caso ambiental los jueces tienen amplias facultades para procurar su protección y ordenar el curso del proceso, e incluso darle trámite ordinario a un amparo o bien dividir las pretensiones a fin de lograr una efectiva y rápida satisfacción en materia de prevención. El límite de estas facultades está dado por el respeto al debido proceso, porque los magistrados no pueden modificar el objeto de la pretensión (fallos: 333:748, destacado propio); dejando sin efecto la sentencia impugnada.

En suma, pese a que el nudo del planteo que instó la jurisdicción de la Corte era *procesal*, se efectuó una serie de consideraciones con relación a la importancia del acceso al *agua potable*, lo que le valió positivos comentarios y titulares en distintos portales y revistas jurídicas, cuando en realidad no era eso lo que se discutía en el caso (y así lo precisa el fallo en el tercer párrafo del considerando 2).

No negamos la jerarquía de la postura sentada al respecto, pero nos parece importante advertir que se trató de valoraciones *obiter dictum*, que bien podrían haberse reservado al momento de decidir la cuestión principal y así evitar que pasen desapercibidas las advertencias que realizó el tribunal en cuanto a la necesidad de preservar el derecho de defensa de las demandadas, por la incorporación tardía de una enorme cantidad de adherentes a la acción (más de dos mil), lo cual se vincula con la notificación y el debido proceso, aspectos centrales de las garantías procesales en todo litigio, y por supuesto, también en el colectivo.

Es que, a nuestro modo de ver, el encasillamiento de este fallo en el repertorio ambiental de la Corte no obedeció tanto de una falta de "*timing*", como a una sesgada apreciación y difusión del contenido del resolutorio por parte de los medios de comunicación, pasando la cuestión procesal a segundo plano, cuando la misma comprometía nada menos que el derecho de defensa en juicio.

Aclarado esto, cabe traer a colación lo que dijeron los jueces Lorenzetti, Highton, Fayt y Maqueda, quienes aclararon *ab initio* que, si bien lo cuestionado por la demandada era una decisión procedimental, sus efectos la hacen equiparable a una sentencia definitiva, en la medida en que originaba agravios de insuficiente o imposible reparación ulterior.

Entonces, ya centrados en el tema procesal, es destacable que el fallo establezca un tope al activismo judicial (alentado no solo por la ley 25.675 sino también por la práctica de los tribunales) por la necesidad, que no retrocede, de respetar las reglas fundamentales del derecho de defensa.

6) "C.E.P.I.S. c/Ministerio de Energía y Minería s/Amparo Colectivo" sobre aumento de las tarifas del gas domiciliario[139]

El Centro de Estudios para la Promoción de la Igualdad y la Solidaridad (C.E.P.I.S.) junto a ciertos legisladores y un usuario del servicio público de gas natural promovieron acción de amparo colectivo con el objeto de requerir que en forma urgente se garantice el derecho constitucional a la participación de los usuarios previsto en el artículo 42 de la Constitución Nacional y, en forma cautelar, se ordene suspender la aplicación del nuevo cuadro tarifario previsto por

[139] www.csjn.gov.ar, 18/8/2016.

Resoluciones 28 y 31 de 2016 del Ministerio de Energía y Minería de la Nación, hasta tanto se haya dado efectiva participación mediante Audiencias Públicas a la ciudadanía y las Defensorías del Pueblo. Postularon que se encuentran presentes los requisitos necesarios para la celebración de una audiencia pública previa al dictado de una norma administrativa de carácter general y que la repercusión pública de la norma general emitida afectará directamente a todos los usuarios del servicio público de gas a lo ancho y largo del territorio argentino.

En fecha 15 de abril de 2016 el *Juzgado Federal en lo Civil, Comercial y Contencioso Administrativo n° 4 de La Plata* se expidió negativamente sobre la medida precautoria solicitada, aunque tuvo una mirada flexible respecto de la legitimación y dispuso la inscripción de la causa en el Registro Público de la C.S.J.N. y su difusión por el Centro de Información Judicial (C.I.J.).

Apelado este resolutorio por la actora y por el Estado Nacional, el 7 de Julio la *sala II de la Cámara Federal de Apelaciones de La Plata*, en el entendimiento de que la audiencia pública es un requisito constitucional y su omisión torna nulas las resoluciones administrativas impugnadas, resolvió: a) acumular todas las acciones colectivas que correspondan conforme lo dispuesto por las Acordadas 32/2014 y 12/2016 de la Corte Suprema de Justicia de la Nación; y b) modificar la interlocutoria recurrida, al declarar, en consecuencia, la nulidad de las Resoluciones 28 y 31 del Ministerio de Energía y Minería de la Nación y retrotraer la situación tarifaria a la existente previamente al dictado de ambas.

Interpuesto un recurso extraordinario por el Estado Nacional, la cuestión arribó a la *Corte Suprema de Justicia de la Nación*, que el *18 de agosto de 2016* emitió una muy difundida y esperada sentencia, en la que por unanimidad (aunque los Dres. Maqueda y Rosatti por sus votos) resolvió:

a) declarar admisible el recurso extraordinario y confirmar parcialmente la sentencia apelada en cuanto a la nulidad de las resoluciones 28/2016 y 31/2016 del Ministerio de Energía y Minería de la Nación, decisión que *circunscribió* al colectivo de usuarios residenciales del servicio de gas natural, manteniéndose respecto de ellos, y en la medida en que resulte más beneficiosa, la vigencia de la tarifa social correspondiente al cuadro tarifario examinado;
b) poner en conocimiento del Congreso de la Nación la necesidad de dar cobertura al cargo de defensor del Pueblo de la Nación; y
c) recordar a los tribunales federales y nacionales el riguroso cumplimiento de las Acordadas 32/2014 y 12/2016.

Esquematizaremos la explicación y nuestra valoración de los argumentos respetando la secuencia del resolutorio clave para la comprensión de los procesos colectivos de consumo.

1) Respecto de lo *primero*, esto es, la confirmación de lo decidido en la Alzada en cuanto a la necesidad de audiencia pública previa a la determinación de nuevas tarifas, la Corte manifestó que de la redacción del artículo 42 se desprende la clara intención de los constituyentes de 1994 de que consumidores y usuarios (expresamente en la forma de asociaciones e implícitamente de un modo genérico) participen en la elaboración de ciertas disposiciones de alcance general a cargo de la Administración cuando, como en el caso, al fijar tarifas, puedan proyectar los efectos sobre los derechos e intereses de aquellos.

Así, cuando se trata de un servicio público, dicha participación no se satisface con la mera notificación del arancel ya establecido, sino que debe garantizarse la participación ciudadana en instancias públicas de *discusión y debate* susceptibles de ser ponderadas por la autoridad de aplicación *al momento de la fijación del precio del servicio.*

Con base en este encuadre, la Corte rechazó el argumento de la demandada en el sentido de que la audiencia pública había tenido lugar en el año 2005, lo que reputó inadecuado a los fines informativos de los usuarios en las actuales circunstancias, lo cual es obvio.

Seguidamente, el tribunal se ocupó de esclarecer el *alcance de su decisión*, al advertir que el incumplimiento por parte de los jueces actuantes en revisar la configuración del colectivo los llevó al dictado de decisiones sectoriales "sin distinción de categorías de usuarios, tratando de manera igual situaciones heterogéneas", cuando de acuerdo a sus precedentes, "la adecuada y detallada determinación del conjunto de perjudicados por una conducta o acto permite delimitar los alcances subjetivos del proceso y de la cosa juzgada y, además, aparece como un recaudo esencial para que los tribunales de justicia puedan verificar la efectiva concurrencia de los requisitos para la procedencia de la acción".

Se trata de un señalamiento de importancia, relacionado no solo con los efectos expansivos de la resolución sino con la certificación de la clase, momento en que el magistrado interviniente puede subdividir el grupo (en subclases) aunque, en rigor y con arreglo a la legislación consumeril (art. 54) también en la etapa de ejecución de la sentencia es posible efectuar estas disquisiciones.

Solo a partir de un certero conocimiento del colectivo involucrado y de sus eventuales subcategorías –continúa la Corte– el juez podrá evaluar, por ejemplo, si la pretensión deducida se concentra en los efectos comunes que el hecho o acto dañoso ocasiona o si el acceso a la justicia se encuentra comprometido de no admitirse la acción colectiva (conf. doctrina de la causa "Asociación Protección Consumidores del Mercado Común del Sur c/Loma Negra Cía. Industrial Argentina S.A. y otros", fallos: 338:40).

Y remata esta argumentación con otro razonamiento categórico: que el cumplimiento de todos estos recaudos debe extremarse cuando las decisiones colectivas puedan incidir –por sus efectos expansivos– en la prestación de un servicio público, pues se puede afectar el interés general comprometido en su prestación.

Sin embargo, toda vez que el fracaso en el test de constitucionalidad obedeció a la falta de audiencia previa para la fijación del cuadro tarifario, no se advierte por qué motivo ello alcanzaría solo a los usuarios residenciales y no a los comerciales o industriales, lo que sería justificado, por ejemplo, si lo discutido fuera la fórmula de cálculo para cada sector. Volveremos sobre este punto más adelante.

2) Respecto a lo *segundo*, el tribunal manifiesta que "no puede dejar de señalarse que el cargo de defensor del Pueblo de la Nación, institución creada por la Constitución Nacional corno órgano específicamente legitimado en la tutela de los derechos de incidencia colectiva en los términos de sus artículos 86 y 43, se encuentra vacante, *circunstancia que repercute negativamente en el acceso a la justicia de un número indeterminado de usuarios*. "En las condiciones reseñadas, y habida cuenta de las relaciones que deben existir entre los departamentos de Estado, corresponde exhortar al Congreso de la Nación para que proceda a su designación de acuerdo a lo establecido en el artículo 86 citado".

Adviértase que en los considerandos la Corte utiliza el verbo adecuado, que es "exhortar" al Congreso, pero después en la parte resolutiva habla de "poner en conocimiento", lo que nos parece una expresión debilitada cuando, además, la envergadura institucional del rol del *Ombudsman* es bien conocida en el Parlamento, funcionario que ya estuvo en funciones y que justamente está pensado constitucionalmente para funcionar en su órbita (art. 86 C.N.).

Lo correcto hubiera sido emplear el mismo verbo o, en todo caso, invertir las expresiones y reservar para la parte resolutiva aquella que es correcta, sin eufemismos.

3) El recordatorio a los tribunales federales y nacionales sobre el riguroso cumplimiento de las Acordadas 32/2014 y 12/2016, es una respuesta a la desatención de aquellos, que la Corte hace bien en remarcar.

A lo largo de todo el resolutorio flota una crítica a la actuación de los tribunales inferiores, en el sentido de que la multiplicidad de causas suscitada con motivo de las resoluciones en cuestión se habría evitado si los magistrados actuantes hubiesen seguido los lineamientos desarrollados por el tribunal en sus distintos pronunciamientos y hubiesen cumplido con la inscripción ordenada por la Acordada 32/2014; lo cual correspondía –subraya– en virtud de la autoridad institucional de dichos precedentes, fundada en la condición de intérprete supremo de la Constitución Nacional, y de las leyes dictadas en su consecuencia, que tiene el tribunal (considerando 39).

Por ello, volvió a recordar el criterio de preferencia temporal consagrado en la causa "Municipalidad de Berazategui" (fallos: 337:1024).

7) Educación religiosa en las escuelas públicas de Salta, el caso "Castillo"

Este es el último fallo que citaremos en esta suerte de línea de tiempo de la evolución de la doctrina de los procesos colectivos. Cabe destacar que su alta repercusión, sobre todo en la etapa de trámite ante la Corte Suprema (que terminó por resolver la cuestión el 12 de diciembre de 2017) movilizó el debate sobre el delicado tema de la educación religiosa en las escuelas públicas de nivel primario.

Un grupo de madres junto a la Asociación por los Derechos Civiles (A.D.C.) representada por su director ejecutivo, dedujo acción de amparo colectivo en contra del Estado Provincial –Ministerio de Educación de la Provincia de Salta–, *impugnando la constitucionalidad de los arts. 27 inc. ñ) de la Ley de Educación Provincial y 49 de la Constitución de Salta, de las normas reglamentarias y de las respectivas actividades de los funcionarios escolares*, alegando violación de los derechos constitucionales de libertad de culto, religión y creencias, derecho a la igualdad, a la educación libre de discriminación, a la intimidad y principio de reserva, libertad de conciencia y respeto a las minorías étnicas y religiosas.

La *Ley Provincial de Educación de Salta* nº 7546, (sancionada el 7/11/2015) en su art. 27, dentro de los objetivos de la Educación Primaria, menciona "*brindar enseñanza religiosa, la cual integra los planes de estudio y se imparte dentro de los horarios de clase, atendiendo a la creencia de los padres y tutores quienes deciden sobre la participación de sus hijos o pupilos.* Los contenidos y la habilitación docente requerirán el aval de la respectiva autoridad religiosa" (inciso ñ); a la vez que el *art. 49 de la Constitución de la Provincia de Salta,* al sentar las Bases del Sistema Educacional consagra que "los padres y en su caso los tutores, tienen derecho a que sus hijos o pupilos reciban en la escuela pública la educación religiosa que esté de acuerdo con sus propias convicciones".

7.1) Las instancias locales

7.1.a) Dado que en la provincia de Salta cualquier juez es competente para entender en la acción de amparo, aun cuando integrase un tribunal colegiado (art. 87 de la Constitución Provincial), la demanda se presentó directamente ante un juez de la sala III de la Cámara de Apelaciones en lo Civil y Comercial (Dr. Marcelo Domínguez) quien resolvió los autos "Castillo, Carina Viviana y otros c/Gobierno de la Provincia de Salta y Ministerio de Educación de la Provincia de Salta - Acción de Amparo"[140], en fecha 23 de febrero de 2012.

a) En cuanto a los *aspectos procesales*, el juez:

- Admitió la legitimación de las madres que acreditaron serlo de niños cursantes de la enseñanza primaria, rechazó la del resto que no pudo probar este extremo y aceptó la de la Asociación por los Derechos Civiles.
- Convalidó la vía del amparo colectivo haciéndose eco de la invocación (por la parte actora) del principio *in dubio pro actione*, citando precedentes de la propia Cámara.
- Consideró que se trataba de *una acción de clase* y, en consecuencia, aplicó el precedente "Halabi" para el examen de la representatividad adecuada de los actores legitimados.

b) En cuanto al *fondo*, entendió que los preceptos cuestionados superaban el test de constitucionalidad.

Sin embargo, respecto a las prácticas su criterio fue distinto, pues las reputó discriminatorias y violatorias de la zona de reserva que el art. 19 de la Constitución Nacional, desde que tuvo por probadas (y no rebatidas por la demandada) la existencia de conductas en los colegios públicos tales como el rezo diario, la conmemoración de festividades religiosas, y la permanencia de los alumnos en las clases de religión aún contra la expresa decisión de los padres o tutores.

Como consecuencia de ello, ordenó al Ministerio de Educación de la Provincia cesar en dichas conductas y que adopte las medidas necesarias para adecuar el dictado de la materia Educación Religiosa a los parámetros establecidos en la normativa internacional.

Entre las repercusiones doctrinarias que tuvo el fallo, se dijo que "Castillo" no responde al molde clásico de las *class actions*, dado que existen dos grupos con

[140] Expte. nº 313.763/10, publicado en www.cij.gov.ar; *ED*, 247-51, 2012; *LLNOA*, 2013 (diciembre), 1213.

intereses opuestos: una mayoría de padres que aprueba que a sus hijos se les brinde enseñanza religiosa en las escuelas primarias en la provincia de Salta, y una minoría de padres que se opone a ello. La acción se dirige contra el Estado provincial, e intervienen como terceros algunos interesados en coadyuvar al demandado en la defensa de la inclusión de ese tipo de enseñanza. El fallo se preocupa claramente de esclarecer que los actores representan a una clase y ejercen una representación adecuada de ella, pero nada dice acerca de si ocurre lo mismo con los terceros[141].

Este razonamiento nos aproxima a otra cuestión a analizarse en la parte especial, que es si cabe el ejercicio del derecho de autoexclusión cuando se trata de una declaración de inconstitucionalidad con efecto expansivo en los procesos colectivos.

7.1.b) La sentencia del juez Domínguez fue objeto de recursos de apelación por la Asesora de Incapaces nº 2, la Fiscal de Cámara Civil, Comercial y Laboral, tres actoras junto a la Asociación por los Derechos Civiles (A.D.C.) y el Ministro de Educación de la Provincia. Nuevamente por imperio constitucional (en Salta la reglamentación legal del amparo está vedada por el propio precepto constitucional que la consagra[142]) la cuestión fue a parar al Superior Tribunal local que tiene competencia recursiva en este tipo de acciones (art. 153 III.b de la Constitución Provincial).

Llegado el caso a la *Corte de Justicia local*, la misma se pronunció por la aptitud de postulación procesal de las progenitoras de los alumnos en cuestión.

En lo concerniente a la Asociación por los Derechos Civiles, de conformidad con lo dispuesto en el artículo 43 de la Constitución Nacional, la Corte entendió que, en atención a su objeto, se encontraba legitimada para demandar en defensa de los derechos de incidencia colectiva.

Respecto al agravio de las actoras, que reiteraron el planteo de inconstitucionalidad del art. 27 inc. ñ de la ley 7546, y requirieron que se impida la enseñanza de la religión católica dentro del horario escolar, señaló que la Constitución Argentina (en su preámbulo y articulado) no es agnóstica ni indiferente a lo religioso, no suspende el juicio acerca de si Dios existe, sino que afirma lo contrario. "Desde luego, ello no implica menoscabo para posición religiosa o filosófica alguna desde que los arts. 14 y 19 reconocen la libertad de culto y la libertad de conciencia, respectivamente".

141 Palazzo, Eugenio Luis, "El difícil aprendizaje de nuevas vías procesales, las tensiones en los derechos y el desconcierto en las fuentes. Acción de clase y enseñanza religiosa", (nota a fallo), *ED*, 247-82, 2012.

142 Art. 87 de la Constitución Provincial, disponible en http://www.infoleg.gob.ar

Declaró que Argentina está jurídicamente estructurada desde su fundación como una nación católica apostólica romana y *la provincia de Salta* –en particular– *tiene una población mayoritariamente católica,* lo que se verifica en sus múltiples manifestaciones culturales y en las exteriorizaciones de su fe (como por ejemplo, la procesión en honor al Señor y la Virgen del Milagro), por lo que "la decisión de no impartir la enseñanza católica en las escuelas públicas perjudicaría, como lo señala la Asesora de Incapaces, a los niños de los sectores carentes de recursos, que no pueden concurrir a una escuela privada o que viven en lugares alejados de los centros urbanos".

Sobre dicha base conceptual, el tribunal coligió que la decisión de requerir a los padres o tutores que manifiesten si desean que sus hijos permanezcan o no en la clase de religión no evidencia la utilización de un método que afecte el derecho a la igualdad ni implica discriminación, como tampoco encontraron irrazonable la separación de los niños entre quienes reciben esa enseñanza y quienes no lo hacen.

Como corolario, resolvió: a) convalidar el criterio del *a quo* en cuanto a la legitimación activa, b) confirmar el rechazo al planteo de inconstitucionalidad de las normas en juego y c) revocar la decisión de prohibir las prácticas religiosas en las escuelas y establecer que las mismas deberán efectuarse durante el horario fijado para la enseñanza de la materia, con orden de que se arbitre *un programa alternativo para quienes no deseen ser instruidos en la religión católica.*

7.2) La instancia ante la Corte Suprema

Luego de convocarse a una audiencia pública informativa, que se realizó con intervalos en virtud del alto grado de participación de terceros y *amicus curiae*, los días 16, 17, 30 y 31 de agosto de 2017, el referido 12 de diciembre del mismo año el tribunal emitió la resolución de fondo, con una mayoría conformada por los Dres. Lorenzetti, Highton de Nolasco y Maqueda, mientras el Dr. Rosatti votó en disidencia parcial. El juez Rosenkrantz no suscribió la sentencia por excusación motivada en que al momento de promoverse la acción de amparo era miembro de la Asociación por los Derechos Civiles, coactora en estas actuaciones.

Voto de la mayoría:

En una primera parte, el voto se remonta al debate de la Convención Constituyente de 1853 de donde surge que el tratamiento que recibió la Iglesia Católica en la Constitución como religión mayoritaria de los habitantes del país no importa que aquella sea establecida como religión de Estado, sino que el término "sostenimiento" debe entenderse limitado al "sostenimiento económico" del culto católico, en el contexto de una posición en todo otro aspecto neutral del Estado frente a las religiones.

Así y con cita de precedentes históricos y judiciales, los jueces concluyeron que el art. 2 de la Constitución Nacional no instituyó al catolicismo como religión oficial. Vincularon ello a la reforma de 1994 (art. 75 inciso 19) y aclararon que más allá de estas posiciones sobre el modo en que los convencionales entendían que debía formularse la norma, todos aludieron al carácter laico de la educación pública como un principio clave para asegurar la promoción de los valores democráticos y la igualdad de oportunidades y posibilidades sin discriminación alguna.

Puntualizaron que el art. 49 de la Constitución salteña replica casi literalmente las normas del derecho internacional de los derechos humanos vigentes al respecto, con el aditamento de que ese derecho debe ser asegurado en el ámbito de la "escuela pública". Y añadieron que luego de la reforma constitucional de 1994 la igualdad debe ser entendida no solo desde el punto de vista del principio de no discriminación, sino también desde una perspectiva estructural que tiene en cuenta al individuo en tanto integrante de un grupo, y en contexto con las políticas públicas y las prácticas que de ellas se derivan. En atención a esto último, postulan que en los casos en los cuales exista una norma neutral que *prima facie* genere un impacto desmedido en los miembros de un grupo, resultará necesario para analizar su constitucionalidad –ante el riesgo de una discriminación a ese grupo–, comprobar la manera en que dicha norma se ha implementado.

De ello siguieron que el inciso ñ del art. 27 de la ley de educación provincial solo es neutral en "apariencia" porque, aunque de su letra (en principio) no surge preferencia de ningún culto respecto de otro, el contexto social en el que se aplica se caracteriza por una preponderancia de la población que profesa la religión católica.

Entonces, ingresando al llano de las pruebas de la causa, expresaron que, conforme a ellas, la aplicación de la norma ha causado *prima facie* un efecto desproporcionado hacia grupos religiosos minoritarios, "salvo, tal vez, respecto de la Iglesia Evangelista, ha quedado claro en la audiencia pública que ningún otro credo que el mayoritario se enseña en las aulas" (considerando 25). A partir de los textos, ilustraciones y ejercicios contenidos en los libros utilizados en las clases de enseñanza religiosa, tuvieron por demostrado que en numerosas escuelas públicas salteñas se adoctrina a los alumnos en el catolicismo; a lo que añadió la presencia de alumnos en el aula durante las clases de catequesis pese a que sus padres, a través del formulario creado por la disposición 45/09 de la Dirección General de Educación Primaria y Educación Inicial, habían exteriorizado su voluntad de que sus hijos no recibieran educación religiosa, o bien manifestado en forma expresa que no profesaban religión alguna.

Por otra parte, meritaron que los usos propios del catolicismo no se efectuaron exclusivamente en el espacio curricular sino que se extendieron a prácticas como los rezos efectuados a diario al comienzo de la jornada escolar y las ocasionales lecturas de pasajes de la *Biblia*, la escritura de oraciones en los cuadernos de los alumnos al inicio de cada día de clases, la bendición de la mesa y el agradecimiento a dios por los alimentos en los desayunos y meriendas, la celebración de festividades patronales, etcétera.

En suma, de las constancias incorporadas a la causa y lo vertido en las audiencias, los magistrados derivaron que dentro del sistema educativo público de la Provincia de Salta *existieron patrones sistemáticos de trato desigualitario hacia grupos religiosos minoritarios y hacia los no creyentes* (considerando 26).

También consideraron agraviante, por violatoria del derecho a la intimidad, la obligación impuesta a los padres por la provincia de Salta (por disposición 45/09) de manifestar, mediante un formulario, su deseo de que sus hijos reciban "educación religiosa" y, en caso afirmativo, en qué creencia, declaración que se archiva en el legajo personal del alumno y forma parte de la documentación institucional; apuntando que "la creencia religiosa es algo privado y la coerción para revelarla genera graves afectaciones de derechos humanos. Este tipo de situaciones es lo que está creando problemas en grandes regiones del mundo y es visible en el derecho comparado".

Por ello, declararon la inconstitucionalidad del inciso ñ del art. 27 de la ley 7546 y de la disposición 45/09 de la Dirección General de Educación Primaria y Educación Inicial de la Provincia de Salta y, en consecuencia, de las prácticas religiosas tal como se han venido desarrollando en las escuelas públicas de la citada provincia.

Empero y sin perjuicio de lo resuelto, en los párrafos finales de la motivación los magistrados expresaron que los principios establecidos no impiden la enseñanza de las religiones como fenómenos socio-culturales, siempre y cuando tal enseñanza sea objetiva y neutral; para lo resulta imprescindible la elaboración de un contenido curricular específico y claro respecto de la neutralidad, que se enfoque en el *encuentro interreligioso* y en el respeto de los laicos como una manera de lograr la paz social en la búsqueda de una unidad en la diversidad.

Disidencia del Dr. Rosatti:

Para efectuar el análisis de compatibilidad de la Constitución Nacional con la norma, el juez partió de una referencia del derecho público provincial comparado, donde las cartas magnas adoptan distintos criterios, que van desde el modelo laico al modelo confesional, pasando por fórmulas como la pampeana, que admite la educación religiosa pero fuera del horario de clase y del plan de estudios.

De este modo, coligió que el modelo adoptado por la Ley de Educación de Salta cabe dentro de lo que llama "margen de apreciación provincial", que no confronta con el art. 5 de la Constitución Nacional (que asigna a las provincias el cometido de garantizar la educación primaria) sino, antes bien, expone una forma de implementar la competencia educativa con atención a las particularidades provinciales, de acuerdo con la ponderación de sus propios constituyentes. Afirma, en consecuencia, que la educación religiosa en las escuelas públicas salteñas, a la luz del contenido que el constituyente local otorgó al principio de "educación integral", impartida dentro del horario "de clase y como parte del plan de estudio", no lesiona los derechos constitucionales a la libertad de religión y de conciencia, a la igualdad y a la intimidad, a condición de no ser obligatoria, coercitiva y/o discriminatoria para quienes no quieran recibirla.

Luego avanzó marcando que es claro que la obligación del estado provincial para garantizar adecuadamente el derecho de padres, tutores, hijos y pupilos en materia de enseñanza religiosa consiste en un "deber de instrumentación", que se ha llevado a cabo con falencias.

En este contexto, mencionó que según se expresara en las audiencias realizadas por ante el tribunal, ciertas prácticas (las mismas señaladas en el voto de mayoría) se habrían mantenido hasta la actualidad, pese a que la autoridad educativa salteña habría hecho saber a los directores de las escuelas públicas –por medio de la circular nº 02/12– lo resuelto en esta causa por el juez de grado en punto al cese de conductas que en las instituciones públicas de educación primaria impusieran prácticas de la religión católica. Lo expuesto constituye, a criterio del judicante, una grave afectación a los derechos constitucionales invocados por la parte actora, por cuanto importan una coacción (en ocasiones directa, en ocasiones indirecta) en la elección de los niños, niñas, padres y representantes legales sobre sus creencias, que está prohibida expresamente por el art. 14 de la Constitución Nacional y los instrumentos internacionales.

En virtud de ello, votó por "declarar la legalidad" de las normas cuya constitucionalidad se hallaba en tela de juicio, "declarar la inconstitucionalidad" de toda práctica que implique prevalencia conceptual de un culto sobre otro y de la obligación de los alumnos de permanecer en el aula durante la clase de religión; exhortando a las autoridades involucradas al cese de todo rito religioso durante la jornada escolar, así como a controlar de manera sistemática el cumplimiento de las pautas allí establecidas.

A nuestro modo de ver, el caso "Castillo" constituye un buen ejemplo de acciones de clase por intereses individuales homogéneos de índole religiosa, pero a diferencia de "Ekmedkjián c/Sofovich" (el otro precedente famoso en nuestro país), acá estuvieron en juego los derechos de las minorías y hubo un concreto planteo de inconstitucionalidad, por lo que fue menester, desde un comienzo, diferenciar las cuestiones normativas de las fácticas.

La lectura del fallo es sin dudas positiva, pues se trata de una decisión coherente con toda una trayectoria de la Corte Suprema en salvaguarda de derechos fundamentales como la igualdad frente a supuestos o amenazas de discriminación, ámbito donde tiene clara historia[143] y donde demuestra sin hesitaciones su perfil progresista; convalidando su rol de baluarte de garantías individuales cuyo pleno ejercicio constituye el presupuesto de una sana convivencia social.

Sigue la línea de lo declarado en la disidencia de Lorenzetti y Argibay en el ya analizado caso "Mujeres por la Vida" en férrea defensa de la autonomía de las personas, lo que luego se convirtió en un sólido "*holding*" en "Arriola", que versa sobre la tenencia de estupefacientes para consumo personal, fallo que más adelante trataremos.

Se deja en pie el art. 49 de la Constitución provincial que, entendemos, supera holgadamente el confronte de constitucionalidad y convencionalidad, punto en que coincidieron las tres instancias intervinientes.

Compartimos también la solución a que se arriba respecto al formulario a llenar por los padres (Disposición 45/09) pero debió advertiste, a mayor abundamiento, que en la propia Constitución de la provincia de Salta se consagra el derecho a *guardar silencio* respecto de las creencias religiosas, cuando en el art. 11, bajo el título "Libertad de Culto. Culto Católico", se dispone que "Nadie puede ser obligado a declarar la religión que profesa".

En cuanto al voto disidente, toma distancia respecto de las potestades provinciales en materia educativa, enmarcando esta perspectiva en lo que llama "margen de apreciación provincial". En cambio, enfoca su celo en las prácticas, que sí censura en el caso por haberse demostrado su carácter coercitivo o segregatorio, exhortando a los poderes y áreas involucradas a su cese y corrección.

143 El caso "Sinsero, Mirta Graciela y otros c/Taldelva S.R.L. y otros s/amparo" (C.S.J.N. 20/5/2014), por ejemplo, pues se acogió el reclamo de una mujer aspirante a ser chofer de colectivo en la ciudad de Salta, en el entendimiento de que había, por parte de las codemandadas, una conducta discriminatoria encubierta.

Llama la atención el contenido del primer punto de la parte resolutiva de este voto que "declara la constitucionalidad" de las disposiciones en cuestión, pues, en rigor, las normas (más cuando una de ellas integra la Constitución Provincial) se presumen y son legítimas y constitucionales, salvo declaración en contrario en un caso judicial. Ergo, es innecesario declarar su constitucionalidad; antes bien, se rechazará el planteo de inconstitucionalidad, es decir, habrá un resultado positivo al test de constitucionalidad, superado el cual, como lógica derivación, se desestima el pedido de invalidación.

Dicho en otros términos, el "estado positivo de constitucionalidad" no amerita una declaración autónoma, dado que es un presupuesto inherente a la vigencia de las normas, hasta que se demuestre lo contrario.

8) La Ley de Interrupción Voluntaria del Embarazo (I.V.E.) en las instancias inferiores

Asistimos a la judicialización de un tema que agrietó a la sociedad y requirió un profundo debate, en dos ocasiones, en el Congreso de la Nación, el segundo robustecido por amplios espacios de escucha a representantes de los sectores sociales más diversos. Hay mucho por analizar en cuanto al fondo, porque se encuentran entramadas una serie de normas nacionales y convencionales que deben interpretarse en conjunto y armoniosamente.

Sin embargo, este asunto, complejísimo a punto tal que aún divide la opinión de sociedades que hace años lo tienen incorporado (caso de los Estados Unidos[144]), ha encontrado, en muchos planteos, un obstáculo en la deficiente legitimación invocada por quienes se atribuyeron la representación de la clase en acciones de inconstitucionalidad contra la ley 27.610. Con todo, la cuestión no ha sido

144 Donde el aborto es legal en todos los Estados desde la sentencia de la Corte Suprema en el caso *Roe v. Wade*, del 22 de enero de 1973, que estableció en un "trimestre" el plazo en el que podía practicarse el aborto, ya que era el periodo a partir del cual el feto podía ser viable, en el sentido de probabilidad de supervivencia fuera del útero. Dicha sentencia prohibió a los distintos Estados cualquier limitación del aborto temprano durante ese plazo, aunque podían imponerse restricciones o prohibiciones absolutas, según los supuestos, una vez superado ese plazo de tres meses.

Casi veinte años después, la sentencia *Planned Parenthood v. Casey* (1992) prohibió los Estados de imponer una "carga indebida" (*undue burden*) antes momento de viabilidad, y después de ese momento aquellos tienen el poder para restringir las interrupciones del embarazo, siempre que la ley contenga excepciones para los embarazos que hagan peligrar la vida o la salud de la mujer, entre otras circunstancias límites.

zanjada definitivamente, pues varios pronunciamientos de instancias inferiores fueron objeto de recurso extraordinario ante el Alto Tribunal, donde tendrán el respectivo trámite previo a su resolución final.

Solo a título de ejemplo mencionaremos el pronunciamiento de la Cámara Federal de Apelaciones de Bahía Blanca, sala I, que en fecha, 22/06/2021, en los autos "Junta Promotora Partido NOS, Provincia de la Pampa c/Estado Nacional - Poder Ejecutivo Nacional s/Acción meramente declarativa de inconstitucionalidad"[145] declaró que no corresponde al Poder Judicial hacer declaraciones generales o en abstracto sobre la constitucionalidad o inconstitucionalidad de las leyes que dicte el Congreso o de los decretos del Poder Ejecutivo Nacional, sino únicamente con relación a su aplicación al hecho o caso contencioso producido.

En torno a la legitimación, entendió que la mera invocación formal de la jerarquía constitucional del derecho a la vida que el accionante invoca *resulta insuficiente para tener por demostrado un interés jurídico preciso que justifique su legitimación activa*, así como también la presencia de un caso concreto que habilite la vía judicial excepcional del control de constitucionalidad de una disposición emanada de los otros dos poderes del Estado, al seguir los procedimientos constitucionales específicamente establecidos a tales fines.

Desde otro costado y en una perspectiva que compartimos, ponderó que el planteo sobre la constitucionalidad y aplicabilidad de la ley 27.610 –interrupción voluntaria del embarazo– no puede ser analizado en abstracto, dado que ello implicaría la intromisión del Poder Judicial a pedido de un partido político en formación, que carece de representantes en el Congreso de la Nación, en una discusión que ya fue suficientemente efectuada y resuelta en el seno de los poderes democráticos.

A lo que agregó que más allá de la admisión de posibles casos colectivos, el art. 43 de la C.N. no supone la recepción lisa y llana de una amplia acción popular que pueda ser formulada por cualquier persona con independencia del derecho, interés o título que esgrima para accionar. Por lo tanto, es un presupuesto esencial de nuestro sistema procesal constitucional que "no se admite una acción que persiga el control de la mera legalidad de una disposición".

En esquema de cuadro, y sin perjuicio de otros fallos de jueces de grado o instancias intermedias, el estado de las resoluciones en este asunto, sobre el que –reiteramos– no hubo aun pronunciamiento de la Corte Suprema, es el siguiente:

145 *La Ley*, 13/07/2021, 15; *SJA* 11/08/2021, 58.

ACCIONES DECLARATIVAS DE INCONSTITUCIONALIDAD I.V.E.			
Tribunal	Causa	Resolución	Fecha
Cámara Federal de Apelaciones de Salta sala II	Fiore Viñuales María Cristina c/Ministerio de Salud de la Nación s/Acción Declarativa meramente declarativa de Inconstitucionalidad	Por mayoría, REVOCA la sentencia del 29 de abril de 2021, en cuanto negó legitimación a los presentantes.	27/08/2021
Juzgado Federal de 1° Instancia de Salta nº 2	Fiore Viñuales María Cristina c/Ministerio de Salud de la Nación s/Acción meramente Declarativa de Inconstitucionalidad	Rechaza por improcedente la acción por carecer los presentantes de legitimación.	29/04/2021
Cámara de Apelaciones en lo Civil, Minas y Laboral nº 1 de San Luis	Negre Liliana Teresita c/ Gobierno de la Provincia de San Luis s/Demanda Declarativa de Amparo	1) Declara la Incompetencia de la justicia provincial. 2) Rechaza la Acción Declarativa de Certeza por falta de legitimación activa de la ex senadora Liliana Teresita de Negre.	06/08/2021 "No fue publicado"
Juzgado de 1° Instancia en lo laboral nº 2 de San Luis	Negre Liliana Teresita c/Gobierno de la Provincia de San Luis s/ Demanda Declarativa de Amparo	Rechaza la defensa de falta de legitimación activa de la Fiscalía. Hace lugar a la Acción declarativa de certeza incoada por Negre.	18/03/2021
Juzgado Federal de Azul 2	Pardal, Silvana Noemí c/ Ministerio de Salud de la Provincia de Bs. As. y otro s/ Amparo ley 16.986	Rechaza *in limine* la acción.	28/07/2021
Cámara Federal de Resistencia	Junta Promotora del Partido NOS-distrito Chaco c/Estado Nacional s/acción declarativa de inconstitucional	Confirma rechazo *in limine* primera instancia legitimación activa.	26/7/2021
Juzgado Federal de Córdoba 1	Asociación, Civil Portal de Belén c/E.N.A. s/Amparo ley 16.986	Rechaza *in limine* la acción.	30/06/2021

Cámara Federal de Bahía Blanca, sala 1	Junta Promotora Partido NOS-provincia de La Pampa c/P.E.N. s/acción meramente declarativa de inconstitucionalidad	Confirma rechazo *in limine* por falta de legitimación activa. Ratificó el fallo de primera instancia del Juzgado Federal de Santa Rosa. Sin ingresar en el fondo del asunto, señaló que el partido NOS de La Pampa, que impulsó la acción, no está legitimado ni tampoco presentó un caso concreto.	22/06/2021
Juzgado de Ejecución Tributaria de Corrientes	Partido Ciudadanos a Gobernar. Distrito Corrientes c/Gobierno de la provincia de Corrientes y Ministerio de Salud Pública de Corrientes s/Amparo	Rechaza *in limine* por inadmisible la acción de amparo.	05/02/2021
Juzgado Federal de 1° Instancia n° 2 de Rosario	Municipalidad de Roldán c/P.E.N. s/acción declarativa de inconstitucionalidad	Rechaza *in limine* la acción de inconstitucionalidad interpuesta por la municipalidad de Roldán. Falta de legitimación activa.	23/02/2021

Para cerrar, más allá de cuál sea el temperamento del Máximo Tribunal, es propicio advertir que un acogimiento del planteo de inconstitucionalidad tendría efecto *erga omnes*, y produciría la verdadera derogación de la Ley I.V.E.; lo que demuestra el nivel de empoderamiento que el efecto de las acciones de clase supone cuando se cuestiona la constitucionalidad de una norma.

9) Nuevamente sobre la integración del Consejo de la Magistratura

Por último, un fallo de estricta actualidad e ineludible mención es "Colegio de Abogados de la Ciudad de Buenos Aires y otro c/E.N. (ley 26.080) dto. 816/99 y otros s/proceso de conocimiento", emitido el 16/12/21[146].

[146] www.cij.gov.ar

El caso fue así: el Colegio de Abogados de la Ciudad de Buenos Aires promovió acción declarativa en la que planteó la inconstitucionalidad de once artículos (1, 3, 5, 6, 8, 10, 14, 15, 21, 22 y 23) de la ley 26.080, con fundamento en que dichas normas no respetaban el equilibrio en la representación exigido por los arts. 114 y 115 de la Constitución Nacional para la integración del Consejo de la Magistratura de la Nación y del Jurado de Enjuiciamiento de Magistrados. Afirmó que el régimen establecido por la ley 26.080 alteró la naturaleza, autonomía funcional e independencia del Consejo de la Magistratura, así como sus competencias institucionales y su funcionalidad.

La jueza de primera instancia rechazó la acción, con apoyo en la autoridad del precedente "Monner Sans" (fallos: 337:166), el que –en su opinión– habría resuelto en sentido negativo a las pretensiones de la demandante a la cuestión constitucional del equilibrio en la composición del Consejo. Esta decisión fue apelada por la actora.

A su turno, la sala II de la Cámara Nacional de Apelaciones en lo Contencioso Administrativo Federal revocó la sentencia de primera instancia, hizo parcialmente lugar a la acción planteada y declaró la inconstitucionalidad del art. 1° de la ley 26.080, en cuanto dispone una composición del Consejo que vulnera el equilibrio exigido por el art. 114 de la Constitución Nacional. En cambio, rechazó los planteos relativos al Jurado de Enjuiciamiento de Magistrados y a las restantes normas de la ley 26.080 cuestionadas en la demanda.

Contra esa decisión el Estado nacional –a través del Ministerio de Justicia y Derechos Humanos de la Nación–, el Senado y la Cámara de Diputados de la Nación interpusieron sendos recursos extraordinarios, los que fueron concedidos por la Cámara en razón de estar en juego el alcance y la validez de normas federales.

Llegado el caso al Máximo Tribunal, el fallo fue unánime en cuanto al asunto de fondo, convalidando la declarada inconstitucionalidad de la disposición contenida en ley 26.080 que redujo de 20 a 13 miembros la integración del Consejo de la Magistratura, en la inteligencia de que no respeta el "equilibrio" que manda el art. 114, que permite, "en la praxis", un predominio del estamento político reprobable en el diseño del constituyente. Empero, hubo una disidencia importante en cuanto a la implementación, la que al momento de finalizar la escritura de esta obra no ha concluido.

Repasaremos los tramos sobresalientes del fallo, con foco en la cuestión de los efectos.

Dijo la mayoría, integrada por Rosatti, Rosenkrantz y Maqueda, que cualquiera que fuera la opinión que en abstracto se tuviera sobre la conveniencia de la arquitectura institucional del Consejo, es claro que ella no respeta el mandato constitucional de procurar una integración equilibrada entre los representantes de los distintos sectores que el constituyente creyó necesario integrarlo. Tampoco contribuye a despolitizar parcialmente el proceso de designación y remoción de jueces ni a aumentar el umbral de garantía de independencia judicial, objetivos expresamente perseguidos por los constituyentes de 1994 mediante la creación del Consejo de la Magistratura y que se ven frustrados por las normas analizadas (consid. 14 último párrafo). "Lo expuesto hasta aquí es suficiente para declarar la inconstitucionalidad del sistema de integración, quorum y mayoría previsto en los arts. 1° y 5° de la ley 26.080. Asimismo, y por necesaria implicancia de la invalidez de dicho sistema, resultan inaplicables los arts. 7°, inc. 3°, de la ley 24.937 (texto según ley 26.855), 6° y 8° de la ley 26.080, así como todas las modificaciones efectuadas al sistema de mayorías previsto en la ley 24.937".

Ya enfocados en los efectos, insoslayable en una cuestión de transcendencia institucional como la que aquí se ventila, los magistrados precisaron, en el considerando 17, con cita de los precedentes Rosza, Rizzo y Uriarte, que "decisiones con las repercusiones de la presente no pueden dictarse desatendiendo las consecuencias que, de modo inmediato, derivarán de ella. Ello exige que el tribunal, en cumplimiento de su deber constitucional de adoptar las medidas apropiadas para evitar el caos institucional o la eventual paralización del funcionamiento del Consejo de la Magistratura, brinde una respuesta como cabeza del Poder Judicial de la Nación en la que se establezcan pautas claras y concretas acerca de la manera en que los efectos de su pronunciamiento operarán en el futuro".

"En tales condiciones, atento a la inconstitucionalidad e inaplicabilidad dispuestas, se establecerá un remedio efectivo para la violación constitucional constatada que concilie, por un lado, la necesidad de respetar las atribuciones del Congreso de la Nación y, por el otro, el deber de propender a la integración y funcionamiento del Consejo en el menor tiempo posible y garantizando la seguridad jurídica. Es por ello que en el presente caso se dispondrá un remedio de igual naturaleza al establecido en el citado precedente –Rizzo– referido también a la integración del Consejo de la Magistratura, consistente en que en los puntos regidos por las normas declaradas inconstitucionales e inaplicables recobre vigencia el régimen legal anterior (fallos: 336:760, considerando 42)".

Disidencia parcial de Lorenzetti

En cuanto al mérito sustantivo, en abono de su coincidencia con la mayoría, sostiene que el funcionamiento concreto del Consejo de la Magistratura durante dieciséis años ha mostrado un claro desbalance, quebrando la regla de *no predominio*, lo que funda la necesidad de declarar la inconstitucionalidad de esta ley. Y "si bien el Consejo de la Magistratura ha mostrado diferentes composiciones y muchos esfuerzos personales de los consejeros, el diseño institucional ha conspirado para que esos propósitos finalmente se frustren. Ha quedado demostrado que durante ese período hubo una falta de cobertura de cargos importantes por falta de acuerdos que se ha mantenido invariable. Han sido públicas las disputas políticas que originaron esta parálisis con gran desmedro del funcionamiento del Poder Judicial" (considerando 13).

De ello deriva, al igual que la mayoría, que la ley debe ser declarada inconstitucional, porque hay una "demostración concluyente" de que a lo largo de *dieciséis años* de vigencia se ha quebrado la apuntada regla y surgieron falencias que ponen seriamente en riesgo la independencia del Poder Judicial. Sin embargo, aclara que esta declaración tiene efectos muy relevantes que deben ser cuidadosamente considerados, con consideración de:

- que es una ley con los marcados años de vigencia y su descalificación proviene de ese ejercicio concreto;
- que ha sido declarada constitucional por esta Corte en la causa "Monner Sans" que, si bien se refiere a otros aspectos, ha generado expectativas sobre su continuidad;
- que el Poder Ejecutivo y el Congreso tienen proyectos para corregir esa situación;
- que es necesario fijar pautas para evitar la afectación en la continuidad de la correcta administración de justicia.

En paralelo, repara que desde el plano procesal la parte actora no pidió la restitución de la vigencia de la ley anterior, con lo cual, al haberlo dispuesto, los camaristas incurrieron en un exceso de jurisdicción.

Se trata de una observación acertada y que va en línea con el planteo del fiscal de Cámara, que justamente había cuestionado en este recurso la decisión de restituir una ley derogada, en el entendimiento de que ello violaba la división de poderes y las facultades del Congreso.

Y en el sexto párrafo de este considerando 15, enfatiza que, en nuestro sistema jurídico, la declaración de inconstitucionalidad se refiere a un caso, y no tiene efectos generales o "*erga omnes*" ("Thomas" fallos: 333:1023, consid. 7). Por lo tanto, podría haber otro caso u otro tribunal que estableciera otra doctrina, si aporta nuevos hechos o nuevos fundamentos.

En tal supuesto se encontraría con una situación anómala de dos leyes vigentes. Más aún, observa, cuando la Corte descalifica una ley "para todos los casos", se encarga de puntualizar que lo hace solo "para el futuro" (fallos: 319:3148, considerando 34). "De modo que la declaración de inconstitucionalidad tiene efectos para el futuro y no los retrotrae".

En cambio, continúa Lorenzetti, "la sentencia en recurso pareciera darle los efectos de la nulidad, que retrotrae las cosas al mismo estado en que se hallaban antes del acto declarado nulo, lo cual es, claramente, un supuesto distinto. También cabe distinguir la inconstitucionalidad de la inaplicabilidad. Es lo que ocurrió en el caso "Rizzo" citado, en el que se trató de una sentencia casi contemporánea con la C.A.F. 29053/2006/CA1-CS1, Colegio de Abogados de la Ciudad de Buenos Aires y otro c/E.N., ley 26.080, dto. 816/99 y otros s/proceso de conocimiento, Corte Suprema de Justicia de la Nación, 47, reforma, y no como en este caso, que lleva dieciséis años de vigencia. Por eso se declaró la "inaplicabilidad" y luego la "inconstitucionalidad".

Y precisa que, *en ese Rizzo (2013)*, la reforma no llegó a aplicarse, y por eso cobró vigencia la ley anterior, lo que no ocurrió en este nuevo caso.

"Ningún tribunal, ni la propia Corte Suprema puede legítimamente declarar inaplicable una ley que ha sido derogada hace dieciséis años sin afectar seriamente la seguridad jurídica. Por otra parte, la restitución de la ley anterior hasta que el Congreso dicte una nueva podría generar un caos, porque de 13 miembros pasa a 20 y luego a 17 (según el proyecto adjuntado a la causa). La Cámara restituye la ley anterior en su totalidad e incluye lo que no fue materia de agravio, lo que excede su competencia, ya que los jueces no son legisladores. La restitución de la ley anterior en aspectos que no han sido materia de agravio implica arrogarse funciones legislativas, algo absolutamente incompatible con la función judicial", asevera.

Y compara que "en otros casos" esta Corte declaró la inconstitucionalidad de ciertas normas, pero no decidió poner en vigencia la anterior ley derogada, y no se referían a temas institucionales. Se trata de los precedentes "Monges, Analía M. c/ Universidad de Buenos Aires" 26/12/1996 (sobre el Ciclo Básico Común –C.B.C.– para la carrera de medicina de la U.B.A., ya citado y analizado en esta obra) y "Famyl S.A. c/Estado nacional" (donde se discutía la falta de unidad normativa en la promulgación parcial de la ley 25.063 por el decreto 1517/98), del 29/08/200.

En este último se dijo que "Si bien el proceso de formación y sanción de las leyes resulta ajeno a las facultades jurisdiccionales de los tribunales, por constituir una atribución propia de los dos poderes constitucionalmente encargados de ello, cabe hacer excepción cuando se ha demostrado fehacientemente la falta de concurrencia de los requisitos mínimos e indispensables que condicionan la creación de la ley".

Y las razones de esta decisión de no acompañar la puesta en vigencia "interregno" de la ley 24.937, para Lorenzetti, radica en: a) que esa ley tiene 16 años de vigencia (punto sobre el cual insiste); b) que no se han registrado antecedentes similares ni en el derecho estadounidense, de donde –como sabemos de sobra a esta altura– importamos el modelo difuso de control de constitucionalidad; 3) que en concreto, la aplicación del régimen intermedio sería engorrosa, porque el Consejo debiera pasar de 13 miembros a 20, cuando se acompañó a la causa un proyecto del Poder Ejecutivo que establece el número de integrantes en 17. "Entonces es avanzar para luego retroceder"; 4) que encargarle al Congreso resolver el problema de la falta de equilibrio del Consejo es la respuesta que más se aviene con la división de poderes; 5) que la Cámara de Apelaciones, al revivir la ley anterior, resolvió más allá de lo pedido por el Colegio de Abogados, que no se animó a tanto; 6) que mandar la vigencia de la norma anterior, implica "congelar" los efectos de la ley 26.080, volver las cosas al estado anterior al momento en que se produce el hecho (en este caso legislativo) pulverizado, lo que equivale a los efectos de la nulidad. Y la inconstitucionalidad, por definición, carece de esa secuela, termina asegurando.

Bajo estos argumentos Lorenzetti construye su diversa perspectiva en relación a la transición entre el régimen invalidado y el futuro que manda a elaborar al Congreso. Entonces, apartándose del voto mayoritario, en vez de propiciar el renacimiento de la ley anterior derogada, opta por conferir el plazo de un año para que el Legislativo lo resuelva, *en ejercicio de facultades inherentes.*

> Indiscutida la necesidad de celar rigurosamente el equilibrio en la conformación del Consejo de la Magistratura, no puede escapar a un balance general del fallo, que la ley 26.080 dispuso que "sustituye" el art. 2° de la ley 24.937, lo que significa que la derogó, motivo por el cual la suplantó, y rigió durante un prolongado período de 16 años.
>
> Y acá se encienden las alarmas, porque entonces con este fallo, que vuelve a aplicar el régimen viejo, el Poder Judicial, *en su más jerárquica versión, pero con el voto de tres miembros*, decide poner en vigencia una ley que explícitamente los legisladores (diputados y senadores elegidos por el voto popular) dejaron sin efecto.
>
> Y desde otro ángulo, la solución rompe el principio del paralelismo de las competencias, conforme al cual debe ser el autor de una norma o de un acto –en el caso, en ejercicio de la competencia

constitucionalmente asignada– quien, de estimarlo pertinente, restablezca la vigencia de la norma que derogó.

No desconocemos que en Rizzo 2013 la Corte invalidó el régimen de "acceso democrático" a los consejeros de la magistratura (ley 26.855) *mandando la vigencia de la ley que aquel había cambiado, pero allí el contexto no dejaba otra alternativa*, ya que la regulación invalidada acoplaba la elección de los miembros del Consejo de la Magistratura al cronograma electoral entonces inminente para la elección de diputados y senadores nacionales. Tal fue la situación de apremio con los tiempos, que la Corte se avocó a conocer del caso vía *per saltum*.

Además, el microsistema anterior (conformado por las leyes 24.937 y sus modificatorias 24.939 y 26.080), en rigor, nunca había dejado de regir; o, dicho de otro modo, la ley 26.855 nunca llegó a aplicarse.

iii) Intentos regulatorios

iii.a) Proyecto Legislativo anterior a 2009

El primer proyecto legislativo que encontramos sobre la materia fue presentado en el año 2007 por el entonces diputado Nacional Juan Manuel Urtubey.

El texto se compone de 16 disposiciones que, en su primera parte comulgan con los lineamientos básicos de "Halabi" en cuanto a los requisitos para la configuración de una acción de clase, aunque le falta la alusión a una causa común de afectación, fáctica o jurídica, lo que es aplicable tanto para el caso de los intereses individuales homogéneos que recaen sobre objetos divisibles como para los derechos colectivos asentados en bienes indivisibles.

Luego, el art. 2° efectúa una completa mención de los recaudos de admisibilidad de la acción, donde se hace foco en el predominio del aspecto colectivo por sobre las expectativas particulares y que "la acción de clase sea superior a cualquier otro método para la solución justa y eficiente de la controversia". Es lo que el Tribunal Cimero en "Halabi" caracteriza como tercer elemento, al decir que "es exigible que el interés individual, considerado aisladamente, no justifique la promoción de la demanda, con lo cual podría verse afectado al acceso a la justicia".

Luego, a partir del art. 4° se regulan diversos aspectos vinculados con el trámite de las acciones de clase y se dispone que se cursen por proceso ordinario. Urtubey capta la relación entre esta vía y el procedimiento constitucional por excelencia que es la acción de amparo, expresando que "cuando se trate de acciones que debieran tramitar por vía de amparo los jueces arbitrarán los medios de esta ley a la naturaleza sumaria de los trámites procesales".

Merece destacarse, en cuanto a la comunicación de las acciones de clase, que se prevé que el tribunal podrá ordenar la publicación de sus decisiones por el medio que considere más apropiado para el conocimiento de todos o algunos integrantes de la clase; "estas comunicaciones podrán plantear la posibilidad de que los miembros indiquen si la representación procesal que tienen es la que consideran adecuada, o si quisieran presentar pretensiones o defensas, o cualquier otra participación dentro del proceso" (artículo 8°).

Se añade en esta misma norma la alternativa del "*opt out*", al decir que las personas que aunque pertenezcan a la clase no deseen participar de este proceso judicial deberán expresarlo por escrito, en cualquier momento del proceso previo a la sentencia.

El tribunal podrá disponer que una clase de personas sea dividida en subclases y, en estos casos, cada subclase deberá ser considerara como una clase separada de las demás a los efectos del proceso.

Recordemos que el modelo colombiano y en el C.M.P.C.I. también permiten al juez dividir el grupo en subgrupos para establecer y distribuir la indemnización, cuando lo considere conveniente por razones de equidad.

El art. 11 tiene el mérito de incorporar una figura que luego, el 1° de octubre de 2014, cristalizó en la Acordada n° 32 de la Corte Suprema de Justicia de la Nación (sobre el que volveremos en la parte Especial), que es el "*Registro de acciones de clase*". Se manda a registrar en él todos los procesos iniciados a los que se asigne el trámite de acciones de clase. Se deben anotar como datos mínimos: la identificación de las personas que iniciaron el proceso, la descripción de las características de la clase, la identificación del demandado, el objeto del proceso, los nombres de los letrados que representan a la clase y sus domicilios procesales.

Se cierra el articulado con la consagración del *efecto erga omnes* de la sentencia que pone fin al proceso colectivo, en los siguientes términos: "Los efectos de la sentencia serán oponibles a todos los miembros de la clase, con la sola excepción de aquellos que hubieran solicitado oportunamente su exclusión del proceso".

La previsión es acertada pero quizás incompleta en miras de las soluciones más ricas adoptadas en el derecho comparado y en la propia Ley General del Ambiente 25.675/02 ya vigente al momento de la elaboración del proyecto, donde se tamiza la expansividad de la cosa juzgada de modo que beneficie y no perjudique a la clase.

El proyecto, que a esta altura obviamente perdió estado parlamentario, fue reflotado por el diputado santafecino Oscar Ariel Martínez, con idéntica redacción y contenido (trámite Parlamentario 161 30/11/2015).

iii.b) Proyectos ingresados después del fallo "Halabi"

Con posterioridad al dictado del fallo "Halabi" se introdujeron en el Congreso de la Nación siete proyectos de ley tendientes a regular un sistema procesal colectivo para la República Argentina, correspondientes a: 1) los diputados por Salta José Vilariño, Osvaldo Salum, y María Inés Diez (trámite parlamentario 7/05/2009); 2) el senador neuquino Horacio Lores (trámite parlamentario 22/07/2009); 3) el diputado salteño Fernando Yarade (trámite parlamentario 18/08/2010); 4) la senadora formoseña Adriana Raquel Bortolozzi (trámite parlamentario 12/10/2010); 5) la senadora por San Luis Liliana T. Negre de Alonso (trámite parlamentario 20/05/2011); 6) la diputada chaqueña Graciela Camaño (trámite parlamentario 12/08/2011) y, por último, 7) el recién referido proyecto de Oscar Ariel Martínez del año 2015, que es copia textual del proyecto Urtubey 2007.

Francisco Verbic, en una concisa apreciación sobre estos proyectos[147], destaca que la mayoría toma como principal modelo de referencia el sistema estadounidense de las acciones de clase establecido en la Federal Rule 23 y que, en ciertos casos, incluso, prácticamente reproducen (en todo o en parte) proyectos que ya habían sido introducidos en el Congreso años atrás, lo que apuntamos en la introducción.

Para el autor, en líneas generales, "y salvo alguna excepción que refleja un trabajo previo y meditado de adaptación, los proyectos merecen dos críticas generales: (i) están lejos de configurar un trasplante responsable del mecanismo de acciones de clase estadounidense a nuestro país; (ii) se encuentran igualmente lejos de enfrentar la problemática desde una perspectiva de sistema, dejando muchos aspectos críticos del proceso al azar o bien aislados con relación a otros con los cuales guardan estricta relación".

Ante todo, la crítica de Verbic nos resulta un tanto rigurosa, pues un proyecto de ley debe ser entendido como un bosquejo para instalar la discusión de un tema en el Congreso, que en su trabajo en comisiones puede consultar expertos, formular correcciones y agregados, haciéndose lo propio luego en el seno de ambas cámaras hasta que el texto quede pulido.

[147] "Proyectos de Ley sobre Acciones de Clase y Procesos Colectivos en el Congreso de la Nación", publicación *online* del 24/09/2011; disponible en http://class actionsargentina.com/2011/09/24/

Debemos mencionar, por otro lado, que la Comisión de Derecho Privado creada en el ámbito del Ministerio de Derechos Humanos y Justicia de la Nación, mediante el Proyecto *Justicia 2020*, ha estudiado y debatido (con talleres en distintas provincias) sobre los procesos colectivos en orden a proyectar una norma sobre la materia.

a) Certificación de la clase

La certificación por el magistrado competente es la primera de una serie de pasos procesales ajenos a las demandas individuales y que resulta clave, ya que el juez realiza un control de admisibilidad de la acción incoada con el fin de corroborar si se cumplen los requisitos que establece la reglamentación de la acción de clase.

Así, tiene como misión refrendar la clase a la que dice representar el accionante, como también delimitar con precisión el objeto del proceso. Este control, que normalmente es solicitado por aquél, es en realidad un deber del magistrado interviniente, que lo debe hacer de oficio a los fines de su admisión o rechazo *in limine*; o en todo caso la readecuación de la pretensión en un marco distinto al proceso colectivo.

Se trata de un paso procesal que, *en cuanto define los contornos del conflicto y de los sujetos en él involucrados, permite distinguir esencialmente las acciones de clase respecto de la acción popular*. Mientras en esta, cualquier ciudadano, sin acreditar interés diferenciado y aun en soledad, excita la jurisdicción; en el litigio colectivo se requiere la comprobación de interés emergente de una causa fáctica o jurídica común al círculo de personas que se presenta. La pretensión debe afincar en ese elemento aglutinante. Asimismo, y esto es fundamental, permite expandir los efectos del resolutorio respecto de aquellos, e incluso distinguir subclases. Todas o algunas de estas pueden ser irradiadas por la sentencia.

Por estas razones, todas las propuestas legislativas han abordado el tema, aunque de distinta manera, y la mayoría junto con la previsión de admisibilidad de la demanda, aunque sin llamarlo certificación.

Solo los proyectos de *Yarade* y *Camaño* emplean este término específico; el primero en el art. 15, tercer párrafo, cuando expresa que "la decisión que declare admisible la acción de clase se denominará certificación y deberá precisar quiénes se encuentran comprendidos en ella y cuál es la cuestión que deberá ser resuelta en la sentencia. Esta decisión es apelable". Luego estipula que "la publicación de la certificación produce la suspensión del trámite de los juicios individuales pendientes por los mismos hechos y objeto en los cuales se funda la acción de clase, y su radicación en el juzgado de la acción de clase. Los actores en dichos juicios pueden optar por incluirse de los efectos de la acción de clase y, en este caso, el juicio individual se acumulará a la acción de clase y continuará su trámite ante el mismo juzgado donde ella tramita. Solo podrán deducir nuevas acciones individuales con el mismo objeto que la acción de clase los miembros que hubieran optado por excluirse de la acción de clase. La comunicación pública de la acción de clase no interrumpe el plazo de prescripción de las acciones individuales relacionadas con la pretensión ejercida en la acción de clase" (art. 20).

Por su parte, el proyecto de la diputada chaqueña refiere a ello en el art. 9, donde establece que "en la providencia que declare la admisibilidad de una acción de clase, el tribunal deberá incluir una descripción de las características de las personas a las que considera como pertenecientes a ella. Una vez que el juez haya *certificado* la clase, se considerarán incorporadas a ella todas las personas que haya descripto como pertenecientes al grupo".

b) Sentencia

Los proyectos "*Vilariño*" y "*Camaño*" consagran el efecto extensivo de las sentencias, pero nada dicen de su contenido, y exigen que contenga la descripción de los miembros que estarían comprendidos en la clase (y, por tanto, serían alcanzados por ella), así como la mención de las personas que hubieran ejercido expresamente el derecho de autoexclusión.

El "*Proyecto Lores*", en su art. 11, declara que la sentencia, sea favorable o no con respecto a la clase, incluirá y describirá a aquellos a los que el tribunal considere miembros de la clase. "El Juez procurará que los contenidos dispositivos de la sentencia faciliten su ejecución teniendo en cuenta en particular, en su caso, los beneficios de las prestaciones que deban cumplirse y su eventual indeterminación". Como se ve, hay una directiva general enfocada a facilitar la ejecución del fallo, lo que se completa en el artículo siguiente, que faculta al juez, cuando resulte adecuado, a subdividir la clase en subclases.

El "*Proyecto Yarade*" es uno de los más completos en la materia, ocupándose en detalle del cumplimiento de la sentencia con contenido patrimonial mediante la concreción de pautas al respecto, así como en relación a la distribución de las costas.

En cuanto a los efectos, la sentencia los producirá con relación a los miembros de la clase, ya sea que la decisión haga lugar a la demanda o la rechace en forma total o parcial, con la sola excepción de aquellos miembros de la clase que hubieran solicitado oportunamente su exclusión del proceso. Vale aquí lo ya dicho respecto a que la tendencia actual es establecer no solo un límite subjetivo basado en el derecho de defensa de los no intervinientes, sino también objetivo, para la pervivencia del reclamo sustantivo no obstante su fracaso procesal.

Entre las demás propuestas, el "*Proyecto Bortolozzi*" nada dice; mientras que el de la senadora *Negre de Alonso* dispone la expansión *erga omnes*, al seguir para ello el ejemplo del Código Brasilero de Defensa del Consumidor y del Código Modelo de Procesos Colectivos para Iberoamérica en cuanto establecen una expansividad para beneficiar y no para perjudicar, al conferir una segunda oportunidad para casos de fracaso por falta de prueba.

c) Adhesión de las provincias

Para finalizar esta referencia a los esbozos legislativos, no podemos dejar de mencionar que algunos, caso del "*Proyecto Lores*" (art. 14) y el "*Proyecto Yarade*" (art. 23) clausuran su articulado con una invitación a las provincias, no necesariamente a adherir al régimen, sino a regular al respecto. Con esto se pone de manifiesto un problema no menor que los demás proyectos soslayan: la naturaleza de la potencial norma regulatoria y, por ende, la competencia legislativa respectiva.

Consideramos, por nuestra parte, que la regulación de la acción de clase es una ley de forma, y por ende queda comprendida dentro de las atribuciones de las provincias, conforme se desprende del art. 75 inc. 22 que confiere al Congreso de la Nación competencia para regular los códigos de fondo, reservando a aquellas la potestad de regular las normas procesales, como poderes preservados (art. 121 C.N.).

Así entonces, para que una única norma pueda aplicarse en todas las provincias se necesitará la adhesión de todas ellas o su inclusión en el Código Procesal Civil de la Nación, en cuyo caso solo regirán sobre los procedimientos ventilados en la justicia federal, sea por las partes o por el territorio. Claro que siempre queda la opción de que las legislaturas provinciales emulen el texto constitucional.

iii.c) Proyectos de modificación a la Ley de Amparo y a la L.G.A.

a) En cuanto a la *acción de amparo*, merece destacarse el proyecto presentado por los legisladores Gil Lavedra, Tunessi, Ferrari, Bullrich, Alfonsín, Carranza,

Bertol, Camaño, Favario y Martínez, con trámite parlamentario del 11/05/2011 (n° de expediente 2540-D-2011).

El mismo contiene un capítulo enteramente dedicado al amparo colectivo, que principia con el art. 23, sobre "Relación entre las acciones colectivas y las individuales", conforme al cual "la acción colectiva no genera litispendencia respecto de las acciones individuales. Los efectos de la cosa juzgada colectiva no benefician a los actores de los amparos individuales si no hubieren requerido la suspensión del proceso individual en el plazo de diez (10) días desde el conocimiento efectivo del proceso colectivo". Esta previsión está en sintonía con el "Proyecto Yarade" analizado en el punto anterior, en cuanto procura dejar abierta la puerta al demandante particular para que se sume al planteo colectivo, a condición de que renuncie a su propio litigio, lo cual es lógico.

El art. 24 plasma la ya aludida tendencia en la materia, cual es la creación de un Registro Público de Amparos Colectivos, en el ámbito del Consejo de la Magistratura (suponemos que de la Nación, el que deberá organizarlo y reglamentarlo) en el que se deben consignar los procesos de dicha naturaleza indicando su objeto, radicación, partes y letrados intervinientes, medidas cautelares dispuestas, los acuerdos homologados y las sentencias dictadas; previéndose que será público y de consulta libre y gratuita.

El art. 25 dispone que, interpuesta la demanda, las acciones deben ser *registradas* por orden del juez en el Registro Público de Amparos Colectivos, que debe informar en el plazo de veinticuatro (24) horas de la existencia de otras acciones que tengan un objeto equivalente o estén referidas al mismo grupo, o cuando la cuestión a debate pueda dar lugar a sentencias contradictorias. En caso de que del informe surgiere la existencia de otros juicios, se lo remitirá al juzgado que previno; y "en caso que la accionada durante el transcurso del proceso denunciara la existencia de un amparo colectivo con el mismo alcance, el juez debe requerir el expediente a efectos de resolver lo que corresponda en materia de competencia". Asimismo, se dispone que "el registro debe ordenar la publicidad del amparo por un plazo de al menos tres (3) días a través de edictos, radio, televisión y cualquier otro medio gratuito que estimare conveniente" (art. 26). No solo debe registrarse el contenido del fallo, sino también la existencia y tenor, en su caso, de las medidas cautelares que se hubieran dispuesto, como del acuerdo conciliatorio a que se hubiere arribado.

En lo que respecta a los *efectos de la sentencia*, se estipula que alcanza a todo el grupo afectado y es oponible al vencido en beneficio de quienes, a pesar de no haber intervenido personalmente en el juicio, comparten la situación jurídica o de hecho con los que interpusieron la acción (art. 28).

Cualquier miembro del grupo afectado por la sentencia puede requerir su ejecución (art. 29), lo que debe concatenarse con el carácter propio de los fallos en procesos de amparo, en cuanto solo revisten autoridad de cosa juzgada formal, mas no material, pues quedan en pie las acciones que pudieran corresponder a cualquiera de las partes para la defensa de sus derechos. Esto, que aparece regulado en el art. 18 del proyecto, no es más que la reiteración del art. 13 de la añosa ley 16.986 de 1966[148], que, como se dijo, sigue vigente en lo que no ha sido derogada por el art. 43 de la Constitución Nacional (reforma de 1994).

Finalmente, según esta propuesta, la sentencia recaída en el amparo colectivo no obsta a la presentación de acciones de amparo individuales sobre el mismo objeto, por los legitimados que no intervinieron personalmente en el proceso colectivo, siempre que aporten nuevas pruebas en defensa de sus derechos.

b) Proyecto de modificación a los arts. 30 y 33 de la L.G.A.

En el año 2009 el diputado nacional Alfredo Carlos Dato presentó esta iniciativa, muy semejante a la de Gómez Diez y Saltavori (2007), cuyo trámite parlamentario ingresó el 16/04/2009, bajo n° de expediente 1700-D-2009.

En concreto, el legislador plantea cambiar la redacción vigente de la norma aludida, por este texto: "Producido el daño ambiental colectivo, tendrán legitimación para obtener la recomposición del ambiente dañado el afectado, el defensor del Pueblo y las asociaciones no gubernamentales de defensa ambiental, conforme lo prevé el artículo 43 de la Constitución Nacional y el Estado nacional, provincial o municipal; asimismo, quedará legitimado para la acción de recomposición o de indemnización pertinente, la persona directamente damnificada por el hecho dañoso acaecido en su jurisdicción".

Hasta allí nada nuevo, lo que llega en la previsión de que los mencionados legitimados "podrán asimismo demandar colectivamente la reparación de los perjuicios individuales homogéneos sufridos a consecuencia del daño ambiental".

148 Que preceptúa, "la sentencia firme declarativa de la existencia o inexistencia de la lesión, restricción, alteración o amenaza arbitraria o manifiestamente ilegal de un derecho o garantía constitucional hace cosa juzgada respecto del amparo, dejando subsistente el ejercicio de las acciones o recursos que puedan corresponder a las partes, con independencia del amparo".

Se trata de la inclusión de una nueva categoría de legitimados y un nuevo objeto de litigio en el texto de la L.G.A., que por la época de su sanción (año 2002) fue ajena a los avances doctrinarios y sobre todo jurisprudenciales (recogidos en "Halabi") en la materia.

Luego reproduce el actual texto del art. 30 en cuanto dispone que "deducida demanda de daño ambiental colectivo por alguno de los titulares señalados, no podrán interponerla los restantes, lo que no obsta a su derecho a intervenir como terceros. Sin perjuicio de lo indicado precedentemente toda persona podrá solicitar, mediante acción de amparo, la cesación de las actividades generadoras de daño ambiental colectivo"; con lo cual se reitera la consagración del amparo ambiental como una especie de la figura madre del art. 43 C.N., de *legitimación irrestricta* (cualquier persona puede interponerlo), *objeto único* (hacer cesar la actividad lesiva) *y eficacia reparadora* (no preventiva ya que no actúa frente al riesgo sino cuando la actividad ya está en curso).

Sentado ello, el proyecto vuelve a innovar cuando asevera que "para el reconocimiento de la legitimación en los procesos en los que se tutelen derechos de incidencia colectiva, se exigirá que el legitimado cuente con aptitudes suficientes para garantizar una adecuada defensa de dichos intereses. Entre otros parámetros, el juez podrá tener en cuenta: a) la capacidad, competencia, prestigio y experiencia del legitimado; b) sus antecedentes en la protección judicial y extrajudicial de los intereses o derechos de los miembros del grupo, categoría o clase; c) la coincidencia entre los intereses de los miembros del grupo, categoría o clase y el objeto de la demanda. El juez se pronunciará sobre la representatividad adecuada en la primera providencia, mediante resolución que no causará estado. En caso de que el juez verifique la inexistencia de este requisito notificará de oficio al defensor del Pueblo y, en la medida de lo posible, a otros legitimados adecuados para el caso, a fin de que asuman –en el último caso voluntariamente– la titularidad de la acción".

De este modo, se confirman aspectos importantes referidos por la doctrina especializada, por el Código Modelo de Procesos Colectivos para Iberoamérica y en los proyectos "post-Halabi" brevemente analizados.

La idoneidad de la representación es además (como se vio) un clásico filtro en el sistema estadounidense; y aunque a nivel nacional hay algunos cuestionamientos sobre su procedencia dado que es ajeno a nuestra cultura jurídica, puede justificarse en atención a la dimensión plurisubjetiva de los procesos colectivos, en que se debaten cuestiones que exceden un interés particular.

Asimismo, se propone como art. 30 bis que "para la admisibilidad de los procesos iniciados en los términos del 2° párrafo del artículo anterior será requisito necesario que el enjuiciamiento concentrado del conflicto constituya una vía más eficiente y funcional que el trámite individual, para lo cual el juez tendrá en consideración elementos como el predominio de las cuestiones comunes sobre las particulares, o la imposibilidad o grave dificultad de constituir un litisconsorcio entre los afectados. En la primera providencia, el juez se pronunciará sobre el cumplimiento, *prima facie*, de los recaudos de admisibilidad de esta clase de procesos colectivos. En caso de desestimación *in limine* de la pretensión colectiva, la resolución será apelable".

En cuanto a la *ejecución de la sentencia*, el proyecto habilita que cuando la misma acoja el planteo colectivo en forma genérica, cada uno de los damnificados pueda promover la liquidación y ejecución individual en la medida de su afectación; añadiéndose que "si en la sentencia se hubieran podido determinar los sujetos afectados, las indemnizaciones respectivas quedarán a disposición de cada uno ellos por un plazo de 2 años desde que el cumplimiento de la sentencia sea comunicado por el o los medios más idóneos que determine el juez, de acuerdo a las circunstancias del caso. Transcurrido dicho plazo sin que los afectados se hayan presentado a reclamar su indemnización, los montos respectivos serán depositados en el fondo previsto en el artículo 34".

Si en cambio, la determinación de los sujetos afectados fuera imposible en ese plazo bienal y no se hubiera presentado una cantidad de damnificados compatible con la magnitud del daño, el juez liquidará colectivamente los perjuicios ocasionados y ordenará el depósito de las sumas pertinentes en el Fondo de Compensación Ambiental.

Finalizando, y por vía de modificación al art. 33 de la ley 25.675, se incluyen dos asuntos importantes: 1) la posibilidad de impugnar los dictámenes emitidos por organismos del Estado sobre daño ambiental (a los cuales el texto hoy vigente les reconoce la misma fuerza probatoria de los informes periciales), y 2) que en ningún caso, la sentencia que rechace la acción colectiva obstará la posibilidad de promover o continuar las acciones individuales por los perjuicios ocasionados a cada damnificado. No se trata acá del efecto *secundum eventum litis* de la sentencia de fondo, que recae sobre el bien colectivo medio ambiente, sino de dejar subsistentes las vías particulares para el reclamo pecuniario por daño colateral.

En definitiva, intentos regulatorios hubo varios, de diversa profundidad y extensión pero todos apuntados al mismo objeto, la mayoría inspirados en "Halabi" y con coincidencias básicas (por ejemplo, en cuanto al registro de los Procesos Colectivos). No faltaron inquietudes ni propuestas, sino voluntad política de dar nacimiento a una norma necesaria que regule y otorgue precisión a las distintas cuestiones que suscita el proceso colectivo, ya sea como cuerpo autónomo o como una de las variables en la ley de amparo, integrando un microsistema de versátil extensión a distintos objetos procesales, como los que versan sobre asuntos ambientales.

Con el aludido Programa Justicia 2020 asoma una apariencia de voluntad de cambio, para darle un corte definitivo a esta situación de anomia que la actividad pretoriana –dejando a salvo los avances logrados y su enorme mérito–, no llega del todo a suplir.

iv) Análisis de la perspectiva colectiva en el nuevo Código Civil y Comercial de la Nación

El avance doctrinario y jurisprudencial en la categorización de derechos tuvo recepción, en buena medida, en el *art. 14 del C.C.C.U.*, dentro del *Título Preliminar* (que va hasta el art. 18 inclusive) que expresa "En este Código se reconocen: a. derechos individuales; b. derechos de incidencia colectiva. La ley no ampara el ejercicio abusivo de los derechos individuales cuando pueda afectar al ambiente y a los derechos de incidencia colectiva en general".

Esta suerte de sección introductoria de reglas básicas resulta atinada desde el punto de vista metodológico, estratégico y pragmático, pues da un cierre a las cuestiones que puedan plantearse en materia de interpretación normativa y diálogo de fuentes, suprime lagunas propensas a generar espacio para decisiones contradictorias con mengua de la seguridad jurídica y potencia la vocación de permanencia de todo el sistema, con criterios permeables para procurar soluciones a las nuevas situaciones y problemas no expresa o particularmente normados.

Que los derechos colectivos formen parte del Título Preliminar no es un dato menor, pues significa que su existencia es formalmente reconocida y han llegado para quedarse. Asimismo, implica que su especial índole debe ser tenida en cuenta en la ponderación necesaria para encontrar una solución adecuada cuando estén en tensión con los derechos individuales.

Sin embargo, debe aclararse que la previsión era más completa en la instancia del proyecto elaborado por la Comisión designada por decreto presidencial 191/2011, pues entonces se enumeraba: a) derechos individuales; b) *derechos individuales que pueden ser ejercidos mediante una acción colectiva, si existe una pluralidad de afectados individuales, con daños comunes pero divisibles o diferenciados, generados por una causa común, según lo dispuesto en el Libro Tercero, Título V, Capítulo 1;* c) derechos de incidencia colectiva, que son indivisibles y de uso común.

Como se ve, desapareció en el texto definitivo el segundo tipo de derechos (remarcado en cursiva) que son los individuales homogéneos, aquellos que, como se viene puntualizando, son divisibles pero emanados de una única fuente lesiva (fáctica o jurídica) y respecto de los cuales no se justifica una actuación jurisdiccional particular.

Ello parece contradecirse con el Mensaje de Elevación del Proyecto presentado el 6 de junio de 2012, que en el párrafo 41 puntualiza: "En materia de responsabilidad civil, el Proyecto resulta innovador al articular los diferentes tipos de derechos: aquellos que recaen sobre la persona, el patrimonio, como derechos individuales, *los derechos individuales homogéneos* y los derechos de incidencia colectiva, con las funciones preventiva, punitiva y resarcitoria" (destacado añadido).

Según Giannini[149] caben dos interpretaciones a esta aparente contradicción:

a) el redactor del Mensaje de Elevación entendió que los derechos individuales homogéneos integran la categoría de los derechos de incidencia colectiva; o
b) el redactor se equivocó al referir a la incorporación "innovadora" de los derechos individuales homogéneos, sin advertir que la categoría contenida en el art. 14 inc. b del Anteproyecto original había sido removida.

Nos inclinamos por la primera exégesis, pues no es extraña a la doctrina la concepción de los derechos colectivos (o "de incidencia colectiva" para utilizar la nomenclatura del Proyecto, tomada de la Constitución Nacional) como categoría en la que caben dos especies: *los difusos*, que recaen sobre cosas únicas y comunes, respecto de las cuales la satisfacción de uno de los titulares del grupo implica la satisfacción de todos sus integrantes[150]; y los *individuales homogéneos*, que recaen sobre bienes divisibles.

Por otro lado, debe ponerse de resalto que el recorte del Poder Ejecutivo al texto del art. 14 estuvo acompañado por la *eliminación* (sin fundamento expreso) *de la Sección sobre "Daños a los Derechos de Incidencia Colectiva"*, de cuatro artículos, donde se receptaban, en lo sustancial, las pautas sentadas en "Halabi".

149 Así también lo ha señalado Leandro J. Giannini en su artículo "Los derechos de incidencia colectiva en el Proyecto de Código Civil y Comercial (aportes para su redefinición)", *DJ*, 05/09/2012, 89.

150 Cfr. Gidi, Antonio, "Derechos difusos, colectivos e individuales homogéneos", en Gidi, Antonio y Ferrer Mac-Gregor, Eduardo (coords.), *La tutela de los derechos difusos, colectivos e individuales homogéneos. Hacia un Código modelo para Iberoamérica*, Ed. Porrúa, México DF, 2003, p. 25, 32/33.

v) La Acordada 12/2016 aprobatoria del "Reglamento de Actuación para los Procesos Colectivos"

El 5 de abril de 2016, con la firma de los ministros de la Corte Lorenzetti, Highton de Nolasco y Maqueda (solo tres debido a los lamentables decesos de Petracchi y Argibay, y la jubilación de Zaffaroni y Fayt) se emitió una Acordada reglamentaria de los procesos colectivos, dando continuidad a las previsiones de la Acordada 32/2014.

El nuevo instrumento se motiva principalmente en el deficiente acogimiento de los tribunales inferiores a las obligaciones que supone el Registro de Procesos Colectivos creado en 2014, así como en la necesidad de evitar el escándalo jurídico implícito en la posibilidad de que se dicten sentencias contradictorias, como el desgaste jurisdiccional innecesario que supone que distintos juzgados intervengan en asuntos sustancialmente análogos.

Así, el punto de arranque consistió en recordar que "en esa oportunidad [del dictado de la Acordada 32/2014] se destacó que el adecuado funcionamiento del sistema que se implementaba requería, de parte de los magistrados intervinientes, llevar a cabo una actividad de índole informativa, sin cuyo apropiado cumplimiento el procedimiento previsto quedaría inexorablemente frustrado (conf. consid. 5° de la citada acordada)". Y contrastando este mandato con la realidad, los jueces llegaron a la conclusión de que las constancias obrantes en el citado Registro demostraban un "dispar" cumplimiento de la obligación de informar este tipo de procesos por parte de los distintos tribunales nacionales federales.

También observaron que pese a la información brindada oportunamente por el Registro, en múltiples casos se mantuvo la radicación ante distintos tribunales de procesos colectivos sobre pretensiones idénticas o similares, lo que sumando a la experiencia acumulada y las consultas, aportes y sugerencias recibidos tanto de los tribunales en los que tramitan procesos colectivos como de los usuarios del Registro, generó la necesidad de fijar reglas que ordenen la tramitación de este tipo de procesos a fin de asegurar la eficacia práctica del Registro.

Como valoración general y atento su contenido, puede decirse que esta Acordada da lugar a una reglamentación "mixta", pues si bien debiera tener un objeto preciso y determinado, vinculado con la registración de los procesos colectivos, en su articulado aborda algunas cuestiones atinentes a la demanda, su traslado, la certificación del colectivo y las facultades del juez, que conciernen al trámite mismo del proceso, por fuera del asunto de su registro pero sin la profundidad suficiente como para agotar su tratamiento.

Esta sumatoria de asuntos se refleja ambiciosamente en el nombre del instrumento: "Reglamento de Actuación en los Procesos Colectivos", pues si bien el contenido excede la consideración aislada del registro, tampoco constituye una reglamentación general de actuación en cuanto no agota todas las cuestiones usualmente entendidas como relevantes para este género de procesos, por ejemplo, la legitimación, las peculiaridades de ejercicio del derecho de exclusión u *opt out*, prueba, acuerdos, sentencia, etc.

v.a) Situados en el texto concreto, en primer lugar el Reglamento fija el ámbito material y territorial de vigencia y dispone que los *tribunales nacionales y federales* que tomen intervención en procesos colectivos comprendidos en la Acordada 32/2014 (tanto los que tengan por objeto bienes colectivos como los que promuevan la tutela de intereses individuales homogéneos) deberán ajustar su actuación a lo allí establecido, al invitar a los Superiores Tribunales de Justicia de las provincias y de la Ciudad de Buenos Aires a celebrar convenios con la Corte que permitan compartir la información almacenada y facilitar el acceso recíproco e ilimitado a los registros respectivos.

En paralelo, se *excluyen* del Reglamento los procesos que se inicien en los términos de la ley 25.675 (Ley General del Ambiente), "los que se regirán por las disposiciones contenidas en esa norma" y a aquellos que involucren derechos de personas privadas de la libertad o se vinculen con procesos penales.

Esta exclusión, cuando se trata de procesos por hábeas corpus resulta entendible, ya que de jugar a su respecto el fuero de atracción, ello contrastaría con el principio de inmediación que debe primar en el ámbito penal, más aún en el caso de las personas privadas de libertad, de acuerdo con la audiencia de hábeas corpus del art. 14 de ley 23.098. La acumulación de procesos en el juez que primero intervino sería claramente desfavorable para los internos que alegan, en la mayoría de los casos (como quedó dicho en el repaso de los antecedentes jurisprudenciales de los procesos colectivos), un agravamiento en las condiciones de detención.

Sin embargo, no se comprende el motivo de la exclusión de los *procesos ambientales*, pues no alcanzamos a vislumbrar en qué aspecto esta nueva reglamentación puede perjudicar su desarrollo; la que tampoco choca, en modo alguno, con lo que dispone el texto de la L.G.A., que ninguna previsión contiene sobre el punto, quizás porque en la época de su dictado la doctrina vernácula en materia de acciones de clase era incipiente.

No hay nada, en las dos previsiones de los arts. 32 y 33, que permita colegir la *inconveniencia* de que a su respecto se aplique la obligación de inscribir el proceso, cuando tramite de acuerdo con las pautas de la acción de clase (parámetros de

"Halabi" y "P.A.D.E.C.") en el mentado Registro. Máxime si se tiene en cuenta que los plazos previstos en el Reglamento para todo el trámite de revisión son exiguos y que el declamado fin de evitar el caos o contradicción en las s entencias se pone en riesgo cada vez que existe un conflicto ambiental atinente a recursos interjurisdiccionales, lo que resulta ciertamente frecuente.

Seguidamente, el Reglamento fija su ámbito de validez temporal que comprenderá las causas que se inicien a partir del primer día hábil del mes de octubre de 2016 y hasta tanto el Poder Legislativo Nacional sancione una ley que regule este tipo de procesos.

El punto de partida de la aplicación es prudente dado que confiere tiempo para que los tribunales inferiores tomen conocimiento acabado del contenido e implicancias de esta disposición general. De igual manera, es apropiado el punto terminal de vigencia por cuanto demuestra respeto por las incumbencias del Parlamento: la cabeza del Poder Judicial emite una reglamentación en un tema en que el Poder Legislativo es remiso en intervenir, pero sin pasar por encima de sus atribuciones ni invadir su esfera de competencias.

v.b) Establecidas su vigencia y ámbito de aplicación, la *cláusula 2* ingresa al tratamiento de lo que debe contener la demanda "en los términos del artículo 330 del Código Procesal Civil Comercial de la Nación", efectuando una diferenciación entre: 1) procesos colectivos *que tengan por objeto bienes colectivos,* y 2) procesos colectivos *referentes a intereses individuales homogéneos.*

Para los *primeros* se exige a) la definición del bien colectivo cuya tutela se persigue y b) que la pretensión esté focalizada en la incidencia colectiva del derecho; mientras que para los *segundos* la lista incluye tres ítems: 1) identificar la causa fáctica o normativa común que provoca la lesión los derechos; 2) focalizar la pretensión en los efectos comunes; 3) demostrar la afectación del derecho de acceso la justicia de los integrantes del colectivo involucrado.

En estas previsiones no se advierte demasiado avance sobre la doctrina de "Halabi", ya que se reiteran las pautas de los considerandos 11 y 13.

v.c) A continuación, el Reglamento prescribe que promovida la demanda y formuladas, en su caso, las aclaraciones que el juez hubiera solicitado, cuando el mismo entienda que se dan las circunstancias previstas en presente Reglamento, *previo al traslado de la demanda,* requerirá al Registro que informe respecto de la existencia de un proceso colectivo en trámite, ya inscripto, que guarde sustancial semejanza en la afectación de los derechos de incidencia colectiva. Aun cuando la demanda no sea promovida bajo la forma colectiva, si el magistrado entiende que se trata de un supuesto comprendido en la Acordada 32/2014, deberá proceder en consecuencia.

Si del informe del Registro surge la existencia de un juicio en trámite, sustancialmente análogo y registrado con anterioridad, el magistrado requirente deberá remitir su expediente, sin otra dilación, al juez ante el cual tramita el proceso inscripto. De lo contrario, si considera que no procede la remisión, deberá hacerlo constar por resolución fundada y comunicarla al tribunal que hubiese inscripto la otra acción al Registro.

A su vez, el juez al que se hubiera remitido el expediente dictará una resolución en la que determine si su radicación ante el tribunal resulta procedente. En caso afirmativo, comunicará dicha radicación al otro tribunal, de lo contrario dispondrá, mediante resolución fundada, la devolución del expediente. En ambos supuestos se comunicará la decisión al Registro.

Solo serán apelables las resoluciones desestimatorias de los dos magistrados (de remitir o acumular respectivamente, art. 4), lo que implica una fuerte apuesta a no burocratizar el sistema y facilitar la solución al problema de la dispersión, superposición y posible contradicción de fallos.

v.d) Registrado el proceso, según la cláusula 9, el magistrado deberá actualizar en el Registro toda la información que resulte relevante en la tramitación de la causa e incluir las resoluciones referentes a la certificación del colectivo (mencionada en el punto anterior), la modificación del representante del colectivo o de sus integrantes, el cambio o levantamiento de las medidas cautelares; así como las resoluciones que homologuen acuerdos, las sentencias definitivas y toda otra que, por la índole de sus efectos, justifique –a criterio del tribunal– la anotación dispuesta.

El reglamento también regula sobre las medidas cautelares y luego, por fuera de lo estrictamente relativo al registro, dispone que "por la naturaleza de los bienes involucrados y los efectos expansivos de la sentencia en este tipo de procesos, el juez deberá adoptar con celeridad todas las medidas que fueren necesarias *a fin de ordenar el procedimiento*", pauta válida y lógica para este tipo de procesos, consonante con las tradicionales facultades del juez.

v.e) La cláusula 11, que bajo el título "Procedimientos Especiales" expresa que "en acciones que deban tramitar por vía de amparo, proceso sumarísimo o cualquier otro tipo de proceso especial, los jueces adoptarán de oficio las medidas adecuadas a fin de no desnaturalizar este tipo de procesos", nuevamente procura empoderar al magistrado.

Sin embargo, la alusión a casos que "deban" articularse por las reglas de procesos distintos al de acción de clases resulta opinable, porque significa que se admite el amparo y otras herramientas procesales para canalizar el reclamo colectivo, cuando la tendencia, en nuestra opinión, debiera ser hacia la construcción de un microsistema de reglas procesales propias; que en general no coincidirán con los plazos y el reducido margen de debate y prueba de los procesos sumarísimos, menos aún con los propios del remedio heroico del amparo.

Si el propio Reglamento habla de certificación de la clase, entre otros puntos, quiere decir que está pensado para procesos colectivos *gestionados como tales*. Y aunque admitir que las cuestiones colectivas y pluriindividuales tramiten por amparo y juicio sumarísimo no es lo mismo que imponer dichos procedimientos, *la flexibilidad desdibuja las reglas propias del proceso colectivo y conspira contra una regulación autónoma.*

No obstante admitir que el Código Modelo de Procesos Colectivos para Iberoamérica, como fuente doctrinaria, establece una solución semejante[151], creemos que la litigación colectiva tiene fisonomía propia y ello amerita un procedimiento nuevo y autónomo; al ser inconveniente que la adaptación de aquellos pensados para otras circunstancias, empleada como solución temporaria, se convierta en definitiva.

Se ha dicho al respecto que el replanteo profundo de institutos y principios procesales e inclusive la creación de nuevas herramientas idóneas para operar funcional y eficazmente en el subsistema de los procesos colectivos, "no son sino fases de un derrotero ya pronosticado hace décadas por Carnelutti en el marco de una verdadera 'revolución' del derecho procesal"[152].

Por ello reiteramos que la tramitación de los conflictos de orden masivo, cuyo fin es garantizar el acceso a la justicia en un contexto distinto al de los litigios particulares, impone el diseño de un carril procedimental propio, a cuyo fin deberá ser considerado todo el bagaje de antecedentes que venimos revisando (fallos, doctrina, acordadas y sistemas del derecho comparado), no sin advertir e incorporar los matices propios de nuestra cultura y experiencia jurídica, pues sabemos que la traspolación automática de modelos ajenos generalmente fracasa.

Claro que el Reglamento en comentario es un buen punto de partida.

[151] El art. 4 del C.M.P.C.I. establece que "para la defensa de los derechos e intereses protegidos por este Código son admisibles todas las acciones aptas para propiciar su adecuada y efectiva tutela".

[152] Eguren, María Carolina, "Informe sobre los procesos colectivos. Una perspectiva posibilista", *Suplemento Especial Cuestiones Procesales Modernas*, 2005 (octubre), 11/10/2005, 90.

v.g) No podemos cerrar el comentario a la Acordada 12/2016 sin advertir que no contiene ninguna previsión sobre irradiación de los efectos de la sentencia en los procesos colectivos.

¿Era el momento propicio para decir algo al respecto? ¿Debió o pudo la Corte hacerlo? En análisis de este interrogante decantará en la parte especial.

Sección segunda
SOBRE LOS EFECTOS DEL PROCESO COLECTIVO

En este apartado, el último antes de ingresar a la parte especial, avanzaremos sobre los *efectos de la sentencia* en los procesos colectivos, remarcando que, como vemos, *la expansividad de los efectos es una consecuencia lógica y propia de los procesos colectivos.* Justamente allí reside su mayor ventaja práctica, pues de nada serviría admitir la litigación conjunta (por medio de un representante) en supuestos que exceden (por número de afectados y complejidad) las posibilidades de un litisconsorcio activo, si luego la sentencia no irradia sobre los todos miembros del conjunto, aun respecto de los que no se hayan presentado en juicio, siempre que no se autoexcluyeran. La misma lógica aplica al dorso del litigio, es decir, la legitimación pasiva, aunque en nuestra práctica no se registran casos de actor individual contra demandado colectivo en grado tal que no puedan litisconsorciarse. El Código Modelo de Procesos Colectivos para Iberoamérica si lo prevé, como capítulo VI "De las acciones *contra* un grupo, categoría o clase" (art. 35 y concordantes).

Ahora bien, el alcance de la propagación de los efectos no será idéntico cuando se encuentren en discusión intereses individuales homogéneos o bienes colectivos, pues en este último caso, la indivisibilidad de los bienes aumenta forzosamente el grado de expansión a la vez que obsta el establecimiento de límites subjetivos, conforme veremos más adelante.

Asimismo, conviene aclarar que referiremos a efectos expansivos como equivalentes a efectos *erga omnes*, aunque no se trata de fórmulas idénticas, lo que se precisará en la sección tercera de la parte especial.

A continuación, efectuaremos un breve análisis de los *recaudos de procedencia que condicionan su expansión*, para luego abrevar en los *sistemas de expansividad y sus límites.*

CAPÍTULO I. PRESUPUESTOS DE EXPANSIVIDAD

i) La legitimación

Es claro que la decisión que recaiga en un proceso colectivo no podría válidamente extenderse si no estuviera precedida de una adecuada introducción al litigio por parte de quien se arroga la representación de los intereses del grupo. No se exigirá en los procesos colectivos una proporcionalidad matemática pero sí un examen detenido de los elementos que definen la aptitud de postulación.

Se define la legitimación como un presupuesto necesario para que exista causa o controversia (punto sobre el que volveremos más tarde), pues la existencia de "caso" presupone la de "parte".

Bien se ha precisado que existe una diferencia sustancial entre titularidad de un derecho (subjetivo o colectivo) y legitimación procesal. La primera pertenece a la estructura constitutiva del derecho, mientras que la segunda tiene una consonancia instrumental. Ambas figuras (titular del derecho y legitimado) pueden coincidir o no, y darse el supuesto de que el titular de un derecho lo ejerza mediante el mecanismo de la representación; a la vez que un legitimado procesal puede no ser portador del derecho que se debate en el juicio[153].

También puede ocurrir que el titular de un derecho ejerza a la vez la legitimación procesal para llevarlo en juicio, situación que se dio en "Ekmedkjián c/ Sofovich" y "Halabi c/P.E.N.", pero que no es lo corriente, menos en el campo de los derechos patrimoniales.

Por otra parte, en el proceso litisconsorcial que se construye sobre la base del derecho subjetivo, la legitimación de cada litigante es personal y se mide en función

[153] Gil Domínguez, Andrés, "Afectado, derechos de incidencia colectiva individuales homogéneos y acción colectiva", *La Ley*, 16/06/2011, 1; *La Ley*, 2011-C, 1318.

de la titularidad activa o pasiva de la relación jurídica sustancial involucrada en el pleito. Cada litigante concurre al juicio para defender un derecho u obligación que le pertenece individualmente. Incluso en el litisconsorcio necesario, que exige la integración de la *litis*, se postula la existencia de una legitimación individual no independiente, en la que cada litigante es cotitular de la relación por la que concurre al proceso (coacreedor, condómino, etc.).

En el proceso colectivo, en cambio, la legitimación no es individual sino colectiva, acorde a la naturaleza de los derechos en juego. Esto significa que no se funda en la titularidad propia activa o pasiva de un derecho subjetivo, sino en la habilitación requerida para la defensa de los derechos de grupo, parcial o totalmente ajenos[154].

Esta habilitación varía: en el caso de "afectado" surge de la coparticipación en el interés de la tutela del derecho de grupo al que pertenece; en el caso de las "asociaciones" y el "defensor del pueblo", representantes institucional y privado, respectivamente, de los intereses del grupo, la legitimación dimana de estatutos y normas que habilitan la tutela de derechos de terceros (art. 43, C.N.).

a) El afectado

De los tres sujetos contemplados por el art. 43, el único que reviste el carácter de titular de un derecho es el afectado (primer párrafo), puesto que los otros dos se configuran exclusivamente como representantes de los titulares del grupo dañado (2° párrafo).

Sin embargo, la sola invocación de la calidad de *afectado* no alcanza, como tampoco es suficiente que el nexo o relación entre la afectación y la persona que se dice perjudicada sea indirecta o deficientemente probada. La afección debe ser clara y directa, así como su demostración.

Por ello y tratándose de la impugnación de normas, nunca se habilitó la figura de *legislador* como legitimado activo en la medida en que no se acredite una distorsión grave en el trámite parlamentario, en el proceso de la votación o en su resultado. No es admisible que un diputado o senador invoque la representación de la voluntad popular para cuestionar una norma, pues el recinto es el espacio apropiado para hacerlo, y si allí perdió la votación no puede pretender reeditarla en juicio.

[154] Safi, Leandro K, "Litisconsorcio y Procesos Colectivos", *Revista de Derecho Procesal*, Número Extraordinario, Rubinzal Culzoni, Santa Fe, 2012, ps. 194/195.

Otro tanto ocurre con la calidad de *ciudadano*, pues se entiende que es un concepto de excesiva generalidad, que no basta para demostrar la existencia de un interés "especial" o "directo", "inmediato", "concreto" o "sustancial" que permita tener por configurado un "caso contencioso".

Tal calidad es de una apertura tal que no trasluce la invocación de un interés jurídico diferenciado que respalde el ejercicio de una acción legal.

No debe perderse de vista, además, que admitir la legitimación en un grado que la identifique con el interés de todos los ciudadanos deformaría las atribuciones del Poder Judicial en sus relaciones con el Poder Ejecutivo y el Poder Legislativo; y pondría en jaque, además, a todo el sistema de control de constitucionalidad.

Es que semejante apertura de la legitimación debe impactar necesariamente en los efectos: si cualquiera del pueblo puede plantear una acción colectiva, ergo, sus resultados debieran ser operativos para cualquiera del pueblo también. Esto deriva, ni más ni menos que en una acción popular.

La estrategia del habitante o vecino que invoca la calidad de afectado en un proceso colectivo fue tratada en diversas oportunidades por el Alto Tribunal, siempre en sentido desestimatorio, como en el caso "Gómez Diez, Ricardo y otros c/P.E.N. - Congreso de la Nación s/proceso de conocimiento"[155], donde el tribunal recordó que si bien en numerosos precedentes se admitió la existencia, en el orden nacional, de las acciones declarativas de mera certeza y de inconstitucionalidad, dicha admisión quedó sujeta al cumplimiento de los recaudos a que alude el anteriormente citado art. 322 del Código Procesal Civil y Comercial de la Nación (conf. fallos: 306:1125; 307:1379, 2384; 308:1489, 2268, 2569; 310:142, 606, 977; 311:1835), entre los que se destaca la necesidad de que exista un caso en el que el titular de un interés jurídico concreto busque fijar la modalidad de una relación jurídica o prevenir o impedir las lesiones a un derecho de base constitucional.

Dicha necesidad surge de los arts. 116 y 117 (100 y 101 antes de la reforma de 1994) de la Constitución Nacional, los cuales, al seguir lo dispuesto en la sección II del art. III de la ley fundamental estadounidense, encomiendan a los tribunales de la república el conocimiento y decisión de todas las causas, casos o asuntos que versen –entre otras cuestiones– sobre puntos regidos por la Constitución; expresiones que, al emplearse de modo indistinto, han de considerarse sinónimas, pues aluden a "un proceso (...) instruido conforme a la marcha ordinaria de los procedimientos judiciales (...). De ahí que, en análoga línea de razonamiento, al

[155] 31/3/99, disponible en www.csjn.gov.ar

reglamentar al citado art. 100 (hoy 116), el *art. 2° de la ley 27* expresa que la justicia nacional nunca procede de oficio y solo ejerce jurisdicción en *los casos contenciosos* en que es requerida a instancia de *parte*" (destacado propio). Son litigiosos aquellos asuntos en que se debaten derechos o intereses entre partes adversas.

b) Legitimación de las Asociaciones y del defensor del Pueblo

Se ha sostenido que la legitimación de estos dos sujetos en orden a representar al grupo se presume *iure et de iure*, pues "a pesar que no hay ningún titular del derecho colectivo que actúe de forma directa, el carácter de órgano constitucional del primero y la autorización otorgada por el Estado a las segundas acreditan una idoneidad meramente formal que basta para justificar la legitimación procesal colectiva"[156].

Esta habilitación meramente formal, sin embargo, debe ser motivo de examen en el caso concreto, pues la doctrina "aperturista" recién citada ha de compaginarse con el criterio, ya consolidado, del Alto Tribunal, en el sentido de que a partir de la ampliación de los sujetos legitimados por la reforma constitucional de 1994 no se sigue una automática aptitud para demandar.

Veamos:

b.a) En relación a *las asociaciones*, no se registran demasiados antecedentes que determinen la falta de legitimación pues, en general, el filtro utilizado a tal efecto, incluso por el Máximo Tribunal, ha sido permeable.

b.a.1) En este sentido puede citarse, entre muchos otros, el caso "Recurso de hecho deducido por la actora en la causa Asociación Civil para la Defensa en el Ámbito Federal e Internacional de Derechos c/Instituto Nacional de Servicios Sociales para Jubilados y Pensionados s/amparo"[157], donde hizo lugar a la queja interpuesta por denegación del recurso extraordinario federal que la organización actora articuló contra la sentencia de la Cámara de Apelaciones en lo Civil y Comercial Federal que había confirmado el rechazo *in limine* de la acción por falta de legitimación activa.

Para así decidir, la Corte meritó que "aun cuando pudiera sostenerse que, en el caso, *el interés individual considerado aisladamente, justifica la promoción de demandas individuales*, no es posible soslayar el *incuestionable contenido social* del derecho involucrado que atañe a grupos que por mandato constitucional deben ser

[156] Gil Domínguez, Andrés, "Legitimación procesal...", *op. cit.*

[157] Sentencia del 10 de febrero del 2015, disponible en www.csjn.gov.ar

objeto de preferente tutela por su condición de vulnerabilidad: los niños, las mujeres, los ancianos y las personas con discapacidad" (destacado propio). Entendió que la protección de los derechos invocados hace a la satisfacción de necesidades básicas y elementales a cargo del Estado; aspectos que cobran preeminencia sobre los intereses individuales de cada afectado, "al tiempo que ponen en evidencia, por su trascendencia social y las particulares características del sector involucrado, la presencia de un fuerte interés estatal para su protección, entendido como el de la sociedad en su conjunto" (considerando 9).

Puede notarse aquí cómo se flexibiliza uno de los aspectos centrales de la teoría de las acciones de clase, que radica en el análisis costo-beneficio de la litigación individual, que pasa a segundo plano, y permite que aun cuando dicha ecuación fuese rentable para cada una de las personas integrantes del grupo, el reclamo se presente en forma conjunta, por su importancia social.

Esto se completó con ponderaciones relativas a la tutela judicial efectiva y a las características especiales del colectivo: altamente vulnerable, no solo por la discapacidad que padecen sus integrantes sino también por su delicada situación socioeconómica… "máxime si se repara que con la pretensión procesal se procura garantizar el acceso, en tiempo y forma, a prestaciones de salud relacionadas con la vida y la integridad física de las personas".

En los autos "Asociación de Reproductores Argentinos de Cine Video c/ TELEFE S.A."[158], se determinó, con sentido lógico, que sería irrazonable desconocer la facultad de las asociaciones de defender los intereses de sus miembros, ya que equivaldría a negarles, en buena medida, su razón de ser. Ante un elenco de derechos individuales homogéneos que resultan alterados por una misma causa, Sabsay, Neimark y Fernández[159] consideran acertado el inicio de acciones legales por parte de la asociación que represente al sector, siempre que sus estatutos sociales autoricen a llevar a cabo este tipo de cuestiones.

b.a.2) En cambio, y como un ejemplo de resoluciones que cerraron la puerta a la legitimación de las asociaciones, encontramos el caso "Asociación Dirigentes de Empresa c/E.N. -dto. 2752/91- Min. Economía- Resol.125 126 y 148/08 s/amparo ley 16.986", de la sala I de la Cámara del fuero contencioso administrativo[160],

[158] Cámara Nacional Federal Contencioso Administrativo, sala 4°, del 9/10/1992; *ED*, 11/6/93, p. 7, disponible en http://www.saij.gob.ar/doctrina/

[159] "Legitimación activa de las acciones colectivas", *JA*, 2011-III, Número Especial, "Derecho procesal Constitucional", Buenos Aires, 31/08/2011, p. 11.

[160] Sentencia de fecha del 29/4/2008, disponible en www.pjn.gov.ar

respecto a la famosa Resolución 125/2008 que estableció *retenciones con alícuotas móviles*, las que –recordemos– generaron mucha resistencia en el sector agropecuario. Dicho planteo había sido rechazado *in limine* en primera instancia.

Al llegar la causa por vía de apelación a la Cámara del fuero contencioso administrativo, la sala I confirmó el criterio del juez de grado inferior en virtud del examen del objeto central de la asociación, el que consideró ajeno al litigio, pues consistía en activar el estudio, la investigación y proyectos normativos relacionadas con las actividades socioeconómicas del país "y específicamente en lo que concierne a la conducción empresaria y al dirigente de empresa"; por lo que no se advertía el perjuicio que las normas impugnadas le podían ocasionar.

Interpuesto recurso extraordinario ante la Corte Suprema, en fecha 30/4/09 fue declarado inadmisible (art. 280 C.P.C.C.N.), consolidando el criterio desestimatorio de la acción por falta de legitimación.

b.b) En lo atinente a la figura del *defensor del Pueblo* el panorama cambia, pues la Corte es más inflexible con el análisis de los elementos que le dan cabida y existen diversos precedentes en que la presentación de estos funcionarios fue denegada. En tal sentido, en el año 2003, en los autos "Defensor del Pueblo de la Provincia de Santiago del Estero c/Provincia de Tucumán y Otro"[161] rechazó *in limine* la demanda promovida por el defensor del Pueblo de Santiago del Estero en representación de dicha provincia y en especial de los ribereños del lago del dique frontal situado en Termas de Río Hondo, con el objeto de recomponer el medio ambiente (alterado por vertido de residuos industriales y efluentes cloacales), por entender que "si bien el art. 136 de la Constitución de la Provincia de Santiago del Estero prescribe que el defensor del Pueblo 'tiene legitimación', ello no significa que los jueces no deban examinar, en cada caso, si corresponde asignar a aquél el carácter de titular de la relación jurídica sustancial en que sustenta la pretensión, como es exigible en todo proceso judicial. No debe perderse de vista que dilucidar la cuestión relativa a la legitimación procesal del actor constituye un presupuesto necesario para que exista un caso o controversia que debe ser resuelto por el tribunal (fallos: 323:4098 y sus citas)".

Con este encuadre, coligió que tanto el citado art. 136 de la Constitución de Santiago del Estero como el art. 12 de la Ley de Creación de la Defensoría del Pueblo circunscribían su actuación a la protección de los derechos individuales y de la comunidad frente a hechos, actos u omisiones de la administración pública provincial. "De allí que la promoción de acciones judiciales contra otra provincia o el Estado nacional, como la intentada, excede el ámbito de actuación".

[161] Fallos: 326:663.

Con el mismo entendimiento, en el año 2006, en el caso "Defensoría del Pueblo de la Ciudad de Buenos Aires c/Secretaría de Comunicaciones - Resolución 2926/99"[162], se estableció que dicho funcionario carece de legitimación para cuestionar en juicio la validez de los actos *emanados de las autoridades nacionales en tanto no tiene la personería legal de los particulares afectados ni representa a la Ciudad Autónoma de Buenos Aires* sino que constituye un órgano de control cuyas atribuciones derivan de la legislatura local.

El Alto Tribunal expresó que, si bien de acuerdo con las normas respectivas el defensor del Pueblo de C.A.B.A. está facultado para promover acciones incluso en el fuero federal, dicha potestad está limitada a la actuación en juicio en defensa de los derechos individuales o colectivos ante los tribunales de la justicia ordinaria de la Capital, o cuando las leyes nacionales o federales hayan sido aplicadas en el ámbito local por órganos de esa naturaleza.

Luego, al trazar un paralelo de figuras, aseveró que "así como el defensor del Pueblo de la Ciudad Autónoma de Buenos Aires carece de legitimación para cuestionar en juicio los actos de las autoridades nacionales, el defensor del Pueblo de la Nación no está facultado para objetar los actos de los órganos de gobierno local dictados en virtud de lo dispuesto por sus propias leyes".

El mismo criterio se repitió, tres años más tarde, en "Defensoría del Pueblo de la Ciudad de Buenos Aires c/Secretaría de Comunicaciones - Resolución 2926/99 s/amparo"[163], que versó sobre la demanda interpuesta por el defensor del Pueblo de la Ciudad Autónoma de Buenos Aires a fin de que se deje sin efecto la Resolución de la Secretaría de Comunicaciones de la Nación mediante la cual se autorizó el cobro del servicio de informaciones "110" a los usuarios del servicio telefónico, sin efectuar una previa convocatoria a audiencia pública.

El litigio llegó al Alto Tribunal vía recurso extraordinario del Estado nacional, luego de que la Cámara hiciera lugar al amparo impetrado. Allí, por mayoría, se dejó sin efecto la sentencia recurrida, en la inteligencia de que defensor del Pueblo de la Ciudad Autónoma de Buenos Aires carecía de legitimación para cuestionar en juicio la validez de los actos emanados de las autoridades nacionales.

En disidencia, Zaffaroni y Lorenzetti postularon admitir formalmente el recurso extraordinario, por entender que la Defensoría del Pueblo de la Ciudad Autónoma de Buenos Aires se encuentra legitimada para cuestionar una decisión de un

162 Fallos: 329:4542, *La Ley*, 2006-F, 435.

163 C.S.J.N. 31/10/2006, "Defensoría del Pueblo de la Ciudad de Buenos Aires c/Secretaría de Comunicaciones - Resolución 2926/99 s/amparo", *La Ley*, 2006-F, 435; *DJ*, 15/11/2006, 792.

organismo nacional desde que la autorización para la protección de los derechos consagrada en el art. 137 de la Constitución local importa la posibilidad de estar en juicio respecto de decisiones que los afecten, cualquiera fuera su origen.

Recientemente, el 25 de junio de 2019, con el voto de los jueces Rosenkrantz, Highton de Nolasco, Maqueda y Rosatti, desestimó las demandas colectivas promovidas por los defensores del pueblo de las provincias de Chaco, Corrientes y Formosa por falta de legitimación para cuestionar resoluciones dictadas por autoridades nacionales en materia de suministro de luz (Resolución n° 6/2016 del Ministerio de Energía y Minería de la Nación) y de peajes (Resolución n° 46/2016 de la Dirección Nacional de Vialidad).

En esta oportunidad, al admitir los recursos interpuestos por la representación del Estado Nacional, revocó las sentencias de cámara que habían reconocido legitimación a los defensores del pueblo locales para impugnar distintos actos de carácter nacional y dispuso rechazar las demandas por ellos promovidas, de conformidad con los precedentes citados.

En suma y como pauta general, puede decirse que la Corte es rigurosa en el análisis del ámbito de actuación que cada norma especial confiere a los defensores del Pueblo, lo cual es trascendente si se tiene en cuenta que son numerosas las provincias e incluso municipios que tienen prevista la figura en la órbita de sus jurisdicciones. En la télesis de su doctrina, no puede un defensor comunal cuestionar (en estrados federales o locales) una norma de índole nacional, a menos que de su ley de creación surja claramente esta potestad *o en su defecto*, conforme la disidencia recién apuntada en el fallo relativo al servicio telefónico 110, *haya un acto de aplicación que "localice" la norma*. Se trata de respetar la división de competencias federales de acuerdo al grado, lo que evita interferencias, y en lo que nos atañe, lagunas y contradicciones en cuanto a la expansividad de los efectos de la sentencia que acoja la demanda del defensor local que actúa exorbitando su competencia.

ii) Representatividad adecuada

Que el actor sea un representante adecuado de los miembros del grupo como forma de justificar que estos puedan resultar afectados por la cualidad de cosa juzgada de los efectos de la sentencia constituye un presupuesto de procedencia de la acción explicitado en la Federal Rule 23; y apunta a que el resultado obtenido con la tutela colectiva no sea distinto del que se obtendría si los miembros ausentes defendieran en persona sus intereses. Se trata de un concepto jurídico indeterminado cuyo contenido será integrado por el juez en cada caso[164] y que, al menos en el ámbito del Programa Justicia 2020, se encuentra debatido, pues hay quienes resisten que los jueces puedan evaluar la idoneidad de los abogados, pues esto no se hace en ningún otro proceso y es ajeno a nuestra práctica de litigación.

Sin ingresar a este debate, diremos que el fin que inspira este control es que la clase esté bien representada, que el representante forme parte del grupo, comulgue con sus intereses (más allá de cualquier pretensión individual) y sea idóneo.

El control de la adecuación gira en torno a dos cuestiones centrales: a) la real oportunidad que tenga el representante de asegurar la vigorosa tutela de los miembros ausentes, b) la ausencia de antagonismo o conflicto de intereses entre el representante y el grupo. En este aspecto vale la reflexión de Lorenzetti, cuando señala que las acciones de clase plantean serios problemas en cuanto a la relación que se establece entre los representantes de la clase y el resto, entre quienes son parte y quienes no lo son[165], y por ello es necesario resaltar un deber general de buena fe a cargo tanto de la parte como del abogado. Ambos factores deben ser evaluados tanto en relación al representante como en relación al abogado del grupo[166].

Los factores a considerar para tener por cumplidos estos extremos son de diversa índole y fueron elaborados en USA por vía de jurisprudencia, ya que, como dijimos al comienzo, su verificación es un cometido propio del juez de la causa. En su mayoría, han sido recogidos y sistematizados por el Código Modelo de Procesos Colectivos para Iberoamérica, que en su art. 2, párrafo segundo, habla de credibilidad, capacidad, prestigio, experiencia, antecedentes, conducta procesal en casos colectivos anteriores y el tiempo de constitución de la asociación. La capacidad financiera del representante quedó afuera del catálogo por la posibilidad de que resulte restrictiva del acceso a la justicia, aunque a nosotros nos parezca prudente incluirla a fin de evitar demandas infundadas sin que luego exista un patrimonio para responder por los perjuicios ocasionados[167].

164 Oteiza, Eduardo y Verbic, Francisco, "La representatividad adecuada como requisito constitucional de los procesos colectivos", *JA*, 2010-I, ps. 3/12.

165 Lorenzetti, Ricardo Luis, *Justicia Colectiva*, *op. cit.*, p. 132.

166 Verbic, Francisco, *op. cit.*, ps. 82/86.

167 En este sentido, se apunta que el argumento de la restricción patrimonial y la eventual discriminación resulta de discutible acierto. En razón del conocido postulado según el cual las distinciones de trato son tolerables en la medida que el criterio que se utiliza para la distinción se muestre como razonable, debería someterse dicha afirmación a un control de razonabilidad más profundo, Giannini,

También en el sistema brasilero la representatividad adecuada constituye un requisito legalmente expresado.

La vara para medir estos estándares, claro está, no será idéntica cuando se trate de representantes públicos, tales como los miembros del Ministerio Público o el defensor del Pueblo, en cuyo caso operará una presunción de idoneidad que será menester derribar.

En cuanto a la oportunidad para el ejercicio del *control de representatividad* adecuada, tanto el sistema estadounidense (Regla Federal 23) como el Código Modelo iberoamericano lo prevén como *permanente*, es decir, no solo durante la etapa constitutiva del proceso sino también durante todo su trámite[168].

Esta previsión extendida de la oportunidad para el ejercicio del control de la representatividad adecuada llega a su punto máximo en las acciones de grupo colombianas, en que la ausencia de representatividad puede ser alegada aun después de la sentencia. Así, conforme el art. 56 de la ley 472/98, en el término de 20 días posteriores a la publicación de aquella, quien no participó en el proceso puede pedir la exclusión del grupo, con fundamento en la existencia de errores graves en la notificación o alegando que sus intereses no fueron gestionados en forma adecuada. Esta contingencia también tiene cabida en el sistema estadounidense, a través del mecanismo del *colateral attack*[169].

¿Cuáles son los efectos de la declaración de falta de representación adecuada? La respuesta es categórica: dar por finalizada la actuación del representante inidóneo. En el bosquejo del Código Modelo, además, se da pie a la intervención del Ministerio Público "y, en la medida de lo posible, a otros legitimados adecuados para el caso a fin de que asuman, voluntariamente, la titularidad de la acción".

Adherimos a esta solución favorable a la persistencia del control de representatividad, aunque nos parece, si no opinable, al menos muy ajena a nuestro sistema (donde, como se dijo, la sola evaluación de idoneidad genera reparos) la previsión de un análisis permanente de la representación, que coloca a los letrados en situación de interminable examen.

Sentado que la fiscalización resulta pertinente hasta cierto momento del proceso (preferentemente la certificación) es claro que la amplitud del grupo representado guardará proporcionalidad con la extensión de los efectos.

Leandro, "La representatividad adecuada en las pretensiones colectivas, en *Procesos Colectivos*, Oteiza, Eduardo (coord.), Rubinzal Culzoni editores, Santa Fe, 2006, p. 203/204.

168 El ya mencionado art. 2 del C.M.P.C.I., ahora en su párrafo 3°, dispone que "el Juez analizará la existencia del requisito de la representatividad adecuada en cualquier tiempo y grado del procedimiento".

169 Giannini, "La representatividad adecuada...", *op. cit.*, ps. 211/212.

iii) La existencia de caso

Es este un punto clave y presente en el entrecruce de esferas que proponemos, pues tanto en el proceso colectivo como en el control de constitucionalidad no existe la posibilidad de obtener un pronunciamiento sobre el fondo si no hay concurrencia de causa o controversia, la que es exigida por la propia carta magna nada menos que al momento de definir la misión del Poder Judicial (art. 116).

Existen magistraturas que poseen competencia consultiva, sin requerir un caso concreto para expedirse, que es lo que ocurre, por ejemplo, con la Corte Interamericana de Derechos Humanos, en virtud del art. 64 de la convención respectiva.

No es tal el modelo adoptado por nuestra Constitución, que no admite un tipo de acción que solamente persiga el control de la legalidad de una disposición, sino que concibe la competencia de los jueces en directa relación con la jurisdicción, entendida como la atribución de decidir el derecho aplicable a una *controversia concreta*.

No es ni más ni menos que el "*injury in fact*" de la doctrina estadounidense, sostenida en el caso "Lujan vs Defenders of Wildlife" (504 U.S. 555-1992), entre otros precedentes.

En consonancia, la Corte Suprema de Justicia de la Nación viene marcando, desde antiguo, que constituye un requisito indispensable para el acceso a la jurisdicción judicial la existencia de un caso, causa o controversia, derivado de los artículos 116 y 117 de la Constitución Nacional y tomado del artículo III, sección 2, de la Constitución de los Estados Unidos de Norteamérica.

En ese sentido, en el mencionado caso "Gómez Diez, Ricardo y otros c/Congreso de la Nación" ha declarado que "así como este tribunal, en ejercicio de una prerrogativa implícita que es inherente a su calidad de órgano supremo de la organización judicial e intérprete final de la Constitución, ha intervenido para conjurar menoscabos a las autoridades judiciales o impedir posibles y excepcionales avances de otros poderes nacionales (conf. fallos 201:245; 239:29; 241:50; 246:237 y otros), así también le corresponde, como parte de su deber de señalar los límites precisos en que han de ejercerse aquellas potestades –con abstención del modo y la forma en que el punto le fuera propuesto–, establecer si la materia de que se trata está dentro de su poder jurisdiccional, que no puede ser ampliado por voluntad de las partes, por más que estas lleven ante los jueces una controversia cuya decisión no les incumbe y estos la acojan y se pronuncien sobre ella a través de una sentencia (conf. fallos: 215:492; 229:460). "Dentro del ejercicio de sus poderes implícitos, esta Corte no puede prescindir del respeto -pasivo o activo- de los límites que la Constitución impone a la jurisdicción del Poder Judicial en su art. 116" (el acentuado no pertenece a la versión original).

En resumidas cuentas, el Poder Judicial de la Nación solo interviene en el conocimiento y decisión de "causas" (artículo 116 de la Constitución Nacional) y la legitimación procesal constituye un presupuesto necesario para que exista una causa o controversia en los términos de la jurisprudencia de ese tribunal (fallos: 322:528 y 326:3007, entre otros).

Como se dijo al presentar el tema de la legitimación, *la existencia de "caso" presupone la de "parte", esto es la de quien reclama o se defiende* y, por ende, la de quien se beneficia o perjudica con la resolución adoptada al cabo del proceso. Y cada "parte" debe demostrar que persigue en forma concreta la determinación del derecho debatido y que tiene un interés jurídico suficiente en la resolución de la controversia o, como lo ha sostenido la Corte, que los agravios expresados la afecten de forma "suficientemente directa" o "substancial" (fallos: 306:1125; 308:2147 y 310:606).

Tengo el convencimiento de que es este un punto neurálgico en la teoría del control de constitucionalidad y en la definición misma de la tarea a cargo del poder judicial, punto medular, innegociable e inmodificable, más allá de que, en línea con las agudas reflexiones de Gargarella, su apreciación pueda eventualmente manipularse[170].

b) En lo atinente a las *acciones colectivas*, como se anticipó, también la comprobación de la existencia de un caso es imprescindible. Así, en "Halabi" la Corte enunció con claridad que "ya no se admite una acción que persiga el control de la mera legalidad de una disposición. Sin embargo, es preciso señalar que el 'caso' tiene una configuración típica distinta en cada uno de ellos, siendo esto esencial para decidir sobre la procedencia formal de las pretensiones" (considerando 8°).

Y al año siguiente de Halabi, en 2010, la Corte emitió un fallo sustancioso en este sentido, en el caso "Schröder, Juan c/Invap S.E. y E.N."[171], que versó sobre un planteo de nulidad de una cláusula en el contexto de un convenio firmado entre el Instituto de Investigación Aplicada Sociedad del Estado y una empresa

[170] Gargarella, Roberto, "Hechos y argumentos en materia de legitimación", en AA.VV., *Diálogo Interdisciplinario sobre la nueva justicia en Latinoamérica*, C.E.J.A.-J.S.C.A., Talleres Gráfica LOM, Santiago de Chile, 2017, p. 34.

[171] Sentencia del 04/05/2010, disponible en www.cij.gov.ar, sup. adm., 2010 (junio), 51.

australiana, por el que la primera vendía a la segunda un reactor nuclear de fabricación propia (todo un logro para la comunidad científica argentina). La disposición cuestionada, a criterio del actor[172], permitiría ingresar al territorio nacional combustible quemado de un reactor nuclear vendido a Australia, residuos y desechos radiactivos.

El Alto Tribunal revocó la sentencia de la Alzada, que había hecho lugar a la pretensión, declarando inconstitucional la *intención* de la accionada de ingresar al territorio del país combustible quemado (sic) y ordenando al Poder Ejecutivo Nacional que adopte las medidas necesarias para hacer efectiva la prohibición de ingreso establecida.

Para resolver de este modo, la Corte partió de enmarcar la acción interpuesta por Juan Schröder como un supuesto de *ejercicio de derechos de incidencia colectiva que tiene por objeto un bien colectivo (la defensa del medio ambiente)*; lo cual es importante no solo porque delimitó los contornos de la discusión sino porque guarda coherencia con "Halabi" y aplicó la calificación allí establecida, con un paralelo efecto docente.

Luego, toda vez que la cuestión había sido declarada de puro derecho y no existían pruebas contundentes sobre, al menos, un mínimo de ejecución de esa "intención" de hacer entrar al país el combustible gastado, que tampoco encaja a priori en el concepto de residuo peligroso, desestimó la demanda, "desde que no compete a los jueces hacer declaraciones generales o abstractas, sino decidir *colisiones efectivas de derechos* (fallos: 2:253; 24: 248; 94:444; 130:157; 243:176; 256:104; 263:397, entre muchos otros) *que deben ser actuales*" (destacado propio).

Como de acuerdo a los términos de la cláusula en crisis cabía la posibilidad de que el reacondicionamiento del combustible gastado se produjera en otro país, la Corte tuvo por hipotético el daño invocado, aseverando que una interpretación ajustada al derecho vigente impide declarar la inconstitucionalidad de una *intención* (considerando 12).

Sin embargo, a poco de reiterar el consabido axioma de que los jueces deben resolver las causas según el estado de cosas vigentes al momento de resolver, la parte final del fallo incorpora una suerte de fórmula conciliadora dejando abierta la posibilidad de que el demandante, tras un seguimiento riguroso de la evolución del cumplimiento del contrato, verificase un real peligro de daño ambiental,

[172] Profesor de ecología política y demandante en otras causas vinculadas a la defensa del medio ambiente, como "Schröder, Juan y otros c/Buenos Aires, Provincia de y otros s/daño ambiental", C.S.J.N. 01/08/2013, disponible en www.csjn.gov.ar; www.revistarap.com.ar

pueda actuar "preventiva o precautoriamente" mediante las acciones judiciales pertinentes.

Se ha observado, en comentario a este fallo[173], que el requisito de la presencia de caso o controversia debe ponderarse a la luz de la importancia social de los derechos en juego y de su especial régimen de legitimación, para que, en los hechos, no opere como un impedimento a la efectiva protección de los derechos tutelados, pues la propia Corte en "Halabi" ha reconocido que la exigencia desmesurada en algunos requisitos podría devenir en una denegación de justicia.

No compartimos esta apreciación, pues entendemos que si bien es cierto que la fisonomía y apertura propias de los procesos colectivos demandan una mayor flexibilidad en la aplicación de las pautas tradicionales y un rol activo de la judicatura (por ejemplo, mediante la implementación a audiencias, el dictado de medidas para mejor proveer y la convocatoria de *amicus curiae*), ello no faculta a los jueces a *suplir* la actividad de las partes. El juez del proceso colectivo, más activo, atento y flexible, no por ello se convertirá en una suerte de instructor del sistema procesal penal mixto, para "investigar" si existen elementos suficientes para la construcción de un caso concreto.

A manera de colofón podemos sostener que

- En cualquiera de los tipos de la trilogía de derechos que se sistematiza definitivamente en "Halabi" (derechos individuales, derechos colectivos e intereses individuales homogéneos) para instar la actuación de la justicia debe existir controversia concreta y actual, entendida como *pugna efectiva* de intereses o pretensiones entre partes adversas, fundada en un *interés específico, concreto y atribuible en forma determinada al litigante* (individual o colectivo). Vemos entonces, la íntima relación entre legitimación y caso concreto.
- La existencia de un caso o controversia presupone la presencia de una parte, definida como alguien que reclama (y se beneficia) o se defiende (y se perjudica) con la decisión jurisdiccional que se adopte en el proceso. Por ello, la parte tiene la carga de demostrar la existencia de un interés jurídico suficiente o agravios actuales o inminentes (es decir, no basta la invocación de daños o peligros conjeturales); sin que baste la invocación de categorías genéricas como la de ciudadano, en las que falta

[173] Jalife, Alan, "El requisito del caso como un nuevo obstáculo para las acciones colectivas", *La Ley*, 23/02/2011, 8; *La Ley*, 2011, A, 518.

el nexo directo o diferenciado del resto de la población, imprescindible para edificar la legitimación que habilite la demanda.

• La exigencia de un caso o controversia no fue modificada por la reforma constitucional de 1994 cuando incorporó los arts. 41, 42 y 43 de la parte dogmática de la ley fundamental, pues incluso la figura del amparo colectivo (art. 43 2° párrafo) dista de consagrar una automática aptitud para demandar.

iv) Certificación de la clase

La certificación es el acto por el cual el juez confirma que el planteo corresponde a una acción de clase, porque la base en que se sustenta el reclamo así lo amerita: comunidad de intereses, causa legal o jurídica común de afectación, inconveniencia de efectuar el reclamo por separado, entre las principales.

La exigencia de dar contornos precisos –o lo más definido posible– al colectivo representado, tiene como norte delimitar y dotar de contenido al caso colectivo planteado, a la vez que filtrar planteos genéricos o abstractos.

Más en detalle, podemos decir que la certificación consiste en un examen de mérito de la acción presentada como colectiva, evaluando si existe un grupo cuya actuación conjunta es impracticable bajo la figura del litisconsorcio; si se verifican cuestiones de derecho o hecho comunes a la clase; si las pretensiones o defensas de los representantes concuerdan con los intereses del grupo representado; si estas se enfocan en la incidencia colectiva del derecho; si el legitimado extraordinario reúne la condición de representante adecuado del conjunto y está en condiciones de proteger sus intereses vigorosamente, evaluación que comprende a sus abogados; y si el uso de la vía colectiva se encuentra justificado o la cuestión debiera encarrilarse mediante el ejercicio de las acciones individuales.

Es una decisión eminentemente procesal que decide la apertura del proceso y la posibilidad de litigar la pretensión colectiva. En esa actuación el juez designa al representante adecuado del grupo y a sus abogados. También debe establecer la modalidad de notificación hacia los miembros de la clase y el tiempo en que aquellos podrán ejercer el derecho de exclusión (*opt out*), en los casos en que esto fuera viable[174].

[174] Salgado, José María, "Certificación, Notificaciones y Opción de Salida en el Proceso Colectivo", *Revista de Derecho Procesal. Procesos Colectivos*, Rubinzal Culzoni, Santa Fe, 2011-2, ps. 197/198.

En Estados Unidos quien certifica la clase es el abogado que representa al colectivo, siempre que el tribunal considere que aquel acredita la representatividad adecuada que ya abordamos. Inclusive, el tribunal puede designar un abogado interino para actuar en nombre del grupo antes de determinar si se debe certificar la acción como una de clase[175].

En general, se piensa que el rol del juez no es el de un mero espectador o fedatario que legaliza o no el caso como acción de clase según venga perfecta o deficitariamente constituida, sino que tiene un rol activo. Así, en el marco de la doctrina nacional, se ha dicho que "el manejo de la clase es un aspecto que debe ser analizado por el magistrado, quien puede reformular la propuesta del postulante redefiniéndola, ampliando o reduciendo sus contornos. Lo que debe buscarse es una conformación que resulte conveniente desde el conflicto y manejable desde el proceso"[176].

Por su parte, en jurisprudencia se declaró que "la precisa identificación del grupo o colectivo afectado es el rasgo definitorio de la viabilidad de esta acción, desde que, si no se tiene por probada la existencia de ese grupo, tampoco puede determinarse si existen sujetos relacionados entre sí mediante esa comunidad fáctica y normativa que exige la Excma. Corte a estos efectos"[177].

Además, la certificación es la oportunidad para confrontar si el planteo contenido en la demanda se sustenta en cuestiones de hecho y de derecho comunes y homogéneas a todo el colectivo por sobre los aspectos individuales existentes; y *por el otro*, establecer los procedimientos de notificación y publicación aptos para garantizar un efectivo control de la representatividad adecuada del promotor de la acción (el cual debe patrocinar los intereses de la clase representada) y para evitar la multiplicación o superposición de procesos colectivos con el mismo objeto.

Se ha destacado, con pertinencia, dos notas de la certificación[178]:

- su adecuada producción es imprescindible para: i) dotar de eficiencia al proceso colectivo y evitar el dispendio de la actividad jurisdiccional; ii)

[175] Cfr. Gozaíni, Osvaldo A. "Legitimación y representación en la defensa de los derechos colectivos. Otra vez sobre las diferencias", *La Ley*, 11/06/2015, p. 4; *La Ley*, 2015-C, 384.

[176] Salgado José María, "Clase, certificación...", *op. cit.*

[177] Cámara Nacional de Apelaciones en lo Comercial, sala C, 2014/11/11, en "Consumidores Financieros Asociación Civil c/Banco Patagonia S.A. s/ordinario".

[178] Brun, Carlos A. y Jaime, Facundo, "Las acciones de clase y la determinación del colectivo representado en juicio", Thompson Reuters, 4/3/2015, disponible en http://thomsonreuterslatam.com

resguardar el derecho de defensa en juicio, tanto de los miembros de la clase (ausentes en la tramitación del proceso) como del demandado;

- se trata de una carga procesal de la parte que plantea el caso colectivo, pues hace a la debida fundamentación y acreditación de los antecedentes de hecho y de derecho de los intenta valerse al incoar su reclamo. Ante su insuficiencia o ineptitud, se impone la intimación al demandante a subsanar, de ser ello posible, los defectos incurridos. Tal como, agregamos nosotros, lo prevé el Reglamento de Actuación de Procesos Colectivos aprobado por la Corte Suprema mediante la estudiada Acordada 12/2016.

A modo de síntesis, la certificación marca el terreno de actuación del proceso colectivo y delimita su silueta, lo que da pie a convocar a los interesados en sumarse al pleito, o bien a excluirse.

Tiene directa relación con la expansividad de los efectos del acuerdo o fallo que pongan fin al pleito, pues estos solo serán aplicables al universo de sujetos incluidos en la certificación. Ergo, una deficiente delimitación del conjunto concernido puede derivar en la inaplicabilidad del fallo respecto de una parte del grupo, argumento utilizado en el analizado fallo "C.E.P.I.S.", sobre la cuestión del aumento de la tarifa del gas domiciliario, para circunscribir los efectos solo a los usuarios residenciales (punto sobre el que volveremos en la parte especial).

Puede decirse que es una buena práctica judicial no publicar edictos hasta que no se tenga bien definido el objeto del reclamo y el grupo interesado; para entonces, en la publicación inmediata posterior, convocar a los interesados a presentarse. Acá es pertinente aclarar que, en general, se invita a las asociaciones, fundaciones y O.N.G., y no a todos los ciudadanos en particular, a quienes se presume dentro del litigio salvo que expresamente deseen excluirse (*opt out*) dentro de determinado plazo. Todos estos detalles, que deben constar en la publicación del primer decreto del juez, condicionan la pertinente certificación de la clase.

CAPÍTULO II. SISTEMAS DE EXPANSIVIDAD. LÍMITES

i.a) Liminar

Como se expone, si la problemática judicializada incide sobre derechos colectivos de pertenencia difusa o de grupo, se plantea la cuestión de resolver con justicia situaciones en las que terceros que no intervienen en el pleito integran la comunidad interesada o afectada. Según Morello y Cafferatta, en tren de dar respuesta adecuada a ello, se ve afectado el aspecto político de la cosa juzgada, "el que demanda determinadas adaptaciones y elasticidad a fin de revitalizar posiciones pretendidamente absolutas, incompatibles con el perfil de estos derechos, el modo en que se ejerce su defensa jurisdiccional efectiva, las que no estarían cubiertas de idoneidad a través de la aplicación mecánica a la que estamos habituados"[179].

Este es el contexto que justifica y da sentido al efecto *erga omnes* que permite extender la cosa juzgada a aquellos sujetos que, aunque no fueron parte del proceso, podrían igualmente quedar alcanzados porque están de hecho comprendidos en la situación material que generó el litigio.

> Es decir, entonces, que el efecto *erga omnes* implica que la sentencia judicial se aplicará o regirá respecto de los miembros ausentes de la categoría afectada, siempre y cuando ellos no se excluyan expresamente antes de su dictado (a través de los medios legales previstos), con la ventaja de dar por concluido el planteo de una vez. De este modo, *instaura una norma objetiva para terceros y constituye un acto jurisdiccional para los litigantes.*

[179] Cafferatta, Néstor y Morello, Augusto M., "Procesos colectivos en la Ley General del Ambiente 25.675", *DJ*, 2005-2, 1265.

a) Rivas formula una distinción entre sentencia con alcance general y sentencia con alcance *erga omnes*, postulando que aunque suelen usarse como si se tratare de la misma cosa, no son iguales[180]; "la primera es la que vincula, como resultante inmediata, a todos los sujetos cuyos derechos, individuales o socializados, están involucrados en el conflicto. Es lo que ocurre con los del consumidor conforme el art. 54 de la ley 24.240 según resulta de la modificación introducida por la ley 26.361 y también del art. 33 segunda parte de la Ley General del Ambiente, pese a los términos que esta emplea pues como la anterior, está prevista para operar específicamente contra las conductas lesivas del medio ambiente, pero sin presuponer que las lesiones puedan provenir del orden normativo general. Pero si el fenómeno de consumo o el del daño ambiental es de tal magnitud que abarque o afecte a la totalidad de los componentes de una sociedad, la consecuencia indirecta o fáctica ha de ser un fallo *erga omnes*".

El alcance general sería, entonces, el que comprende al grupo, mientras el alcance erga omnes, el que llega a toda la sociedad.

Compartimos este distingo en cuanto al grado de apertura hacia los destinatarios (punto sobre el que volveremos en la parte especial); sin embargo, creemos que no refleja el espíritu del legislador al momento de sancionar la Ley General del Ambiente 25.675 (art. 33) y la reforma a la Ley de Defensa del Consumidor 24.240 (art. 54).

Por el contrario, pareciera que ambos plexos refieren al efecto *erga omnes* como aquel que vincula a todos los miembros de la clase, categoría o sector involucrados[181].

Por ello es que, *aun al reconocer la diferencia entre efecto* erga omnes *y expansividad, de ordinario los usaremos en sentido análogo*; dando por sentado que en casos de intereses individuales homogéneos donde puede delimitarse el grupo concernido (por ejemplo, los usuarios de una determinada empresa de medicina prepaga de una localidad que reclaman porque un concreto establecimiento de salud no reconoce su cobertura), se entiende que la propagación del fallo es dentro de este sector, no más allá.

[180] Rivas, Adolfo Armando, "Acerca de la cosa juzgada", *op. cit.*

[181] En un caso de consumo, por ejemplo, a los compradores de un producto defectuoso o usuarios de un servicio público; y en el caso ambiental, verbigracia, a los habitantes de una localidad afectada por la polución generada por una fábrica de lacas y barnices, o por los vertidos sin tratar de una curtiembre, etcétera.

b) Situándonos en la hipótesis de acciones colectivas con resultado adverso, podemos decir que en esencia y dejando de lado los casos de falta de legitimación activa, son tres los supuestos en que estas acciones pueden fallar: a) que la pretensión sea rechazada por falta de fundamento o sustento jurídico; b) que la pretensión sea desestimada por ausencia o insuficiencia de pruebas; y c) que la pretensión fracase por defensa técnica y/o representación defectuosa o negligente (falta de representatividad adecuada, en los términos de la Federal Rule 23).

De esas tres posibilidades, lo disvalioso de la situación que se configura en la tercera ha motorizado diversas fórmulas que procuran amortiguar el impacto del rechazo, y que básicamente coinciden en admitir la expansividad en la medida en que el resultado del pleito beneficie a los integrantes del grupo o clase, variando en la definición de las sentencias desestimatorias que no son vinculantes; lo que veremos en los puntos que siguen.

Por otra parte, y siempre citado en tanto fuente no legal, el Código Modelo de Procesos Colectivos para Iberoamérica (art. 33) consagró un sistema de extensividad a partir de la distinción según se trate de derechos de naturaleza divisible (individuales homogéneos) o indivisible (colectivos). En principio y en ambos casos, la sentencia tendrá efectos *erga omnes* salvo que se disponga el rechazo de la pretensión por insuficiencia probatoria.

Tratándose de derechos colectivos, cualquier legitimado podrá interponer la acción con igual fundamento que la desestimada, pero siempre que se valga de nueva prueba. En el supuesto de que la sentencia de rechazo versare sobre intereses individuales homogéneos no podrá reeditarse la acción en forma colectiva, pero cada lesionado podrá perseguir a título individual la satisfacción de su interés.

Finalmente, y como también ya se dijo, el Proyecto de Código Civil y Comercial de la Nación de 2012 reguló sobre los procesos colectivos en un breve, pero conciso capítulo que fue eliminado en su paso por el Poder Ejecutivo, quien no expuso manifiestamente las razones de esta amputación. Más allá de las especulaciones que al respecto surgieron, lo cierto es que los alcances de la sentencia y de la cosa juzgada estaban previstos en el art. 1748, en línea con la doctrina de "Halabi", disponía que "la sentencia hace cosa juzgada y tiene efecto *erga omnes*, excepto que la acción sea rechazada". Nótese que era un modelo superador del vigente en el ordenamiento ambiental toda vez que prescindía de los motivos del fracaso de la acción colectiva: bastaba que la misma fuera desestimada para que los efectos se mantuviesen *inter partes*.

El texto proyectado también proponía que "la sentencia que rechaza la acción colectiva no impide la posibilidad de promover o continuar las acciones individuales por perjuicios ocasionados a cada damnificado", lo que mantiene intacto el derecho individual de cada integrante del colectivo.

Esto es lógico y nos parece aplicable, pues la comunidad de acción jurídica se establece solo para beneficiar, sin que la suerte adversa del planteo grupal pueda sellar la suerte de cada persona que decida emprender un proceso judicial individual.

i.b) En la Ley de Defensa del Consumidor

El art. 54 de la L.D.C. dispone que "la sentencia que haga lugar a la pretensión hará cosa juzgada para el demandado y para todos los consumidores o usuarios que se encuentren en similares condiciones, excepto de aquellos que manifiesten su voluntad en contrario previo a la sentencia en los términos y condiciones que el magistrado disponga".

"Si la cuestión tuviese contenido patrimonial establecerá las pautas para la reparación económica o el procedimiento para su determinación sobre la base del principio de reparación integral. Si se trata de la restitución de sumas de dinero se hará por los mismos medios que fueron percibidas; de no ser ello posible, mediante sistemas que permitan que los afectados puedan acceder a la reparación y, si no pudieran ser individualizados, el juez fijará la manera en que el resarcimiento sea instrumentado, en la forma que más beneficie al grupo afectado. Si se trata de daños diferenciados para cada consumidor o usuario, de ser factible se establecerán grupos o clases de cada uno de ellos y, por vía incidental, podrán estos estimar y demandar la indemnización particular que les corresponda".

La norma preceptúa la irradiación de los efectos sobre todos los usuarios/consumidores en "similares condiciones", interpretando la doctrina que, de acuerdo a la caracterización del Alto Tribunal sobre los intereses individuales homogéneos, debe considerarse en dicha situación a todos aquellos individuos lesionados en sus intereses por el actuar del proveedor, que constituye una causa fáctica común, aunque la determinación del perjuicio deba establecerse en forma personal. Esto se complementa con la facultad de cualquier miembro del grupo de iniciar –por medio de incidente– su reclamo individual siempre y cuando no hayan manifestado su voluntad en contrario con anterioridad al dictado de la sentencia[182].

[182] Sáenz, Luis R. y Silva, Rodrigo en Vázquez Ferreyra, Roberto A. y Picasso, Sebastián, *Ley de defensa del consumidor Comentada y Anotada*, La Ley, Buenos Aires, 2009, tomo I, p. 674/687.

Establecida la expansividad, la L.D.C. admite un *límite subjetivo* que está dado por el "*opt out*", es decir, la alternativa de excluirse de los efectos del fallo para aquellos integrantes del sector que así lo manifiesten.

Esta manifestación debe ser oportuna (antes del dictado de la sentencia, lógicamente) y adecuada a las condiciones que el juez disponga, entre las que, entendemos, no debe figurar la necesidad de fundamentar la elección, pues no solo sería restrictivo de la libertad del consumidor/usuario en cuestión, sino que además conllevaría la notable dificultad práctica de poner al juez en situación de tener que meritaur las razones invocadas por aquel y eventualmente denegar la exclusión; lo que naturalmente podría generar disconformidad y una incidencia recursiva, etcétera.

Para que ese *opt out* pueda ser ejercido, vale inspirarse en las normas del digesto procesal civil (art. 145 y concordantes) referidas a la notificación de las personas inciertas o con domicilio desconocido, de modo tal que la notificación se hará preeminentemente por edictos a publicarse en aquellos medios de mayor difusión. Esta difusión, por prensa escrita y *también* mediante la digital que hoy no puede soslayarse, difícilmente será perfecta, en el sentido de que todos los destinatarios lleguen en verdad a tomar conocimiento del asunto; por lo que el cumplimiento diligente del trámite de notificación es indispensable para dar curso a la ficción de tenerlos a todos por anoticiados.

En suma, lo importante es que, si la diligencia fue llevada a cabo en tiempo y forma, el margen de falta de conocimiento acerca del juicio resultaría acotado, pues, en aplicación de la regla general en materia probatoria (art. 377 C.P.P.C.N.) será de incumbencia de quien lo alegue probar que efectivamente no supo de su inicio. De ello dependerá que no rija a su respecto la sentencia, pese a no haber manifestado su voluntad de ser excluido en los plazos y condiciones descriptos en los edictos que no leyó.

Entonces, el modo corriente de exclusión será sistémico y automático, en el sentido de que bastará su manifestación formal para que el individuo concernido se excluya del efecto del fallo; mientras que el modo excepcional será incidental, cuando el pretenso apartado invoque falta de conocimiento del proceso colectivo por deficiente publicidad y notificación, lo que deberá acreditar.

Por último, ha de destacarse que el sistema de tope subjetivo "*opt out*" adoptado por la legislación consumeril es más sencillo y ejecutable que el del "*opt in*", que, inversamente, requiere que los miembros interesados en que la sentencia colectiva se les aplique, así lo manifiesten.

Sentado lo anterior, toca referirnos a la segunda parte de la norma, dedicada a la liquidación de la sentencia de contenido patrimonial. Tal como se desprende del texto, no basta que el juez declare el derecho sino que el régimen lo obliga a ver más allá, pues debe "fijar las pautas para la reparación económica o el procedimiento para su determinación sobre la base del principio de reparación integral", y discriminar los casos que tratan sobre restitución de sumas de dinero (y aquí, si cabe hacer la devolución por los mismos medios o no) o sobre daños diferenciados (en cuyo caso, de ser factible, se establecerán grupos o subclases para estimar la indemnización por vía incidental).

Sáenz y Silva observan que la tramitación de los reclamos por daños será por vía de incidente, la que de conformidad con el art. 6 inc. 1° del C.P.P.N. deberá concentrarse en el juez del proceso principal, pues entienden que "así, se plantea la problemática de aquellos consumidores que se encuentran domiciliados en distintas jurisdicciones y la complejidad que reviste para ellos llevar este procedimiento ante el tribunal originario". Desde el punto de la organización judicial, advierten que los tribunales no se encuentran en condiciones adecuadas de llevar adelante la tramitación de estos expedientes, por lo que a fin de implementar el sistema instaurado por la L.D.C., estiman necesario que el legislador sancione un régimen procedimental especial para la tramitación de estas causas, así como la creación de tribunales con características adecuadas[183].

i.c) En la Ley General del Ambiente

Conforme el art. 33 de la L.G.A.: "la sentencia hará cosa juzgada y tendrá efecto *erga omnes*, a excepción de que la acción sea rechazada, aunque sea parcialmente, por cuestiones probatorias".

En este modelo, que tomó como fuente el Código de Defensa del Consumidor de Brasil (ley 8078/90)[184], habrá cosa juzgada material si la demanda colectiva prospera, pero si es rechazada por cuestiones probatorias, la cosa juzgada es meramente formal y puede reeditarse la discusión en un proceso posterior. Es lo que en derecho anglosajón se denomina "*one way preclusion*" o cosa juzgada según el resultado del litigio; en latín, "*secundum eventum litis*".

183 Sáenz, Luis R. y Silva, Rodrigo, *op. cit.*, p. 687.

184 Recordemos que también es el sistema adoptado por la recortada sección del C.C.C.U.

Entonces, así como en el sistema del *consumidor* el *límite a la expansión* erga omnes de los efectos es *subjetivo*, de acuerdo a quiénes hayan formulado el "*opt out*"; en *materia ambiental* la apuesta va más allá y es de índole objetiva, apuntando al resultado del juicio.

En el microsistema de la L.D.C. no se instala la expansividad para beneficiar, en cambio, en materia ambiental sí tiene esa finalidad. La inoponibilidad de la sentencia, allá (esfera consumeril), procura evitar perjuicio a terceros y salvaguardar su derecho de defensa, mientras que acá (esfera ambiental) procura mantener vivo el reclamo, no cerrar definitivamente la posibilidad de que, con mejores elementos probatorios, se pueda insistir en la tutela jurisdiccional del entorno.

Sin perjuicio de que pudo incluirse alguna otra causal de rechazo de la acción, como por ejemplo la defensa técnica defectuosa o una deficiente representación del grupo, lo cierto es que esta *es la fórmula adoptada por la mayoría de los proyectos legislativos arriba mencionados*, salvo, como vimos en la presentación de este capítulo, en el proyecto de reformas al Código Civil.

Empero, a las bondades que la doctrina mayoritaria encuentra en este modelo, debe contraponerse que el nuevo proceso colectivo iniciable no obstante el fracaso del anterior estará condicionado por la influencia negativa del paso del tiempo. Es que la demora en dar un corte definitivo a la cuestión genera un aumento natural de las probabilidades de deterioro en la prueba (pérdida o degradación), afectación de su cadena de custodia, aumento de los costos para obtenerla, e incluso distorsión en la apreciación judicial, todo lo cual puede resultar perjudicial para los demandantes y empañar la efectividad de esta supuesta segunda oportunidad que es el modelo expansivo *secundum eventum litis*.

Antes de terminar, ha de remarcarse que la L.G.A. descuidó el aspecto de los intereses individuales homogéneos, que prevé el sistema consumeril brasilero y que en materia de daño ambiental será la secuela indirecta de su ocurrencia. En efecto, la lesión ambiental es normalmente bifronte, lo que significa que a la par del menoscabo al ambiente como macrobien indivisible, se produce la afectación tangencial a intereses particulares semejantes, como, por ejemplo, en la contaminación de un río, las afecciones a la salud o pérdidas patrimoniales de los vecinos.

PARTE ESPECIAL

Proceso colectivo y control de constitucionalidad

Sección primera: control de constitucionalidad

CAPÍTULO I: NOCIONES DE CONTROL DE CONSTITUCIONALIDAD

i) Generalidades

La teoría del control de constitucionalidad, propia de los sistemas republicanos, procura la adecuación del derecho infraconstitucional al derecho constitucional, de modo que si las normas legales o reglamentarias no se adecuan a los preceptos de la ley fundamental no pueden mantener su vigencia, y el magistrado debe aplicar esta y no aquellas.

Fayt sostiene que el control de constitucionalidad, reconocido como función propia de los jueces, es una consecuencia inmediata de la Supremacía Constitucional. "En relación de correspondencia –más aún, en conexión de medio a fin– no podría existir supremacía sin la existencia de control de constitucionalidad. Este control, inherente al poder de interpretación reconocido como función propia de los jueces, representa, dentro de la teoría del gobierno del Estado moderno, el más original de los aportes efectuado por los Estados Unidos al constitucionalismo de estos tiempos, precisamente porque su proyección institucional es la declaración de inconstitucional; que aun limitada en sus efectos al caso sometido a decisión de los jueces, implica enervar la validez y eficacia de una ley sancionada por el Congreso o un decreto dictado por el Poder Ejecutivo"[185].

En un orden afín de ideas, Carlos Nino sostiene que el primer análisis que se puede efectuar respecto del control de constitucionalidad es un argumento que parece derivar lógicamente de la supremacía de la Constitución, de modo que, si se admite tal supremacía, aquella institución parece derivar con necesidad lógica, sin que requiera consideraciones de orden fáctico o normativo[186].

[185] Fayt, Carlos S., *La Corte Suprema y la Evolución de su Jurisprudencia. Leading Cases y Holdings. Casos Trascendentes*, La Ley, Buenos Aires, 2004, p. 41.

[186] Nino, Carlos, *Fundamentos de Derecho Constitucional*, Buenos Aires, 1992, p. 674 y siguientes.

Estas nociones, con otras formas, constituyen la esencia del voto de John Marshall en *Marbury v. Madison* (1803)[187], donde la razón de ser del control de constitucionalidad está expuesta con tal claridad y consistencia, que se la ha llamado "Lógica Marshall" o "Silogismo Marshall"[188]. Lo que esta fundamentación dice simplemente es que en caso de un conflicto entre la Constitución y una ley, el juez se enfrenta a la opción de aplicar la Constitución dejando de lado la ley, o aplicar la ley a expensas de la Constitución; y que si la Constitución se reconoce como ley suprema, que no puede ser derogada por el legislador como una ley ordinaria y que define cuáles otras normas son leyes, solo cabe la primera posibilidad, de lo contrario las constituciones serían "vanos intentos del pueblo de limitar lo ilimitable"[189].

En su argumentación, Marshall habla del dilema con que los jueces se encuentran frente a una ley que contraría la Constitución, problema que puede presentársele a cualquier juez y no solo a la Corte Suprema. A resulta de su análisis, el Poder Judicial se erigió como verdadero poder el Estado, dado que quedó claramente establecido que podía dejar de aplicar leyes dictadas por el poder representativo del pueblo, y que por ende no sería una mera administración de justicia, como se lo concebía en Francia.

Sin embargo, ese empoderamiento que para los jueces implicó el reconocimiento de la facultad de revisión constitucional quedó acotado ya que las sentencias no tendrían efectos "*erga omnes*" sino solo para las partes del caso, aun cuando emanaran de la Corte Suprema[190].

[187] Expuesto en muy sencillos términos, porque el entramado fáctico es complejo, los hechos fueron estos: Marbury había sido elegido juez de paz junto a otros 54, en los últimos días de la presidencia de Adams (jugada política no inusual, por cierto), pero el entonces secretario de Justicia (Marshall) no termina los papeles respectivos con la firma pertinente para que pueda asumir. En el medio cambia la presidencia de los Estadios Unidos, asume Jefferson y Marshall va a parar a la Corte, reemplazado por Madison en la Secretaría de Estado. Entonces, el no asumido juez de paz se presenta a la justicia con una solicitud de *mandamus* para que el nuevo secretario de Estado lo ponga en funciones, pero Marshall (ahora juez de Corte) considera que la norma (*Judiciary Act*) en que Marbury basaba su pretensión era inconstitucional porque ampliaba la competencia originaria del Tribunal Supremo, conforme la Constitución. Total, se da la paradoja de que Marshall le cierra la puerta a Marbury cuando estaba en el Poder Ejecutivo y lo vuelve a hacer desde el Poder Judicial, acuñando un voto que desde la teoría del derecho constitucional es histórico, pero que en el caso concreto no resuelve el fondo. Curiosamente, algo muy parecido ocurrió en nuestro país con la primera sentencia que acoge esta doctrina, en "Sojo c/Cámara de Diputados" (1887).

[188] Sola, Juan Vicente, *Derecho Constitucional*, Lexis Nexis, Abeledo-Perrot, Buenos Aires, 2006; Ibarlucía, Emilio A, "Una aproximación de los sistemas de control de constitucionalidad", *Revista Argentina de Justicia Constitucional*, n° 2, noviembre 2016, IJ editores, 01/11/2016, IJ-CCXVIII-945.

[189] Sola Juan Vicente, *op. cit.*, p. 55.

[190] Ibarlucía, *op. cit.*, p. 5.

En paralelo a este nacimiento de la doctrina del control de constitucionalidad, en Europa, particularmente en Francia, se consolidaba una postura opuesta, con el objeto de no debilitar los actos de la monarquía absoluta existente en diversos países, motivo por el cual los jueces debían limitarse a aplicar la ley, sin hacerse cargo de los problemas de interpretación y por más que la solución a que se arribase fuera injusta.

No es casualidad que en América se hayan impuesto las ideas de "El Federalista", precisamente en un capítulo de Hamilton; mientras en Europa cundía la doctrina del abate Sieyès[191].

Así comienza a concebirse, a la par que el sistema difuso estadounidense, un sistema concentrado o austríaco, que tiene como mentor a Hans Kelsen (particularmente con el libro "La Garantía Jurisdiccional de la Constitución", publicado en 1928). Para este filósofo y pensador político, el sistema de control de constitucionalidad de las leyes se configura como una función constitucional que no sería propiamente judicial, sino en sus propios términos, de *legislación negativa*[192].

El tribunal constitucional no enjuicia ningún caso concreto o hecho singular, lo que queda reservado al tribunal de grado inferior (que ha suscitado el incidente de constitucionalidad), sino solo un problema puramente abstracto de compatibilidad lógica entre la ley aplicable al caso y la Constitución. Por ello, escoltando nuevamente a Sola, puede decirse que para Kelsen el Poder legislativo se divide en dos órganos: uno, el parlamento titular de la iniciativa política, que es el legislador positivo, y otro, el tribunal constitucional, que a fin de mantener la coherencia del sistema, elimina las leyes que no respetan el marco constitucional[193].

Ambos sistemas serían perennes y tomarían caminos distintos, porque nacen de dos concepciones o filosofías políticas distintas en cuanto a los alcances del Estado.

ii) Dualidad de sistemas

Como se explica, en materia de control de constitucionalidad existen dos modelos institucionales primarios del derecho occidental que presentan *diferencias*

[191] Vanossi, "Introducción a los sistemas de control de constitucionalidad", *LL*, 1980-A, 970.

[192] Dice Kelsen: "… anular una ley equivale a establecer una norma general, puesto que la anulación de una ley tiene el mismo carácter de generalidad que su confección… no siendo por así decirlo, más que una confección con signo negativo, la anulación de una ley es, entonces, una función legislativa, y el tribunal que tiene el poder de anular las leyes es, por consiguiente, un órgano del poder Legislativo" (Kelsen, Hans "La garantía jurisdiccional de la constitución", traducción de Ronaldo Tanayo Salmorán, 1974, U.N.A.M., Instituto de investigaciones jurídicas, México, p. 491 y siguientes.).

[193] Sola, Juan Vicente, *Tratado…*, *op. cit.*, p. 104.

sustanciales en cuanto al órgano encargado de ejercer el control de constitucionalidad y *a los efectos*[194]:

a) Por un lado, está el esquema de revisión judicial o *judicial review*, por el cual se deja en manos de los jueces que integran el Poder Judicial la tarea de interpretar y aplicar la ley en el caso concreto, respetando en sus sentencias el principio de la supremacía constitucional. Este *sistema*, denominado *difuso*, confiere a todos los jueces la tarea de control.

Según Vanossi, el control judicial difuso nace del poder de interpretación, o sea de la necesidad de interpretar las normas aplicables al caso concreto a resolver[195].

b) Por otro lado, se presenta el *sistema concentrado* del modelo europeo, que centraliza el ejercicio del control de constitucionalidad en un único órgano, que se denomina tribunal constitucional y no forma parte del Poder Judicial.

La otra diferencia sustancial entre ambos sistemas se refiere a los efectos de las decisiones, pues en principio, las de los tribunales constitucionales tienen efectos *erga omnes*, mientras las decisiones de los jueces en el sistema difuso solo tienen efectos interpartes, aunque pueden llegar a constituir un precedente con fuerza diversa según el caso.

Según Sola, y en complemento de lo recién mencionado, podemos marcar que mientras en el *sistema difuso* la decisión solo tiene carácter *declarativo* ya que la norma constitucional sigue vigente y el tribunal no la aplica en el caso concreto; en el *sistema concentrado* tiene carácter *constitutivo*, pues la norma inconstitucional queda derogada[196]. A ello cabe agregar que, si bien en el sistema difuso no se deroga la norma, se aplica el criterio de la ejemplaridad del precedente o *stare decisis*, y "al mismo tiempo, con la utilización de las acciones colectivas o de clase, sus efectos pueden expandirse a todos los interesados"[197].

Desde el punto de vista teórico, la diferencia entre un tribunal constitucional y uno ordinario consiste en que, si bien ambos generan y aplican derecho, el segundo solo origina actos individuales, mientras que el primero, al proceder a la anulación general de la norma constitucional, realiza un acto contrario a la producción jurídica. El control concentrado impide a los jueces ordinarios interpretar la

[194] Highton, Elena I., *Sistemas Concentrado y Difuso de Control de Constitucionalidad*, Dossier, Corte Suprema de Justicia de la Nación, disponible en csjn.gov.ar/docus/documentos

[195] Vanossi, Jorge, *op. cit.*, p. 2.

[196] Sola, Juan Vicente, *Derecho Constitucional*, Lexis Nexis, Buenos Aires, 2006, p. 95.

[197] Sola, Juan Vicente, *Tratado…*, *op. cit.*, p. 102.

Constitución[198]; en tanto el sistema difuso atribuye a todos los órganos judiciales la posibilidad de que ejerciten ese control de modo incidental, en ocasión de la decisión de cualquier controversia.

Mientras en el sistema de control difuso se actúa en el problema contingente que se resuelve y se circunscribe la decisión al ámbito subjetivo de las partes; en el sistema de control concentrado puro la regla es la abstracción y la generalidad del pronunciamiento, independientemente de un caso concreto. Esto deriva, imposible negarlo, en una mayor acumulación de poder para los jueces que deciden, pues como se dijera, se produce la abrogación de la norma.

Para terminar este panorama general, debe advertirse que la expansión global de la justicia constitucional, en particular después de la *segunda guerra mundial*, ha sido acompañada por la proliferación de los modelos y de su recíproca hibridación, lo cual inspiró a los especialistas a ensayar nuevos esquemas clasificatorios y categorías que no facilitan demasiado su estudio.

iii) Sistema estadounidense

Expuestas sucintamente las dos variables existentes en materia de control de constitucionalidad, nos detendremos en la referencia a este modelo, toda vez que es la base de nuestro sistema.

Señala Amaya que la ideología de la Constitución estadounidense tuvo como uno de sus objetivos primordiales contener el accionar de las "mayorías" y, principalmente, de la "mayorías legislativas".

La sentencia de Marshall, depositando el control de la constitucionalidad de las leyes en el Poder Judicial, preserva (según la visión de buena parte de la doctrina y jurisprudencia) dicho objetivo, tenido en mira por el sistema de frenos y contrapesos. El control de constitucionalidad aparecía, entonces, como un medio de asegurar la supremacía de la Constitución y la limitación del Gobierno corriente[199].

En realidad, los argumentos acerca de la legitimidad del control de constitucionalidad en manos del Poder Judicial son políticos, filosóficos e históricos, es decir metaconstitucionales, al igual que los argumentos de la llamada dificultad u

[198] Sola, Juan Vicente, *Tratado…*, p. 118.

[199] Amaya, Jorge, "Judicial Review y la dificultad contra mayoritaria", en *Tratado de Derecho Procesal Constitucional*, Manili, Pablo Luis (dir.), La Ley, Buenos Aires, 2010, tomo I, ps. 251/252.

objeción "contra mayoritaria", expresamente aludidos por nuestra Corte Suprema en "Thomas", caso sobre el que insistiremos luego.

La dificultad "contra mayoritaria" se funda en el hecho de una grave carencia de fundamento democrático que pueda sostener y avalar la actuación del Poder judicial como controlador de la constitucionalidad de los actos de los otros poderes.

La objeción a la inserción de tal mecanismo de control dentro de un sistema democrático se apoya en cuatro dificultades básicas:

1) El nombramiento de los jueces en la mayoría de los ordenamientos está reservado a la discrecionalidad de los otros poderes.
2) La duración cuasi "vitalicia" en los cargos judiciales no parece avenirse con los ideales democráticos.
3) Como controlador de los actos de los restantes poderes a la luz de la Constitución, parece convertirse en un contrapeso excesivo y a la vez no controlable por los poderes que sí encarnan la voluntad popular.
4) En consecuencia, la función de los jueces no garantizaría el proceso democrático que instaura la Constitución pues, sin representar al pueblo y al ser, en principio, inamovibles en sus cargos, no podrían decidir en favor de los intereses de aquel[200].

En la vereda del frente, la posición judicialista postula que estos factores, lejos de provocar la ausencia de legitimación para el Poder Judicial, son las razones de su creación, a efectos de preservar a las "minorías" de los excesos de las mayorías coyunturales.

Dejando de lado esta controversia, que aún hoy se mantiene, diremos que la conceptualización del *sistema de control de constitucionalidad estadounidense como jurisdiccional y difuso, con efectos interpartes*, no debe pecar de simplista, pues existen ciertos matices.

iii.a) Por una parte, encontramos el típico caso de *expansión indirecta* de los efectos de la sentencia declarativa de inconstitucionalidad, como consecuencia de la obligación de los tribunales inferiores estadounidenses de atenerse a lo resuelto por las sentencias precedentes dictadas por los tribunales de jerarquía superior, en virtud de lo que se conoce como *stare decisis vertical*[201].

Bajo este principio, una vez que la Corte Suprema ha tomado una decisión sobre cierto tema, los tribunales inferiores deben seguirla en casos futuros y no

[200] Cfr. Verly, Hernán, "El argumento contramayoritario", *ED*, 1991, y Amaya, *op. cit.*

[201] *Stare decisis*, del latín, "dejar que la decisión esté".

derogarla, salvo condiciones excepcionales. Se trata, entonces, de una política judicial de cumplir con los precedentes, es decir que cuando un tribunal ha establecido un principio de derecho como aplicable a una situación de hecho, se mantendrá en esa posición y la extenderá a todos los casos futuros cuando los hechos sean sustancialmente análogos.

Como observa Sola, las ventajas del *stare decisis* son la consistencia, estabilidad y confianza necesarias en el sistema jurídico, que de otra manera se perdería frente a decisiones que fueran inestables o intransitivas[202]. Sin embargo, no se trata de una pauta inflexible. Debe entenderse que esta figura *no es como la* res iudicata, *un mandato inexorable.*

iii.b) Por otra parte y en el ámbito exclusivo de las *acciones de clase*, las virtualidades de la sentencia declarativa de inconstitucionalidad se expanden directamente a partir del ensanchamiento del concepto de parte: los miembros de una clase pueden accionar como "representantes" de la misma, de forma tal que los efectos de la sentencia alcanzan a todos sus integrantes, a pesar de su no participación en ese proceso.

Así, entonces, puede decirse que la *expansión directa* de los efectos de la sentencia declarativa de inconstitucionalidad se produce cuando se autoriza a ciertos sujetos a impugnar la constitucionalidad de una norma en "representación" de un grupo indeterminado de personas que tienen un interés común, pero que no participan en el proceso en cuestión. Esa representación *atípica* permite que los efectos de la sentencia se extiendan a todas las personas "representadas" por dicho sujeto y se concreta a través de las acciones de clase, establecidas por la ya estudiada Regla 23 de las Federal Rules.

iii.c) Un tribunal judicial puede, en algunos casos, concluir que una norma es inconstitucional tal como la aplica en un determinado caso, lo que se conoce como inconstitucionalidad "*as applied*". Ello implica que los órganos del Estado pueden continuar aplicando esta norma en circunstancias diferentes a las que motivaron su declaración de inconstitucionalidad. Pero también un tribunal judicial puede declarar que la norma impugnada resulta inaplicable no solamente para el caso concreto sino en toda circunstancia. Esto es lo que la doctrina estadounidense denomina declaración de inconstitucionalidad "*on its face*".

Esta declaración de inconstitucionalidad *on its face* (o facial) es admisible en dos supuestos: 1) cuando el vicio constitucional que padece la norma no es

[202] Cfr. Sola, Juan Vicente, "Derecho Constitucional", *op. cit.*, ps. 153/154.

susceptible de ser subsanado mediante la separación de sus aspectos constitucionales e inconstitucionales, en razón de extenderse el vicio a toda aplicación posible de aquella. Es decir, la aplicación de la norma resultaría inconstitucional en cualquier circunstancia imaginable; y 2) cuando la norma impugnada tiene tanto aplicaciones constitucionales como inconstitucionales, pero existen razones de política constitucional que desaconsejan ir delimitando los contornos constitucionales de la disposición caso por caso y llevan a que el tribunal declare su inaplicabilidad total.

iv) Breve panorama de América Latina

A mediados del siglo XX, prácticamente todos los países de América Latina habían incorporado el modelo americano de control de constitucionalidad en sus respectivos ordenamientos jurídicos. Sin embargo, el modelo europeo (austríaco) iba a proyectarse en el período de la segunda posguerra, como consecuencia de los graves sucesos por los que había atravesado el continente. Por tanto, fue irradiando en otras áreas geográficas, incluso América Latina, donde principalmente influyó en cuanto al órgano encargado de efectuar el control de constitucionalidad.

Vale reiterar, para comprender el fenómeno, que los tribunales constitucionales son un invento europeo (inspirado por Hans Kelsen), que se concretó en el período de entreguerras en Austria (1919), Checoslovaquia (1920) y España (1931). Con posterioridad a 1945, la idea se extendió por el resto de Europa, con la reinstalación del Tribunal Constitucional austríaco (1945) y la formación de tribunales en Italia (1948) y Alemania (1949), a los que siguieron otros más, incluso fuera de la órbita del medio europeo[203].

Unos años después, estas ideas cristalizan en América Latina, Guatemala fue el primer país que introdujo un tribunal constitucional en su Constitución de 1965, seguida por Chile, que hizo lo propio en 1971, como consecuencia de una reforma a la entonces vigente Constitución de 1925; y por Perú que, con la referencia de la experiencia española, creó el Tribunal de Garantías Constitucionales en la Constitución de 1979, con atribuciones de control abstracto y también para casos de afectaciones a los derechos individuales.

Sin embargo, como la influencia del control jurisdiccional de tipo estadounidense no había desaparecido, se terminó propiciando una suerte de "mix" con el

[203] Y últimamente, en países que volvieron a la democracia tras la caída de los regímenes comunistas del Este (Hungría en 1989, Bulgaria en 1991, República Checa en 1992, Estonia en 1992, etc.). Cfr. García Belaunde, Domingo, "Los tribunales constitucionales en América Latina", disponible en http://www.corteidh.or.cr

modelo austríaco, conservando los ordenamientos iberoamericanos, *simultánea o paralelamente*, la facultad de los jueces ordinarios, o de algunos de ellos al menos, de decidir con efectos ordinarios, esto es, inter partes, sobre la constitucionalidad de las disposiciones legislativas en los casos concretos sometidos a su conocimiento, algo que está excluido en los ordenamientos europeos que cuentan con un Tribunal Constitucional.

En este sentido, Highton refiere que a la clásica dualidad de sistemas se suma una tercera opción, en América Latina, de carácter "mixto", que instala dentro del Poder Judicial a jueces especializados que, actuando como sala dentro del Tribunal Supremo, como Corte independiente, tienen la palabra final sobre la interpretación constitucional, aunque se permita el control difuso de los jueces comunes[204].

Hoy asistimos a una verdadera eclosión de los tribunales constitucionales en América Latina[205], circunstancia que ha acentuado la pluralidad y heterogeneidad de modelos de control de constitucionalidad, generando fórmulas e instrumentos procesales en verdad originales, que en algunos casos funcionan de modo muy satisfactorio.

Conforme Humberto Nogueira Alcalá[206], los sistemas o modelos de control de constitucionalidad en América del Sur se pueden clasificar en:

1. Sistema judicial difuso (Argentina);
2. Sistema judicial concentrado en la Corte Suprema (Uruguay);
3. Sistema judicial concentrado en la Corte Suprema de Justicia y en su sala Constitucional (Paraguay);
4. Sistema de control judicial difuso y control concentrado en el Tribunal Supremo (Brasil);
5. Sistema de control judicial difuso y control concentrado en el Tribunal constitucional (Bolivia, Colombia);
6. Sistema de control constitucional dualista (Perú, Ecuador);
7. Sistema de doble control concentrado de constitucionalidad (Chile).

[204] Highton, Elena I., "Sistemas Concentrado y Difuso de Control de Constitucionalidad", en Dossier de la Corte Suprema de Justicia de la Nación, disponible en old.csjn.gov.ar/docus/documentos

[205] Fernández Segado, *op. cit.*

[206] Alcalá Nogueira, Humberto, "Las Competencias de los Tribunales Constitucionales de América del Sur", *Ius et Praxis*, versión *online*, disponible en http://dx.doi.org/10.4067/S0718-00122002000200003

CAPÍTULO II: SISTEMA ARGENTINO

i) Lineamientos básicos

La Constitución Nacional *1853/1860* nació con el sistema difuso, consagrado bajo la fórmula del art. 101 (116 después de la reforma de 1994), que prescribe que "corresponde a la Corte Suprema y a los tribunales inferiores de la nación, el conocimiento y decisión de todas las causas *que versen sobre puntos regidos por la Constitución* y por las leyes de la nación...". La parte que resaltamos de este texto evidencia que *cualquier juez no solo puede sino debe* efectuar el confronte de constitucionalidad, a diferencia del sistema concentrado, donde los tribunales comunes deciden solo aquellas cuestiones que no dependen de un planteo de ese tipo, el que es elevado al Tribunal Constitucional.

Poco después, en 1862, la *ley 27* en su artículo 2 estableció que los tribunales federales nunca procedían de oficio sino solo en los casos contenciosos en que eran requeridos a instancia de parte, y en el art. 3 habilitó expresamente a los jueces a prescindir de toda disposición de cualquiera de los otros poderes nacionales que estuvieran en oposición con la Constitución. El cuadro se completó al año siguiente, con la sanción de la *ley 48*, que al regular el recurso extraordinario federal contempló que uno de los supuestos de procedencia fuese que en el pleito se hubiese puesto en tela de juicio la validez de una ley por ser contraria a la Constitución Nacional (art. 14 incs. 1 y 2).

Por su parte, la Corte Suprema desarrolló toda una explicación del control judicial de constitucionalidad en dos fallos emblemáticos. Primero en "Sojo" (1887)[207], y luego en "Municipalidad de la Capital c/Elortondo" (1888)[208], donde dijo que "es

[207] Fallos: 32:120.

[208] Fallos: 33:162.

elemental en nuestra organización constitucional, la atribución que tienen y el deber en que se hallan los tribunales de justicia de examinar las leyes en los casos concretos que se traen a su decisión, comparándolos con el texto de la Constitución para ver si guardan conformidad con esta…".

Entonces, el sistema de control de constitucionalidad en Argentina en el orden federal es de carácter difuso o desconcentrado, es decir que la función de control de constitucionalidad compete a cualquier juez de cualquier fuero o instancia, y tiene lugar –en principio– a petición del interesado, respecto de un caso concreto y para producir efectos "inter partes".

El sistema se caracteriza por ser: a) *incidental:* solo se puede proponer en el marco de una controversia concreta; b) *especial:* la declaración de inconstitucionalidad solo implica la inaplicabilidad de la norma al caso concreto; y c) *declarativo:* el pronunciamiento de inconstitucionalidad produce certeza respecto de una nulidad preexistente[209].

Así pues, la declaración de inconstitucionalidad no produce efecto derogatorio o de caducidad a partir de las sentencias que invalidan una norma, sino que implica, antes bien, la no aplicación de aquella al caso concreto. De allí que Bianchi afirme que *"la declaración de inconstitucionalidad en realidad constituye una declaración de inaplicabilidad"*[210].

Se concluye, entonces, que el *control de constitucionalidad difuso* a cargo de todos los jueces, federales o locales se encuentra arraigado en nuestro país pese a que, como señala Dalla Vía, se ha discutido y se discute en el ámbito académico acerca de la conveniencia de adoptar un tribunal constitucional a la manera europea.[211]

Entre las ventajas de este órgano especializado, se señala que puede concentrarse en el cometido puntual de controlar los estándares de constitucionalidad, quedando liberado de las tareas de revisión en último grado de las decisiones jurisdiccionales; y por lo tanto resultaría conveniente integrarlo con juristas expertos, con mandato limitado, cambios que debieran evitarse en la composición de la Corte Suprema.

En abono de esta postura, vale citar que distintos países latinoamericanos con tradición de control difuso también han adoptado tribunales constitucionales, como sucede en Perú, Chile, Venezuela, Colombia y Panamá, entre otros.

[209] De Lillo, Adrián y Amaya, Ramiro, "Aporte al debate sobre supremacía constitucional", *LLNOA*, 2013 (agosto), 703.

[210] Bianchi, Alberto, *Control de constitucionalidad*, Abaco, 2° edición, Buenos Aires 2002, tomo I, p. 343.

[211] Dalla Vía, Alberto Ricardo, *Instituciones de Derecho Político y Constitucional, Teoría del Estado y de la Constitución*, tomo I-A, Abeledo-Perrot, Buenos Aires, 2013, ps. 506/507.

En el caso de Brasil, el Supremo Tribunal de Justicia es cabeza del Poder Judicial y atiende por vía recursiva los distintos recursos de inconstitucionalidad propios del sistema difuso, pero también puede intervenir de modo concentrado y declarar la inconstitucionalidad de una norma con efecto *erga omnes* cuando la acción sea incoada por un determinado número de gobernadores o legisladores.

ii) Mecanismos procesales

En cuanto a las herramientas para hacer efectivo el control de constitucionalidad, diremos que no existe, a nivel nacional, una vía directa o de inconstitucionalidad "pura", sino que el planteo se deduce y resuelve en el marco de las distintas acciones que puedan entablarse en casos concretos.

Sin embargo, desde hace tiempo se ha "echado mano" a la acción declarativa de inconstitucionalidad prevista en el C.P.C.C.N. (art. 322) con lo cual, según Ibarlucía, se complementa nuestro sistema de control de constitucionalidad, para él deficiente e incompleto, con la ventaja de que en esta figura procesal no hace falta acreditar "daño actual" sino que basta el estado de incertidumbre sobre la existencia y alcance de un derecho o garantía constitucional, siempre que no exista otro remedio para ponerle fin[212].

Sabemos que la acción declarativa tiene por objeto obtener una sentencia que declare la existencia o inexistencia de una relación o situación concreta o sobre sus consecuencias. Es una vía procesal posible para dilucidar situaciones de incertidumbre ordinaria respecto de la modalidad, alcance o extensión de una relación jurídica entre un sujeto activo y un sujeto pasivo.

Estas herramientas, longevas y conocidas con el nombre de "acción de jactancia" se pueden usar en *cuestiones constitucionales* bajo los mismos requisitos de la acción declarativa preceptuada en el *art. 322 del C.P.C.C.N.*, esto es: a) un estado de incertidumbre sobre la existencia, alcance y modalidad de una relación jurídica concreta; b) que el accionante tenga un interés jurídico suficiente, en el sentido de que la falta de certeza pueda producir un perjuicio o lesión actual y, c) que haya un interés específico en el uso de esta vía, lo que solo ocurrirá cuando aquél no disponga de otro medio legal para darle fin inmediatamente[213] (*ED*, 123-421; *LL*, 1989-D, 92).

[212] Ibarlucía, Emilio A, "Reflexiones sobre el fallo de la Corte en el caso 'FAYT' y el sistema de control de constitucionalidad en la Argentina", *Colección de Análisis Jurisprudencial Derecho Constitucional*, Dalla Via, Alberto Ricardo (dir.), La Ley, 2002.

[213] Cfr. C.S.J.N. 07/03/1989, "Agua y Energía Eléctrica, Soc. del Estado c/Provincia de Mendoza", *La Ley*, 1989-D, 92, *DJ*, 1990-1, 53.

Gil Domínguez sostiene que la acción declarativa de inconstitucionalidad en el orden federal constituye un fenómeno particular dentro del sistema de control de constitucionalidad argentino. Ninguna otra vía procesal ha tenido el desarrollo experimentado en los últimos años como esta, que desde una posición inicial negatoria de su condición de caso judicial, ha llegado a convertirse en el vehículo de pronunciamientos trascendentes en materia de control de constitucionalidad[214].

Y distingue, en un sentido afín con Sola[215], tres períodos evolutivos:

a) El primero se extiende hasta 1967, fecha en que se incorporó en el recién mencionado artículo 322 del Código Procesal Civil y Comercial la acción declarativa como proceso judicial, y durante el cual se negó a la acción declarativa de inconstitucionalidad la aptitud de generar un verdadero caso judicial.
b) El segundo corte abarca desde 1967 hasta 1985, en cuyo lapso la Corte Suprema de Justicia no admitió la posibilidad del control de constitucionalidad en la acción regulada por el artículo 322.
c) El tercero comenzó en 1985 y se extiende hasta la actualidad. Aquí el Alto Tribunal anunció la existencia de la acción declarativa de inconstitucionalidad, enmarcada en el artículo 322, dando lugar, según Gil Domínguez, a dos alternativas posibles:
   c.1) que se trate de la acción declarativa de certeza con ejercicio de control de constitucionalidad a efectos de despejar un estado de incertidumbre constitucional; o
   c.2) que sea una acción declarativa de inconstitucionalidad que, aunque afincada el artículo 322 del digesto ritual, tenga independencia de la acción declarativa de certeza y su objeto consista exclusivamente en la declaración de inconstitucionalidad de una norma.

En ambos casos, se genera un tránsito necesario desde una pretensión declarativa ordinaria hacia una pretensión declarativa constitucional, lo cual implica que la acción se transforma en un proceso constitucional con vasos comunicantes vinculantes con la acción de amparo.

214 Gil Domínguez, Andrés, "Acción declarativa de inconstitucionalidad en el orden federal", *La Ley*, 2008-E, 73.

215 Sola, Juan Vicente, "Tratado...", *op. cit.*, ps. 375/400.

En este sentido, en el caso "Agueera c/Provincia de Bs. As." (aludido en la Parte General) la Corte Suprema de Justicia señaló que "la circunstancia de que la actora haya demandado por la vía prevista en el art. 322 del Código Procesal Civil y Comercial de la Nación no constituye un óbice para la aplicación del art. 43 C.N., en virtud de la analogía existente entre esa acción y la de amparo. Tal analogía ha sido advertida por esta Corte al señalar que el pedido de declaración de inconstitucionalidad de una norma importa el ejercicio de una acción directa de inconstitucionalidad, de aquellas que explícitamente ha admitido como idóneo –ya sea bajo la forma de amparo, la acción de mera certeza o el juicio sumario en materia constitucional– para prevenir o impedir las lesiones de derechos de base constitucional... La similitud entre ambas acciones también se desprende de la doctrina de diversos precedentes en los cuales se consideró evidente que la acción declarativa, al igual que el amparo, tiene una finalidad preventiva y no requiere la existencia del daño consumado...".

Luego, once años después de Agueera, en 2008 en la causa "Camuzzi Gas del Sur S.A. c/Río Negro, provincia de s/acción de inconstitucionalidad"[216], el Alto Tribunal dijo "en los términos expuestos, es dable sostener que la solicitud de la actora no tiene carácter meramente consultivo ni importa una indagación especulativa, sino que responde a un 'caso' y busca precaver los efectos de actos en ciernes –a los que atribuye ilegitimidad y lesión al régimen constitucional federal– y fijar las relaciones legales que vinculan a las partes en conflicto, extremos que aconsejan subsumir la cuestión por la vía prevista en el art. 322 del Código Procesal Civil y Comercial de la Nación (arg. fallos: 311:810; 323:1206 y 4192, y 327:1034)".

En resumen, la vía del art. 322 del digesto procesal es reconocida hoy, incluso por el Máximo Tribunal, como apropiada para ventilar cuestiones de constitucionalidad, bajo los mismos recaudos que la acción declarativa de certeza ordinaria, y siempre que exista un caso concreto.

Corroboran lo expuesto dos fallos paradigmáticos: el recaído en 1999 en el caso "Fayt" sobre edad jubilatoria de los jueces y en 2015, en el caso "Uriarte" sobre régimen de subrogancia, que luego estudiaremos.

iii) *Stare decisis* vertical en nuestro país

En línea con Angélica Gelli, puede afirmarse que la Constitución Nacional no declara obligatorias las sentencias de la Corte Suprema para las demás instancias

[216] Fallos: 331:2178.

judiciales ni la ordenación jurídica argentina ha establecido de modo expreso el sistema del *stare decisis*; sin embargo, *las sentencias de la Corte Suprema no solo tienen valor moral, retórico o de ejemplaridad.* Si la regla creada por el tribunal en materia constitucional o convencional es suficientemente clara y precisa y emana de la mayoría de sus integrantes en cuanto a la decisión y a los argumentos que sostienen la decisión, de aquel fallo emana un deber de seguimiento. Si, no obstante, los jueces de las instancias anteriores no siguen esa doctrina, el posterior recurso extraordinario la repondrá en el caso concreto, salvo que el tribunal mude su propia jurisprudencia según nuevas consideraciones sobre la cuestión de que se trate[217].

En la causa "Provincia de Córdoba c/Mattaldi Simon Limitada S.A.", del 18 de septiembre de 1946 (fallos: 206:614), se dejó establecido que las sentencias de la Corte deben ser lealmente acatadas, no solo porque es lo que corresponde respecto de toda resolución firme de los tribunales de justicia sino también porque la Corte, en ejercicio de su jurisdicción constitucional y legal, es suprema y sus decisiones son intangibles, y puede imponerse directamente su cumplimiento a los jueces locales y federales. Acertadas o no las sentencias del Alto Tribunal, el resguardo de su integridad interesa fundamentalmente a la vida de Nación, su orden público, la paz social y la estabilidad de las instituciones y, muy especialmente, a la supremacía de la Constitución en que aquellas se sustentan.

Esta tendencia de "estar a lo decidido" por el Supremo Tribunal tiene la indiscutible ventaja de que los criterios se vuelven predecibles y ello aporta seguridad jurídica.

Por eso en diversas ocasiones aquel dejó asentado que sus decisiones son finales y "los jueces inferiores de la Nación se hallan obligados moralmente a seguirlas por una necesidad institucional de respeto y acatamiento, salvo que se adviertan razones de peso que ameriten un apartamiento fundado (cfr. fallos: 12:134; 205:614; 235:662; 239:352; 240:9 y 245:429, entre otros); declarando que "carecen de fundamento las sentencias de los tribunales inferiores que se apartan de la jurisprudencia de la Corte sin aportar nuevos argumentos que justifiquen modificar la posición sentada por el tribunal en su carácter de intérprete supremo de la constitución y de las leyes dictadas en su consecuencia" (caso "Cerámica San Lorenzo", fallos: 307:1094, año 1985).

Casos como "Badaro" (movilidad jubilatoria), "Smith" (corralito financiero) y "Arriola" (inconstitucionalidad de la tenencia de estupefacientes para consumo)

[217] Gelli, María Angélica, "La obligatoriedad de las sentencias de la Corte Suprema (A propósito de 'Arte Radiotelevisivo Argentino S.A.' y la libertad expresiva)", sup. const., 10/04/2014, 33, *La Ley*, 2014, B, 383.

encabezan una selecta lista de precedentes donde el "*stare decisis*" fue total desde que cambiaron, por su unánime aplicación posterior, la vigencia de una norma en tela de juicio; siempre iniciación de juicio particular mediante.

iv) Acción colectiva y acción popular

La acción popular es aquella que puede promover cualquier ciudadano en defensa de la legalidad sin que deba invocar derecho o interés alguno diferenciado del resto de sus congéneres, es decir, particularizado.

Se trata de aquella acción que, actuando por su propia decisión, ejercitare una persona cualquiera del pueblo (*civis de populo*) para la defensa, protección o tutela de intereses públicos o generales, sin tener para ello otra prerrogativa que un interés simple, vale decir, sin que al efecto dicha persona sea titular de un interés o de un derecho propio, personal y directo suyo.

iv.a) Esta herramienta tuvo una importante aplicación en Roma, en la época de la República y podía dirigirse no solo contra los que ejercían funciones públicas, sino también cargas públicas. Con esa acción se defendía el patrimonio de la entidad pública o erario y el de personas privadas como el del pupilo perjudicado por actos de su tutor, supuesto en que podría decirse que ese patrimonio estaba en primer lugar, solo que al defenderlo y obtener su protección se restablecía el orden jurídico alterado por el acto irregular.

El móvil de la acción popular no era solo restablecer la legalidad, sino también sancionar o reprimir la inmoralidad. Es en ese doble fin en el que se encuentra la virtud de este singular medio jurisdiccional, de evidente valor educativo y cívico.

En derecho comparado existen diferentes ejemplos de acción popular. Puede mencionarse el de Brasil, mediante el inciso LXXIII del artículo 5 de la Constitución de Brasil de 1988 y la *citizen action* estadounidense, contemplada en la Clear Air Act de 1970, que permite a cualquier ciudadano accionar contra entes públicos o privados en los casos de polución del aire atmosférico.

También la Constitución de Colombia de 1991 en su art. 88, primer parágrafo, dispone que "La ley regulará las acciones populares para la protección de los derechos e intereses colectivos, relacionados con el patrimonio, el espacio, la seguridad y la salubridad públicos, la moral administrativa, el ambiente, la libre competencia económica y otros de similar naturaleza que se definen en ella", lo que se complementa con la ley 472 que en su artículo 12 legitimó, entre otros sujetos para interponer acciones populares, a toda persona individual o jurídica.

Por su parte, la ley sueca sobre preservación de la naturaleza de 1969, permite a los ciudadanos obtener una orden de cesación de la actividad nociva.

iv.b) En el ámbito nacional, como señalan Morello y Sbdar, la acción popular es ajena a la tradición jurídica, porque se encuentra muy aferrada a la idea de afectación personal y directa de un derecho como fundamento de la legitimación para reclamar su protección[218].

Sin embargo, como referimos en la presentación, existieron interpretaciones en el sentido de que la reforma de 1994 incorporó la acción popular en el primer párrafo del art. 43, cuando encabeza la cláusula del amparo con la referencia "cualquier persona".

Tal como anticipamos al abordar la cuestión de la legitimación en los procesos colectivos, estimamos que se trata de una imprecisión en la terminología empleada por el constituyente, pues en el diseño completo de la norma subyace que el primer párrafo estuvo destinado a la regulación del amparo individual, mientras el segundo se dedicaba al amparo colectivo. Ergo, resulta ilógico que la legitimación en el primero sea rotundamente más amplia que en el segundo. Se suma a ello, además de la apuntada falta de tradición histórica, la carencia de elementos inequívocos en el debate parlamentario para sostener lo contrario.

En la jurisprudencia federal existen lineamientos claros acerca de la inexistencia de una acción de inconstitucionalidad autónoma, desarrollada al solo fin de la invalidación de normas.

La Corte Suprema, en el caso "Polino, Héctor y otro c/Poder Ejecutivo s/ amparo"[219], relacionado nada menos que con el proceso preconstituyente de 1994 (pues se objetaban aspectos del trámite que derivó en la sanción de la ley 24.309, que declaró la necesidad de dicha reforma), fue elocuente al marcar que la existencia de un interés particular del demandante en el derecho que alega, exigido por la doctrina constitucional federal para la existencia de caso en justicia, no aparece como un requisito tendiente a eludir cuestiones de repercusión pública; pues "la atribución de declarar la invalidez constitucional de los actos de los otros poderes reconocida a los tribunales federales ha sido equilibrada poniendo como límite infranqueable la necesidad de un caso concreto –en el sentido antes definido– para que aquella sea puesta en juego. Por sus modalidades y consecuencias, *el*

[218] Morello, Augusto y Sbdar, Claudia, *Acción Popular y Procesos Colectivos*, Lajouane, Buenos Aires, 2007, ps. 119/121.

[219] C.S.J.N. 7/04/1994, fallos: 317:335, *La Ley*, 1994-C.

sistema de control constitucional en la esfera federal excluye, pues, el control genérico o abstracto, o la acción popular. La exclusión de tales modalidades impide que la actividad del tribunal *se dilate hasta adquirir las características del poder legislativo*, y dentro de la marcha del proceso constitucional, subordine la eficacia final de un pronunciamiento al consenso que encuentre en el pueblo" (considerando 5°, destacado propio).

iv.c) Expuesto sintéticamente el estado de cosas en la materia, es oportuno delinear las diferencias entre la acción colectiva y la acción popular, en dos puntos sustanciales: la legitimación y la existencia de caso.

Mientras para la acción popular la admisión de la postulación procesal es absolutamente irrestricta, en la acción colectiva la legitimación es amplia pero puntual, ceñida a los sujetos nombrados en el segundo párrafo del art. 43 de la ley fundamental, respecto de los cuales es menester constatar la legitimación. Ello así por cuanto la introducción de esta norma en la reforma constitucional de 1994 no importó proclamar una mecánica habilitación para demandar, lo que quedó plasmado en diversos precedentes (mencionados en la sección segunda de la parte general) que negaron la intervención de algunas asociaciones y defensores del Pueblo.

En cuanto a la existencia de controversia, mientras la primera se inspira en la defensa de la legalidad, sin necesidad de disputa sobre un objeto o pretensión judicial, la segunda se motiva en un pleito entre partes adversas.

Solo resta dotar de mayor precisión al interrogante acerca de cuán semejantes son los efectos del proceso colectivo y de la acción popular.

La realidad es que en ciertos aspectos se acercan y en otros no: en materia de intereses individuales homogéneos, como la cosa juzgada se extiende a los miembros del grupo que no se hayan excluido, raramente ello coincidirá con el efecto absolutamente laxo de una acción planteada por cualquiera del pueblo, que no tiene que acreditar ningún tipo de representación masiva. En el caso de derechos colectivos, cuando lo resuelto recayere sobre un bien indisponible como el medio ambiente, que –como se explica– es omnicomprensivo y por definición no excluye beneficiarios, podría, sí, darse un paralelismo con la acción popular, en punto a la aplicabilidad de la tutela dispuesta a toda la sociedad.

v) Sobre las modalidades "*on its face*" y "*as applied*"

Por último, es posible hacer un parangón con la doctrina anglosajona reseñada en el capítulo anterior (pto. iii.c), para explicar otra diferencia que puede darse en la práctica respecto a los efectos del fallo y que tiene que ver con el núcleo de fundamentos en virtud de los cuales se hace lugar al pedido de inconstitucionalidad.

Si el mismo se refiere exclusivamente a un aspecto del caso concreto involucrado, el efecto es el normal o general, es decir, el tribunal concluye que una norma es inconstitucional tal como la aplica en un determinado caso. Este es el llamado efecto "*as applied*" del derecho estadounidense e implica que los órganos del Estado pueden continuar aplicando esta norma en circunstancias diferentes a las que motivaron su declaración de inconstitucionalidad.

Pero también un tribunal judicial puede declarar que la norma impugnada resulta inaplicable no solamente para el caso concreto sino *en toda circunstancia.* Esto es lo que, como vimos, la doctrina estadounidense denomina declaración de inconstitucionalidad "*on its face*"[220].

Esta declaración facial es admisible en dos supuestos: cuando el vicio constitucional que padece la norma no es susceptible de ser subsanado mediante la separación de los aspectos que superan o no el test de constitucionalidad; y cuando la norma impugnada tiene tanto aplicaciones constitucionales como inconstitucionales, pero existen razones de política judicial que llevan a que el tribunal declare la inaplicabilidad total de la norma. Se trata de supuestos en que la declaración de inconstitucionalidad es *inherente a la ley*, y entonces hay doctrina que señala que la tutela de un derecho no es divisible y que *la inconstitucionalidad se expande.*

Mutatis mutandis, podemos decir que esta es la solución que adoptaron los jueces Fayt, Petracchi y Argibay en sus disidencias parciales en "Halabi", como un modo de abordar elípticamente la cuestión concerniente a los efectos colectivos (remiten a la disidencia de Petracchi en fallos: 322: 3008, cons. 12 y 13) atento que, recordemos, la apelación estaba afincada en el efecto *erga omnes* de la sentencia de Cámara. Volveremos a este análisis en la Sección que sigue.

vi) Derecho Público Provincial

Cuadra mencionar lo que ocurre en este ámbito, por la pertinencia de algunas regulaciones y para exhibir –de modo sucinto– cómo se diferencian del sistema nacional, lo que es perfectamente posible por la diversidad ínsita en el federalismo argentino, donde las provincias son autónomas en sus legislaciones procesales (art. 75 inc. 12 en función del art. 121 C.N.).

[220] Cfr. Rivera (h) y Legarre, *op. cit.*

En el contexto de diversidad que inspira nuestro sistema federal, la provincia de *Tucumán* es innovadora, pues además de tener un Código Procesal Constitucional de vanguardia (visto en la Parte General) cuenta en la Constitución local con la previsión de un *Tribunal Constitucional*, el que, sin embargo, nunca se puso en funcionamiento.

En cuanto al mecanismo de control, una muy interesante previsión la encontramos en *Tierra del Fuego* cuya Constitución, en el artículo 159, indica que "cuando el Superior Tribunal de Justicia declare *por unanimidad y por tercera vez* la inconstitucionalidad de una norma jurídica materia de litigio, podrá resolver la suspensión de su vigencia en pronunciamiento expreso dictado por separado, el que será notificado en forma fehaciente a la autoridad que la dictara y dado a conocer en el diario de publicaciones legales dentro de los cinco días de emitido". De modo similar, el artículo 175 de la Constitución de *Chubut*, prescribe "cuando el Superior Tribunal de Justicia declara por *dos veces consecutivas o tres alternadas* la inconstitucionalidad de una norma legal, esta deja de tener vigencia a partir del día siguiente a la publicación oficial de la sentencia definitiva".

Otro tanto ocurre con la Constitución de *Río Negro* que en su art. 208, bajo el título "Abrogación", dispone que "cuando el Superior Tribunal de Justicia, *en juicio contencioso*, declara por unanimidad *y por tercera vez* la inconstitucionalidad de un precepto materia de litigio contenido en una norma provincial o municipal puede, en resolución expresa dictada por separado, declarar abrogada la vigencia de la norma inconstitucional que deja de ser obligatoria a partir de su publicación oficial. Si la regla en cuestión fuere una ley, el Superior Tribunal de Justicia *debe dirigirse a la Legislatura a fin de que proceda a eliminar su oposición con la norma superior*. Se produce la derogación automática de no adoptarse aquella decisión en el término de seis meses de recibida la comunicación del Superior Tribunal de Justicia, quien ordena la publicación del fallo".

Finalmente, la Constitución de la *Ciudad Autónoma de Buenos Aires* contempla un control de constitucionalidad con doble curso. Por un lado, el art. 14 establece un control judicial difuso que requiere la existencia de una controversia previa para expedirse, cuya declaración de inconstitucionalidad produce efectos "interpartes". En paralelo, el art. 113 prevé la competencia originaria y exclusiva del Tribunal Superior de Justicia en las acciones declarativas contra la validez de leyes, decretos y cualquier otra norma de carácter general emanada de las autoridades de la Ciudad, contrarias a la Constitución Nacional o a esa Constitución; en cuyo caso "la declaración de inconstitucionalidad *hace perder vigencia a la norma salvo que se trate de una ley* y la Legislatura la *ratifique* dentro de los tres meses de la sentencia declarativa por mayoría de los dos tercios de los miembros presentes. La ratificación de la Legislatura no altera sus efectos en el caso concreto ni impide el posterior control difuso de constitucionalidad ejercido por todos los jueces y por el Tribunal Superior" (destacado propio).

Adviértase que las cuatro disposiciones citadas[221], de distintas jurisdicciones y momentos, conciben la paralización de la vigencia de la norma general siempre a cargo de la máxima autoridad judicial en el ámbito provincial. Se habilita, entonces, una suerte de control de constitucionalidad concentrado a nivel local.

En cuanto a los efectos derogatorios, contemplan salvoconductos para conciliar con la voluntad política: sea mediante la condición de que la invalidación constitucional ya haya ocurrido en alguna ocasión anterior (las tres primeras cláusulas transcriptas); o sea con previsión de una instancia de intervención del órgano legisferante (la tercera y la cuarta).

En efecto, la Constitución de Río Negro, dispone un reenvío a la Legislatura a fin de que ella misma corrija el error y adecúe la norma local al precepto violentado; interpretando su inactividad durante el plazo allí estipulado como consentimiento a la derogación, que será inmediata luego de su vencimiento.

Por su parte, la carta fundamental de C.A.B.A. otorga a la Legislatura la chance de insistir en el precepto invalidado, para lo cual se requerirá una mayoría calificada, dejando a salvo el efecto de la declaración de inconstitucionalidad en el caso concreto, que se mantiene.

Para terminar con este breve cuadro ilustrativo, vale citar el caso de la *Constitución de Salta*, que con un espíritu realmente amplio, consagra en su *art. 92* una *acción popular* de inconstitucionalidad, de puro derecho y con efecto *erga omnes*, a cargo de la Corte de Justicia de la Provincia (153, ap. II, a de dicho plexo); reglamentada por ley provincial 8036, del 19/09/2017.

[221] Las respectivas constituciones se encuentran disponibles en www.infoleg.gob.ar

Sección segunda

Declaración de inconstitucionalidad en los procesos colectivos y expansividad

Como se viene anticipando, *el efecto expansivo de las sentencias recaídas en los casos colectivos que involucran pedidos de invalidación constitucional de una norma* genera reparos relacionados a la división de poderes y al sistema de control de constitucionalidad. A la vez, se trata de un tema respecto al cual no hay demasiado desarrollo, ni en la jurisprudencia más reciente de la Corte Suprema, ni en sus Acordadas, ni en los proyectos legislativos comentados en la parte general.

En cuanto a los fallos, la aridez de la cuestión ha generado que, incluso en los pocos supuestos en que la cuestión era central, hubiera un solapado intento de eludirla. Además, fuera de los casos "Halabi", "Thomas", "Rizzo", "C.E.P.I.S." y "Castillo", que veremos nuevamente en el capítulo que sigue, pero exclusivamente desde la perspectiva de los efectos, no existen antecedentes que, *en clave colectiva*, se hicieran cargo de los efectos dilatados de una revisión constitucional. En este recorte de cinco *leading cases*, los dos primeros no se iniciaron o tramitaron como acción colectiva, pero sentaron las bases para todo el desarrollo reglamentario (Acordadas) y doctrinario posterior. Dejamos fuera del análisis en esta parte Especial al caso "P.A.D.E.C.", típica acción colectiva de consumo, por cuanto si bien allí se planteó la inconstitucionalidad de una cláusula predispuesta en los contratos de adhesión, el pronunciamiento de la Corte se limitó a la legitimación.

No obstante, escuetamente referiremos a otras sentencias que, en los hechos, tuvieron repercusión general *y constituyen los casos más extremos de propagación de los efectos de la declaración de inconstitucionalidad dentro de nuestro sistema tradicional*[222]. Entonces sí, con un panorama completo, haremos foco en los casos señalados en el párrafo anterior y decantaremos nuestros interrogantes.

[222] La abreviada medida de las referencias, comentadas a partir de nuestra opinión, dispensa de la técnica del remarcado en cursiva utilizada en la parte general.

CAPÍTULO I: LA DIFUSIÓN DE LOS EFECTOS DEL CONTROL DE CONSTITUCIONALIDAD EN EL SISTEMA TRADICIONAL. ALGUNOS CASOS DE EFECTOS DILATADOS

i.a) La cuestión de la edad de los jueces

a) Como es sabido, en el emblemático caso "Fayt c/Nación Argentina"[223], la Corte se pronunció sobre los límites a las facultades de la Convención Constituyente reformadora de 1994, y por primera y única vez declaró la inconstitucionalidad de una reforma constitucional (art. 99 inciso 4 párrafo tercero de la Constitución Nacional).

Fue este un claro supuesto *de ejemplaridad de un precedente de la Corte*, que durante 18 años se mantuvo absolutamente vigente, hasta que luego, en "Schiffrin", se dejó sin efecto.

En resumidas cuentas, el tribunal manifestó que

1. El Congreso, al declarar la necesidad de reforma constitucional y fijar los límites de la Convención Reformadora mediante una ley, aceptó el carácter justiciable de los límites del poder reformador.
2. La Convención Constituyente se reúne con la finalidad de modificar aquellas cláusulas constitucionales que el Congreso declaró que podían ser reformadas y sobre las que el pueblo de la Nación tuvo oportunidad de pronunciarse al elegir a los convencionales, y no otras, sobre las que no concurren dichos requisitos.
3. La sanción de nulidad contenida en el art. 6° de la ley 24.309, para todo aquello que comportase una modificación, derogación o agregado a la

[223] C.S.J.N. 19/8/1999, cita fallos: 322:1609, *La Ley*, 2000-C, 543 con nota de Mario A. R. Midón; *La Ley*, 1999-F, 33 con nota de Miguel Ángel Ekmekdjián, Colección de Análisis Jurisprudencial Teoría General del Derecho, Russo, Eduardo Ángel (dir.); La Ley, 2005, 61 con nota de Daniel Alberto Sabsay; La Ley, 2002, 122 con nota de Emilio A. Ibarlucía; *La Ley*, 1999-E, 65, con nota de Adrián Ventura; *DJ*, 2000-1, 201, 1999-IV, 613; *ED*, 184-984, 1001-1004.

competencia establecida en los arts. 2° y 3° de dicha ley, revela el carácter de restricción explícita que el Congreso atribuyó a aquello que alterase o excediese el marco de la habilitación, sin perjuicio de la prohibición contenida en el art. 7°.

4. La reforma introducida por la Convención en el art. 99 inc. 4°, párr. 3° y en la disposición transitoria undécima es nula de nulidad absoluta, ya que una alteración tan sustancial no reconoce habilitación suficiente en las facultades implícitas que se derivan de la expresa atribución de reformar (en los términos del apartado I del "Núcleo de Coincidencias Básicas" incorporado a la ley 24.309) el régimen de designación de los jueces del Máximo Tribunal.

b) "Schiffrin, Leopoldo Héctor c/Poder Ejecutivo Nacional s/acción meramente declarativa"[224]

Este fallo tiene el mérito de haber revertido lo que, como se dijo en el punto anterior, fue una doctrina consolidada y pacífica a partir de "Fayt", que había fustigado el límite de 75 años de edad impuesto por la reforma de 1994 para la función judicial.

Esta vez, en cambio, la Corte Suprema, por mayoría, reconoció las facultades de la Convención Constituyente y revocó la sentencia de primera instancia que, por aplicación del mencionado antecedente, había declarado la nulidad e inaplicabilidad de aquella cláusula. Naturalmente, los cimientos que sustentan esta decisión son profusos, pero para evitar dispersiones y por una cuestión de extensión nos vemos obligados a resumirlos al máximo.

Solo diremos que la mayoría estuvo conformada por Lorenzetti, Maqueda y Rosatti, pero de un modo singular, ya que los dos últimos adhirieron *por su voto* al presidente del cuerpo. Por ello se incluyó una estrategia, absolutamente novedosa, de establecer las reglas y conclusiones comunes, efectuando congruentes enunciaciones con el objeto validar el abandono de la doctrina "Fayt" y disipar eventuales dudas respecto de la conformación del quórum mayoritario.

Se trata de una decisión con efectos de altísimo impacto, en lo dogmático y en lo práctico.

Lo primero, respecto de la teoría del control de constitucionalidad de eventuales reformas constitucionales, marco en que sienta la noción de *máxima deferencia* como patrón en la apreciación de lo actuado por la Convención. Esta

[224] Disponible en www.csjn.gov.ar; *La Ley online*, 06/04/2017.

conceptualización, que a nuestro modo de ver, constituye el punto más álgido del *holding* del voto mayoritario, proviene de la doctrina anglosajona y tiene que ver con una técnica judicial de apreciación de la legalidad y rectitud en la actuación de los otros órganos de gobierno, que admite diversos grados según el margen de discrecionalidad acordado o preestablecido normativamente respecto de esa actuación[225].

¿La "máxima deferencia" implica un respecto absoluto, sin margen de excepción? Creemos que no, y distintos pasajes del fallo así lo demuestran, pues existen límites a esa anuencia con la labor de la Convención Constituyente. Así, por ejemplo, en el considerando 17 del voto del juez Lorenzetti se alude a los derechos humanos como parte del bloque de constitucionalidad y como límite a una eventual reforma constitucional.

Lo segundo, por cuanto su aplicación cambiará indefectiblemente la fisonomía del Poder Judicial de la Nación, de allí la *exhortación* al Consejo de la Magistratura de la Nación para que adopte las medidas que considere necesarias para asegurar la plena vigencia del artículo 99, inciso 4°, tercer párrafo, de la Constitución Nacional (considerandos 26 del voto de Lorenzetti, 46 del de Maqueda y 24 del voto de Rosatti) lo que, huelga decir, no se hizo esperar.

Finalmente, puntualiza que "*si bien la decisión en las causas judiciales de acuerdo a nuestro régimen jurídico se limita al caso concreto, lo cierto es que la sentencia en 'Fayt' permitió concluir en la invalidez jurídica general de la cláusula –es decir más allá del caso concreto planteado– al punto tal que jueces federales de más de 75 años han permanecido en sus cargos sin haber iniciado individualmente una acción judicial para obtener la declaración de certeza que obtuvo a su favor el entonces juez de esta Corte*".

Y, remarcó que "amparados bajo una *inadmisible –en nuestro sistema constitucional– ampliación de su doctrina, la decisión de nulidad absoluta en el caso 'Fayt' ha significado la derogación de una norma de la Constitución.* Tal declaración general ha implicado en los hechos la lisa reescritura por parte de los jueces de la Constitución Nacional. *Ante tamaño exceso de poder*, la doctrina que emana de la presente sentencia apunta a devolver su vigencia a la totalidad del texto de la Constitución, y debe ser de especial consideración para todas las situaciones similares al presente

225 Edwards, Richard, "Judicial Deference under the Human Rights Act", *The Modern Law Review*, 2002; Baker, Scott, "A Theory of Judicial Deference", Washington University in St. Louis Law School Lewis Kornhauser, New York University Law School, November 2, 2015; Tushnet, Mark, "The Constitution of the United States of America (A Contextual Analysis)", Oxford, Hart Publishing, 2015.

caso, en el entendimiento de que este tribunal ha resuelto la cuestión en su carácter de intérprete supremo del texto constitucional" (destacado propio).

Hay acá, como puede observarse, una fuerte crítica al efecto *virtualmente derogatorio* que tuvo el fallo respecto de la norma en crisis, en línea con la proposición que venimos intentando demostrar respecto a la tensión que se produce entre el mismo y el sistema de control de constitucionalidad; agravado en el caso por tratarse de un dispositivo de la ley fundamental.

Disidencia de Rosenkrantz

Luego de establecer que las convenciones reformadoras no pueden extralimitarse, aseguró que el texto de la ley 24.309 no habilitó a la convención respectiva a reducir la duración del mandato de los jueces. Puntualizó que la habilitación para reformar un artículo de la Constitución no es una licencia para introducir en él cualesquiera contenidos, de lo contrario se traicionaría el sistema de reforma ideado por nuestros constituyentes, convirtiéndolo en una "caja de Pandora".

i.b) La autonomía universitaria: "Monges c/U.B.A."[226]

Analía Monges, aspirante a estudiante de medicina de la Universidad de Buenos Aires, interpuso el recurso judicial directo previsto en el artículo 32 de la ley 24.521 contra la Res. 2314/95 del Consejo Directivo de la Universidad, que dejó sin efecto la Resolución de la Facultad de Medicina que instauraba, en su ámbito, el *Curso Preuniversitario de Ingreso* en sustitución del Ciclo Básico Común; solicitando se declare la nulidad del instrumento cuestionado y restablezca el Curso Preuniversitario.

La sala I de la Cámara Nacional de Apelaciones en lo Contencioso Administrativo Federal hizo lugar al recurso y dejó sin efecto la resolución recurrida. Contra tal decisión la Universidad de Buenos Aires interpuso recurso extraordinario, el que le fue concedido, remitiéndose los autos a la Corte.

Allí, con el voto unificado de cinco ministros (Nazareno, Moliné O'Connor, López, Boggiano y Vázquez según su voto) por sobre cuatro individuales,

[226] C.S.J.N. 26/12/1996; *La Ley*, 1997-C, 150, con nota de Andrés Gil Domínguez, *Colección de Análisis Jurisprudencial Derecho Constitucional*, Sabsay, Daniel Alberto (dir.); La Ley, 2005, p. 94, con nota de Pablo Luis Manili, *Colección de Análisis Jurisprudencial Elementos de Derecho Administrativo*, Comadira, Julio Rodolfo, Buenos Aires, 2005, p. 458.

concurrentes (Fayt, Petracchi, Belluscio y Bossert), decidió convalidar el Ciclo Preuniversitario de Ingreso (C.P.I.) de la Facultad de Medicina, con base en especiales consideraciones sobre el contenido y significado constitucional de la autonomía universitaria, y advirtió que el desconocimiento de la autonomía de la Facultad de Medicina podría generar responsabilidad internacional.

En lo tocante a la cuestión colectiva, el tribunal se hizo cargo de las consecuencias del resolutorio, contemplando el posible efecto perjudicial que el restablecimiento del Ciclo Preparatorio generaría para los estudiantes que ya estuvieran cursando la carrera al abrigo de la anulada Resolución del Consejo Superior que lo había suspendido.

Por ello, dejó establecido que "dada la naturaleza de la medida de que se trata, *la autoridad de la sentencia deberá comenzar a regir para el futuro*, a fin de evitar perjuicio a los aspirantes a ingresar a la facultad de medicina" (destacado propio).

Al igual que en el caso "Fayt", en "Monges" el planteo comprendió inexorablemente a un universo de personas al que la decisión alcanzó: allá a los jueces nacionales y federales, acá, a los aspirantes a estudiar medicina en la respectiva facultad de la Universidad de Buenos Aires. Justamente la disposición de que los efectos de la sentencia serán para adelante implica admitir que el fallo se iba a expandir en sus efectos, sellando definitivamente la discusión en cuanto a la validez o invalidez de la Resolución derogatoria del Consejo Directivo de la Universidad.

Sobre el punto, el voto de Vázquez avanza otro paso, dejando a salvo a los alumnos ajenos al conflicto que, ante la razonable duda que el mismo generaba, asistieron y eventualmente aprobaron el denominado Ciclo Básico Común de la Universidad de Buenos Aires o, en su caso, el Curso Preuniversitario de Ingreso de la Facultad de Medicina. "En tal sentido, cada estudiante podrá proseguir hasta su conclusión el régimen por el que hubiera optado, con los efectos para cada uno previsto".

i.c) La subrogancia de los jueces

La estructuración de los sistemas de nombramiento de subrogantes constituye una materia de especial trascendencia institucional, pues involucra a las garantías de independencia e imparcialidad judicial, juez natural y división de poderes, así como al derecho a la tutela judicial efectiva.

La subrogación *es un remedio excepcional de política judicial* tendiente a evitar la paralización o retardo de justicia que se generaría si no se procediese, en un término relativamente breve, al reemplazo de los jueces que por alguna razón (*transitoria* como puede ser licencia, excusación o recusación o *definitiva*, renuncia, jubilación o fallecimiento) dejan de cumplir su función, hasta tanto cese el impedimento o se cubra definitivamente la vacante mediante el procedimiento que la Constitución prevé a tal fin[227].

Las designaciones llevadas a cabo mediante estos mecanismos se caracterizan por su transitoriedad, ya que tienden a resolver una situación excepcional, que deberá posteriormente remediarse de forma definitiva de acuerdo al procedimiento ordinario de nombramiento de jueces, conforme al artículo 99, inciso 4, de la Constitución Nacional.

a) "Rosza, Carlos A s/recurso de casación"[228]

El fallo "Rosza", constituye la primera respuesta jurisdiccional acabada a un conflicto institucional generado por un árido dato de la realidad: la gran cantidad de designaciones efectuadas bajo el régimen de reemplazo de los jueces, lo que implica que la subrogancia había dejado de ser una figura excepcional para convertirse, prácticamente, en la regla en la materia[229].

Aun cuando las cuestiones discutidas tuvieran innegable relevancia institucional y de conjunto, ya que en definitiva el régimen de subrogancias atañe a la administración de justicia, cuya regular constitución y funcionamiento conciernen a la sociedad toda, el caso fue planteado desde un hecho singular: el tribunal oral actuante en un proceso penal decretó la nulidad de diversas resoluciones emitidas por un magistrado nombrado según el Régimen de Subrogaciones de la *Resolución 76/2004*.

La Cámara Nacional de Casación Penal, por su parte, declaró la constitucionalidad del citado régimen y anuló la resolución del tribunal oral. Concedido el recurso extraordinario deducido por la defensa, la *Corte Suprema*, con fecha 23 de mayo de 2007[230], por mayoría declaró la inconstitucionalidad del referido Régimen de

227 Cfr. Mahiques, Juan Bautista "Régimen de subrogancias: precedentes jurisprudenciales y lineamientos para una nueva legislación", *La Ley*, 15/07/2016, 1.

228 Sentencia del 23 de mayo de 2007, fallos: 330:2361, *La Ley*, 2008-A, 33.

229 El considerando 17 del voto de la mayoría dice que el hecho que *el 20% de la judicatura este compuesta por subrogantes* "pone de manifiesto que el carácter extraordinario del sistema de reemplazos se ha visto claramente desvirtuado, convirtiéndose en regla la excepción, lo cual conlleva una clara afectación del desarrollo regular de la administración de justicia".

230 Y el siguiente orden de votación: Ricardo L. Lorenzetti, Elena I. Highton de Nolasco, Carlos S. Fayt (según su voto), Juan C. Maqueda. Disidencias de E. Raúl Zaffaroni y Carmen M. Argibay.

Subrogancias aprobado por la *Resolución 76/2004 del Consejo de la Magistratura de la Nación*.

Puntualmente, en relación al régimen cuestionado, aseveró que era inconstitucional por cuanto autorizaba un método de nombramiento circunscripto a la intervención exclusiva de organismos que operan en el ámbito del Poder Judicial, al permitir el reemplazo de jueces de Cámara por magistrados de primera instancia y, a su vez, el de estos por secretarios de ambas instancias, sin supeditar tal relevo al cumplimiento de los recaudos atinentes a la edad, a la experiencia profesional fijados en el ordenamiento vigente y sin concurso.

En su voto concurrente, el juez Fayt agregó que la facultad de dictar reglamentos sobre subrogancias –incorporada por la ley 25.876, modificatoria de la ley 24.937– no se encontraba dentro de las competencias propias del Consejo de la Magistratura establecidas en el artículo 114 de la Constitución Nacional, y que esa potestad correspondía, en cambio, al Congreso de la Nación.

El fallo es notable por cuanto el tribunal:

a) exorbitó la coyuntura del caso planteado, ya que sin perjuicio de convalidar la actuación del juez subrogante en esa oportunidad, declaró con efecto general la inconstitucionalidad de todo el reglamento de subrogancias;
b) otorgó un "certificado de validez"[231] a la actuación de todos los jueces subrogantes designados de acuerdo con el reglamento declarado inconstitucional. Al respecto, manifestó que la declaración de inconstitucionalidad del Régimen de Subrogaciones en cuestión, *no implicaba cuestionar el funcionamiento y eficacia de las actuaciones que se hayan iniciado o se hallen en trámite bajo el sistema de subrogaciones*, dado que *elementales razones de seguridad jurídica* obligan a rechazar cualquier inteligencia que admitiese la negación de las consecuencias derivadas de su aplicación, cuya génesis debe ubicarse en una situación de extrema necesidad, susceptible, eventualmente, de obstruir o paralizar la administración de justicia.

En consecuencia, limitó la ratificación a un cierto término, transcurrido el cual dichos nombramientos debían cesar por inconstitucionalidad (plazo que luego fue ampliado por la Acordada n° 10/2008).

[231] En esto nos hacemos eco de la terminología de Lillo, Adrián y Amaya, Ramiro, "Aporte al debate sobre Supremacía Constitucional", *LLNOA*, 2013 (agosto), 703.

Disidencias: como se anticipó, los Dres. Zaffaroni y Argibay no votaron junto a la mayoría, sino que lo hicieron apartados y en forma conjunta, señalando que si el sistema de subrogancias tiene por fin atenuar el impacto negativo que, sobre el derecho de acceso a la justicia, tiene la duración del procedimiento constitucional de designación de jueces, es erróneo descalificarlo precisamente por apartarse de este procedimiento constitucional que viene a complementar dicho régimen.

b) "Uriarte, Rodolfo Marcelo y otro c/Consejo de la Magistratura de la Nación s/ acción meramente declarativa de inconstitucionalidad"[232]

En este pronunciamiento, centrado en el análisis de la Ley de Subrogancias 27.145 (junio 2015), la Corte (noviembre de 2015), tuvo nuevamente por inalcanzado el estándar constitucional y convencional en materia de integración del Poder Judicial, toda vez que

- El sistema no resultaba admisible porque preveía una selección sin parámetro objetivo alguno, ya que cada designación se justificaba en la sola voluntad coincidente de la mayoría *no* agravada de los miembros del Consejo de la Magistratura, sin cumplir así con la transparencia necesaria para garantizar a los justiciables el acceso a jueces subrogantes independientes e imparciales.
- El régimen invalidado permitía que la administración de justicia quedase en manos de personas seleccionadas por mayorías simples, distintas a las exigidas para los jueces permanentes y que, además, ni siquiera atravesaron un concurso para demostrar sus condiciones y aptitud para el ejercicio del cargo.
- La norma en crisis soslayaba el importante rol que cumplen las mayorías calificadas en la búsqueda de equilibrios y consensos en los órganos colegiados y colisiona con la intención del constituyente de 1994 que, al definir la composición de ese cuerpo, procuró evitar que en su seno pudieran consolidarse posiciones hegemónicas.
- Se incumplían los criterios sentados por la Corte Suprema de Justicia de la Nación en "Rosza".

[232] Disponible en www.cij.gov.ar; *La Ley*, 03/12/2015, 7; *La Ley*, 04/12/2015, 5, con nota de Domínguez, Andrés Gil y De Luca, Javier A.

- Aunque los jueces titulares y los subrogantes son designados de manera diferente y tienen un grado distinto de estabilidad, el Estado debe garantizar un procedimiento para el nombramiento de estos últimos sobre la base de *parámetros básicos de objetividad y razonabilidad* que aseguren el ejercicio independiente del cargo.

En cuanto a los efectos de su declaración, al igual que en Rosza y Rizzo, la Corte captó el efecto propagador que tendría su pronunciamiento y procuró que su decisión no descuartizara el sistema temporario de emergencia instaurado.

Consciente de ello, *a la vez* que invalidó todas las listas de conjueces aprobadas sin la debida intervención del Consejo de la Magistratura (o sea, sin la mayoría agravada de dos tercios):

a) ratificó todas las actuaciones cumplidas hasta la fecha por los subrogantes al amparo de las designaciones declaradas inválidas,
b) mantuvo en sus cargos por el plazo de tres meses a aquellos subrogantes cuya designación se anulaba; y
c) conservó la designación de los jueces subrogantes en materia penal que a la fecha del dictado de la sentencia intervinieran en audiencias de debate oral y público en curso, al único efecto de que se concluyan y se dicte sentencia.

CAPÍTULO II: LA DIFUSIÓN DE LOS EFECTOS DEL CONTROL DE CONSTITUCIONALIDAD EN EL PROCESO COLECTIVO. CASOS CENTRALES

Como podrá suponerse, a esta altura del trabajo resulta insoslayable abordar nuevamente los resolutorios colectivos claves en la materia, pero concentrándonos en el problema específico de los efectos de la declaración de inconstitucionalidad; lo que no se hizo en la parte general, donde la finalidad se agotaba en marcar cómo tales casos, entre otros, fueron trazando las nociones elementales de las acciones de clase (siempre este término entendido a modo general y como sinónimo de litigación masiva o pluriindividual).

i.a) Pivotando "Halabi"

Sin posibilidad de esquivar el tratamiento de la cuestión desde que, vale recordar, el único motivo de agravio en el recurso extraordinario deducido por el Estado nacional fue el efecto expansivo que en la instancia anterior se había dispuesto respecto a la declaración de inconstitucionalidad de la llamada "Ley Espía", el voto de la mayoría avala la expansividad de los efectos del resolutorio, indicando (en el considerando 21) por entender que opera como una especie de secuela congénita de la acción colectiva que ya tenía a ese momento (febrero de 2009) recepción legislativa en dos microsistemas jurídicos: el derecho del consumidor y el derecho ambiental.

Sin embargo, no entra al meollo de la cuestión, es decir, no traza vínculo alguno entre ese efecto expansivo y el mecanismo de control de constitucionalidad.

No enfrenta el hecho de que la norma invalidada, en el fragmento respectivo, quedaba fuera del orden jurídico y que no volvería a discutirse ni a plantearse la necesidad de efectuar una declaración, aun formal, de la cuestión; como ocurre tradicionalmente en el sistema difuso interpartes y por más que haya una unánime recepción doctrinaria y jurisprudencial a esa invalidación por el efecto ejemplificador de las resoluciones de la máxima autoridad nacional, como quedó ejemplificado en los fallos "Fayt" o "Arriola".

Repárese, además, que en "Halabi" la demanda no se inició como proceso colectivo sino por Ernesto Halabi a título personal, como ciudadano y abogado, de modo que fue el criterio judicial de la sala II de la Cámara Nacional de Apelaciones en lo Contencioso Administrativo Federal el responsable de adjudicar efectos *erga omnes* al confirmar el fallo de primera instancia.

Lo mismo podría haberse hecho en Arriola, ya sea por las instancias inferiores o por la Corte, de haber existido voluntad en este sentido, considerando a ese actor como representativo de todo un universo de personas imputadas en causas penales relacionadas a la posesión de droga en cantidad y circunstancias tales que permiten deducir que su destino es el consumo propio sin afectar derechos de terceros.

Al retornar a "Halabi", agotado en las sucintas motivaciones mencionadas el único considerando dedicado a los efectos expansivos, el siguiente punto (nº 22) del voto de la mayoría se dedica al tema de fondo, sin volver la mirada sobre aquel.

Vale concluir, entonces, que el *quid* de los agravios del recurso extraordinario del Estado nacional *insumió un solo y escueto considerando* que, en rigor, no ahonda en el tema más allá de lo relatado.

Podemos decir, en otras palabras, que los fundamentos que tienen el mérito de consolidar las bases de los procesos de clase (ya sugeridas en los precedentes inmediatos estudiados en la Parte General) son *obiter dictum*, mientras el *holding* del fallo, circunscripto a la materia del recurso extraordinario, mereció un tratamiento lacónico, casi evasivo.

> Esta sobriedad en la argumentación habla a las claras de la complejidad de la cuestión y que por primera vez se planteaba de manera nítida e ineludible: el efecto expansivo de la declaración de inconstitucionalidad de una norma dictada en el marco de un proceso colectivo.

Dos aclaraciones resultan pertinentes para cerrar mejor la percepción de lo que estaba en juego: en primer lugar, que la extensión *erga omnes* dispuesta en la anterior instancia, por dos de los tres jueces de la *sala II de la Cámara en lo Contencioso Administrativo en el considerando 8º* (que no suscribe la jueza Marta Herrera) no obedeció a un ánimo de optimizar la difusión del fallo, como sugirió la Corte[233], sino a que

[233] El aludido considerando 21 del voto mayoritario en "Halabi" comienza: "Que a esta altura de la exposición se impone recordar que el apelante centró sus agravios en el aspecto de la sentencia mediante el cual *la cámara procuró reforzar la virtualidad de su decisión atribuyéndole carácter erga omnes...*" (destacado propio).

ellos también consideraron que se trataba de la natural secuela del tipo de derechos en juego. Pero fueron más allá (aunque brevemente) en la merituación del asunto, al reconocer que el mismo tiene un costado íntimamente vinculado al control de constitucionalidad. En efecto, en el aludido punto de los considerandos, el único con disidencia, los Dres. Damarco y Garzón de Conte Grand establecieron que la propagación de los efectos no importaba consagrar una suerte de acción popular ni prescindir del concepto de causa, "pues si admitimos el carácter colectivo de esta controversia, la derivación lógica de tal razonamiento será que el control de constitucionalidad tendrá –también– alcance colectivo para todos los usuarios que se encuentren en la misma condición que el actor".

Es, *grosso modo*, la misma argumentación que se usó en el primer voto de "Halabi", sobre el efecto masivo como secuela inherente al carácter colectivo de la acción.

El voto de los doctores Petracchi y Argibay

En su votación, los magistrados señalaron que no corresponde que la pretensión del amparista circunscriba sus efectos a él, pues "al no haber sido invocada razón o argumento alguno acerca de cómo sería posible satisfacer la pretensión del reclamante manteniendo la injerencia a la privacidad de terceros, ajenos al pleito, pero potenciales interlocutores", el recurso extraordinario presenta falencias en su fundamentación de entidad suficiente como para impedir su procedencia.

Y añadieron, en cuanto de la naturaleza del objeto litigioso, que "si bien las sentencias de la Corte Suprema producen efectos solamente respecto de quienes han revestido el carácter de partes en el juicio, y no pueden aprovechar ni perjudicar a los terceros que han permanecido ajenos a él, tal aseveración reviste el carácter de principio general, *pues cuando la naturaleza de la pretensión invocada impide, fáctica o jurídicamente, restringir el alcance de lo decidido a las partes intervinientes en el juicio, dicha regla debe ceder*, ya que, de otro modo, la tutela de derechos reclamada no podría hacerse efectiva y se vulneraría el principio mismo del que ha nacido la acción de amparo" (destacado propio).

A partir de esta apreciación, entendemos que el rechazo del recurso se basó –para este voto– en un análisis anclado en el hecho de que era imposible proteger solo al actor cuando potencialmente, por la lógica y dinámica de las comunicaciones, el mismo podía vincularse con cualquier persona; con lo cual no había manera de acotar o personalizar la protección jurisdiccional. Se admite una flexibilización a la pauta general del efecto inter partes de la sentencia, en las ocasiones en que la "naturaleza" de la pretensión requiere lo contrario.

Hay en esto un acercamiento al tema de debate, pero no se lo vincula con la teoría del control de constitucionalidad; lo que no quiere decir que no se haya divisado o al menos sospechado el problema, cosa que también debe dejarse a salvo en el voto de mayoría.

El fundamento del Dr. Fayt

El juez decano manifestó que el carácter de ciudadano invocado por el actor para entablar la acción de amparo tendiente a obtener la inconstitucionalidad de la ley 25.873 era determinante en orden a la delimitación del ámbito de aplicación de la solución alcanzada por el *a quo* al hacer lugar a la demanda –otorgándole efecto *erga omnes* a la decisión–, "pues el actor en ese carácter integra el pueblo, en cuanto sustancia del Estado, basamento humano de la sociedad política, y en ese contexto se encuentra inmerso en una realidad social, que no es sino acción social, tanto individual como colectiva, en una unidad dialéctica inseparable que no puede ser construida partiendo de individualidades insularmente separadas". Lo que complementó al decir que "se trata, en definitiva, de la noción de pueblo políticamente integrado a partir de una unidad, ya sea étnica, histórica o cultural. Luego, a ello ha de agregarse la dimensión comunicacional tal como se manifiesta en el contexto actual del nuevo orden mundial, determinado por la revolución tecnológica y la globalización. Ambos aspectos, en cuanto fenómenos transformadores del marco que le era propio a las comunicaciones, son aspectos de los que no puede prescindirse para una adecuada decisión del caso".

Así y en la medida en que el contexto de las telecomunicaciones opera como un escenario singular en el que cada individuo del grupo deviene portador de una mediación social que se expande en todas las direcciones, se produce, a criterio del magistrado y más que nunca en toda la historia, un enlace simultáneo por el que, finalmente, cada uno se halla unido con los demás por una conexión, aun cuando esta no siempre es necesariamente consciente.

Para este magistrado, resulta "incomprensible" la pretensión de la recurrente dirigida a que los efectos de lo decidido en la causa se limiten al amparista, pues ello prescinde del carácter indivisible de la materia en discusión, remarcando que si bien la "privacidad", desde cierto punto de vista, puede ser concebida como un bien propio de cada individuo en particular, no se trata en el caso de un reclamo de protección limitado a un cierto espacio físico o a algún aparato de comunicación en particular. Por el contrario, lo que entra en juego es el derecho a la privacidad en el ámbito de las telecomunicaciones. "Ello, por definición, presupone la interacción con otros interlocutores, cuya ausencia de protección –por ser ajenos al juicio– derivaría, necesariamente en el fracaso de la protección al amparista mismo".

Como puede apreciase, el argumento de Fayt transcurre desde la legitimación con ciertas apreciaciones sociológicas, pasando por la mecánica de las telecomunicaciones (la realidad que indica que la interconexión de todos los usuarios del servicio de telefonía es inevitable) hasta precisar que el bien jurídico cuya protección se procuraba, en la especie, era la privacidad en las telecomunicaciones, como una versión nueva del derecho clásico a la intimidad. Como consecuencia de la indivisibilidad de ese derecho, la tutela no podía limitarse al actor.

En suma, una lectura conglobante de los tres votos, permite aseverar que tal era complejidad del encarar el asunto del efecto *erga omnes* de la declaración de inconstitucionalidad sobre bases teóricas, que la salida tangencial resultó más cómoda. Las diversas fundamentaciones allí reseñadas para desestimar el único agravio del Estado nacional, sin ingresar al tratamiento de cómo influye la expansividad en nuestro sistema de control de constitucionalidad, demuestra lo difícil que resulta el abordaje de nuestro tema de estudio.

Quizás el Alto Tribunal haya tenido oportunidad de vislumbrar este dilema antes, en alguno de los casos citados en el período anterior a 2009, pero pudo resolverlos en base a aristas liminares o formales, sin encarar la cuestión. Acá no tuvo más opción que hacerlo y lo hizo de esta manera, con votación dividida y asentada en perspectivas parciales.

Las paradojas del destino hicieron que al año siguiente se volviera a forzar el *análisis de este espinoso tópico* en el caso "Thomas" (sobre el que nos explayaremos), donde con notable energía se defendieron las bases del sistema histórico de control de constitucionalidad, cerrando drásticamente una puerta abierta, con tímida fundamentación, en el resolutorio en glosa.

No sabemos con certeza si la tibieza de "Halabi" fue premeditada, lo que sí podemos asegurar es que la laguna conformada por todo lo no dicho hizo posible una contramarcha posterior rotunda, sin que muchos lo advirtieran.

i.b) El contrapunto en "Thomas"

Como se viene anticipando, el tribunal delineó con rigor los límites de la propagación de los efectos de la sentencia que ejerce el control de constitucionalidad, tema que se había visto forzado a tratar un año antes en "Halabi", haciéndolo con la escasa profundidad señalada en el punto anterior.

Acá, en cambio, entró de lleno a la cuestión pese a tratarse de una instancia cautelar, al abrir la vía del recurso extraordinario en base a entender que en el caso concurrían los extremos habilitantes de su revisión, ya que la decisión de primera instancia neutralizaba por completo la aplicación de una ley formal del Poder Legislativo, lo que revestía *gravedad institucional* "en la medida en que trasciende el mero interés de las partes para *comprometer el sistema de control de constitucionalidad y el principio de división de poderes previsto en la Constitución Nacional*" (considerando 2 *in fine*, destacado propio).

Podemos advertir, entonces, cómo desde el inicio, al pronunciarse sobre la admisibilidad del recurso extraordinario, el tribunal traza el vínculo que soslayó en "Halabi", marcando que la suspensión cautelar de una norma para todo el país impactaba, o mejor dicho, trastocaba el control de constitucionalidad, y esto no a título de pregunta, sino (como quedó transcripto) en calidad de aseveración.

En esta línea, luego de echar por tierra la legitimación de "Thomas" en tanto diputado nacional que invocaba falencias en el trámite parlamentario, manifestó que la suspensión cautelar de la vigencia de la Ley de Servicios de Comunicación Audiovisual dispuesta por un tribunal con efecto *erga omnes* presupone que este se atribuye la competencia para sentenciar con idéntico poder que el Congreso, lo que no es conferido por la Constitución Nacional a ningún juez ni tribunal de la Nación; asegurando que "no es válida la posibilidad de suspender o incluso derogar una norma legal con efectos *erga omnes*, lo que sin duda no se ajusta al art. 116 de la Constitución Nacional, por lo cual se arribaría al irrazonable resultado de extender una medida judicial a sujetos que no solo no la han solicitado sino que, incluso, podrían no compartirla" (considerando 7°).

Estas consideraciones son *dirimentes* en tanto suponen una negación categórica donde debiera haber matices, una generalización que a la luz de la dinámica de los procesos colectivos debe admitir excepciones, conforme iremos explicitando. Expone, además, una interpretación disociada de las cláusulas constitucionales, toda vez que afinca en la que determina las atribuciones de la justicia (art. 116), sin asociarla con los nuevos derechos y nuevos legitimados del art. 43.

Luego remarcó la consabida doctrina de que la misión más delicada de los jueces es la de saber mantenerse dentro de la órbita de su jurisdicción, sin menoscabar las funciones que incumben a los demás poderes, y subrayó que "el derecho constitucional comparado conoce dos modelos puros u originarios de control de constitucionalidad: el difuso o estadounidense y el centralizado o austríaco.

Conforme al primer modelo, cualquier juez puede en un proceso declarar la inconstitucionalidad de una norma y, en consecuencia, sentenciar sin aplicarla. Conforme al segundo modelo, un único tribunal puede juzgar la inconstitucionalidad de la norma, pero en caso que lo haga esta no solo no se aplica al caso, sino que pierde vigencia *erga omnes*. El derecho comparado conoce también modelos impuros o combinados, que sin perjuicio de la facultad de todos los jueces de declarar la inconstitucionalidad de la norma y no aplicarla en la sentencia, admiten también la existencia de un único tribunal con competencia para conocer de ella y hacerle perder vigencia *erga omnes*".

Y continuó: "no existe ningún modelo impuro en el mundo que combine los modelos puros en forma que la competencia para hacer caer *erga omnes* la vigencia de la norma se disperse en todos los jueces, simplemente porque la *dispersión* de una potestad contralegislativa de semejante magnitud es inimaginable, dado que abriría el camino hacia la anarquía poniendo en peligro la vigencia de todas las leyes. El modelo argentino es claramente el difuso o estadounidense en forma pura. En una acción como la precedente, *ningún juez tiene en la República Argentina el poder de hacer caer la vigencia de una norma erga omnes ni nunca la tuvo desde la sanción de la Constitución de 1853/1860*" (considerando 8°, destacado propio).

Con el desarrollo en la materia producido en estos últimos ocho años *por la propia Corte*, este aserto, a nuestro juicio, se ha relativizado. Nos referimos puntualmente a la creación y funcionamiento del *Registro de Procesos Colectivos*.

Es que si como vimos, por imperio de las *Acordadas 32/2014 y 12/2016* se establece un orden de prelación a favor del tribunal que primero intervino en un proceso colectivo, en virtud del cual opera una suerte de fuero de atracción a su favor, entonces la posibilidad de que se produzca una declaración de inconstitucionalidad con efecto *erga omnes* no se encuentra dispersa en todo el universo de magistrados de la justicia federal, sino centralizada en quien previno.

En el comentario a este fallo, una de sus firmantes, la Dra. Highton, expresó que "en el caso, hubo un intento de poner en cabeza de la instancia inferior del Poder Judicial la facultad de emitir el equivalente de una virtual 'contra-ley' para regir a título cautelar hasta tanto se expidiera la Corte Suprema. Esto implica claramente el avance indebido de un poder, el Poder Judicial, sobre otro: el Poder Legislativo. La decisión desvirtúa el sentido del control judicial difuso de constitucionalidad".

La nota es de cita obligada por cuanto la magistrada defiende la postura de la Corte, a partir de explicar que el modelo adoptado por la Constitución Nacional fue el del control judicial difuso, en casos particulares y concretos, "no preventivo sino reparador, es decir, luego de estar en plena vigencia la norma" que circunscribe los efectos de la declaración de inconstitucionalidad exclusivamente al juicio en el que es dictada. De esta manera, si bien cualquier juez de cualquier instancia y fuero puede declarar una inconstitucionalidad en un litigio, dicha declaración nunca invalida la aplicación de la norma en general.

En un sistema de control judicial difuso, sostiene, asignarle a la declaración de inconstitucionalidad de una norma efectos *erga omnes* le habría conferido a cada juez del Poder Judicial una posición de supremacía sobre los otros poderes, incompatible con el equilibrio que requiere la clásica fórmula republicana. "Por eso, además de la limitación de los efectos al caso concreto, la misma justicia se auto impuso una serie de condicionamientos a la potestad de control"[234].

Empero, estas interesantes y fundadas aseveraciones quedaron desvirtuadas por la fuerza de los acontecimientos, pues veremos en el punto que sigue cómo tres años después, en Rizzo, la Corte convalidó la inconstitucionalidad *erga omnes* de disposiciones que trastocaban sustancialmente la composición del Consejo de la Magistratura, aun antes de que las mismas entraran en vigencia. Es decir, un caso posterior de la Corte demostró que es relativa la pretendida regla de que el control de constitucionalidad en nuestro país asume un exclusivo rol reparador.

También luce un tanto sesgada la afirmación de que los propios jueces se auto-impusieron un límite en el control de constitucionalidad, puesto que, si bien es cierto existe desde antiguo una jurisprudencia uniforme en el sentido de que aquellos deben mantenerse en su rol sin invadir las otras esferas de poder (como se indicó, una de las misiones más delicadas), ello no interfiere en la inveterada exigencia de existencia de causa, recaudo constitucional emanado de la fórmula contenida en el art. 116, sobre el que ya nos explayamos.

Por otra parte, en cuanto a la posibilidad de que la potestad "contralegislativa" se disperse en cualquier juez, lo que –desde ya admitimos– generaría un caos inmanejable, ello se contrarresta con el aludido funcionamiento del Registro de Procesos Colectivos; con lo cual se concentra en una sola sede la discusión y resolución de la causa, por más que se hubiera planteado ante diversos estrados judiciales.

Respecto al fallo, vale destacar que para el Alto Tribunal "la suspensión cautelar de la vigencia de una norma dispuesta por un tribunal presupone que este se atribuye la competencia para sentenciar en definitiva con idéntico poder. Dado que ese poder no lo confiere la Constitución Nacional a ningún juez ni tribunal de la Nación, *alterando gravemente el modelo de control constitucional de las leyes* por

[234] Highton, Elena, "Sistema concentrado y ...", *op. cit.*, pto. XIV.

ella consagrado, es claro que el caso reviste gravedad institucional suficiente como para que esta Corte abra la instancia a efectos de asegurar la vigencia del sistema consagrado en las normas de máxima jerarquía, corrigiendo una deformación que introduciría el caos en la vigencia de las leyes sancionadas por el Congreso de la Nación, lesionando para siempre el ejercicio de los poderes constitucionales" (último párrafo del considerando 9°, nuevamente, destacado propio).

Como valoración global de este resolutorio, y sin perjuicio de las numerosas glosas que mereció, opinamos que su consideración particular y terminante a la hora de abordar el problema de los efectos *erga omnes* de la sentencia que declara la inconstitucionalidad de una norma contrasta con lo escuetamente declarado, un año antes, en "Halabi".

Cabe reiterar que la Corte vierte semejantes apreciaciones al resolver la impugnación de una medida cautelar, o sea provisoria, lo que habla a las claras de la necesidad que sintió (por así decirlo) de sentar bases firmes sobre la cuestión; cuando en realidad, por otro lado, bastaba con el examen de la legitimación del legislador actuante para resolver favorablemente el recurso extraordinario del Estado nacional, como hizo en su voto la jueza Argibay, desde que abundante, uniforme y consolidada doctrina le niega aptitud de postulación a los miembros del Congreso respecto de leyes en cuya votación resultaron minoritarios (pues es la regla de juego en el sistema democrático de votación de leyes) ni aunque invoquen la calidad de ciudadano, que reviste una generalidad tal que impide tener por acreditado un interés directo y sustancial.

Debe ponderarse, asimismo, que este resolutorio se emitió en el marco de una *coyuntura fuertemente signada por la judicialización cautelar de asuntos políticos* ("*forum shopping*" de por medio), a punto tal que al poco tiempo, en 2013, se dictó la ley 26.854 de "Medidas Cautelares en las causas en que es parte o interviene el Estado Nacional" que pone importantes límites, como la vigencia temporal de las mismas (6 meses, prorrogables por otros tres, art. 5). En particular, además, la entonces recién sancionada Ley de Medios de Comunicación Audiovisual nº 26.522 había generado una fuerte polémica en torno a ciertas disposiciones, como el art. 161, llamado cláusula de desinversión.

En perspectiva, mientras que en 2009 el Alto Tribunal abrió la puerta a la expansividad justificando, con argumentos elípticos de la doctrina constitucional, que la invalidación de la "Ley Espía" fuera aplicable a todos, en el año 2010 la cerró tajantemente. Y no se hizo cargo del cambio de postura más allá del tema de la legitimación, al expresar que "solo una lectura deformada de lo expresado por esta Corte en la decisión mayoritaria tomada en la causa "Halabi", puede tomarse como argumento para fundar la legitimación del demandante, pues basta con remitir a lo sostenido en el considerando 9° de dicho pronunciamiento para concluir que, con referencia a las tres categorías de derechos que se reconocen, la exigencia de caso en los términos del artículo 116 de la Constitución Nacional se mantiene incólume, "ya que no se admite una acción que persiga el control de la mera legalidad de una disposición" (considerando 4° del voto de la mayoría, último párrafo).

En este afán de aclarar, incluso puntualiza que la sentencia dictada en "Halabi" "no ha mutado la esencia del control de constitucionalidad que la ley suprema encomienda al poder judicial de la nación en los términos señalados precedentemente, para convertirlo en un recurso abstracto orientado a la depuración objetiva del ordenamiento jurídico que es ostensiblemente extraño al diseño institucional de la república", *pero ello no lo funda en la cuestión de los efectos, que es el punto crucial, sino en la legitimación y en la existencia de causa.*

A nuestro modo de ver, estas observaciones del voto de la mayoría importan la diferenciación entre acción popular (donde el móvil es la pura defensa del orden constitucional conmovido por la norma) y el control de constitucionalidad (donde el móvil es el agravio o interés particular afectado por la norma). Pero no ingresan en la ponderación de la apertura *erga omnes* de los efectos, extremo convalidado en "Halabi", sobre el cual giran los magistrados para hacer terminantes enunciaciones (como la remarcada en el considerando 8°), que no repiten en la justificación final de (pretendida) congruencia entre "Thomas" y "Halabi".

Pasado el tiempo podemos apreciar que la lectura de la delicada cuestión de la aplicabilidad erga omnes *de la declaración de inconstitucionalidad de una norma debe ser integrativa y aséptica, con lo cual y por los motivos expuestos, no podemos anclar en el fallo "Thomas" toda la argumentación jurídica al respecto.*

Es fundamental, entonces, procurar una interpretación conglobante de todos los precedentes y disposiciones constitucionales en juego, que conjugue el art. 116 con el art. 43 (2° párrafo) de la ley fundamental. Recién entonces estaremos en condiciones de formular pautas o premisas con pretensión de generalidad.

i.c) "Centro de Estudios para la Promoción de la Igualdad y la Solidaridad –C.E.P.I.S.– y otros c/Ministerio de Energía y Minería s/amparo colectivo"

Este decisorio, del 18/08/16, es el cuarto del quinteto de resolutorios en que el asunto de los efectos *erga omnes* se plasmó nítidamente. Ya hemos referido, en la parte general, cuál fue la plataforma fáctica del caso y que la Corte interpretó que el reajuste de tarifas sin audiencia pública previa y actual[235] fue inconstitucional. También señalamos que, no obstante ser ese el reparo, los efectos de resolutorio se limitaron al grupo de usuarios residenciales.

Conviene precisar que en principio, esta división en categorías de sujetos implicados en un proceso colectivo, es algo que debe hacerse en la etapa preparatoria, es decir, con la certificación (o con el auto de inscripción según la denominación que la propia C.S.J.N. le dio en el Reglamento de Actuación de los Procesos Colectivos) y no en el momento del dictado de la sentencia; pues la concentración de ambos actos –esto es, definición del universo de sujetos comprendidos en la clase y sentencia de mérito– impide el ejercicio de los derechos de exclusión (*opt out*).

Pero, aun así, al admitir que en el caso el Supremo Tribunal, *iura novit curia* y excepcionalmente, efectuara en su sede la subclasificación, sigue sin entenderse el sentido de efectuarla cuando el motivo de la inconstitucionalidad de las resoluciones de reajuste de las tarifas es idéntico para todas ellas: la falta de audiencia pública previa.

Se argumentó que los jueces de las instancias inferiores debieron haber diferenciado situaciones heterogéneas, cuando en realidad esas diferencias no incidían en el examen del motivo del reproche de inconstitucionalidad. Es que sigue latente una inquietud básica, de sentido común, ¿pudo la falta de audiencia ser una omisión imperdonable para una categoría de usuarios (los residenciales) y no para otra (los comerciales y los industriales)?, que es como preguntar ¿puede la defensa en juicio ser exigible para las personas físicas y no para las personas jurídicas?

En un orden afín de ideas, Verbic postuló que en el caso hubo una declaración de nulidad de dos actos administrativos de alcance general, lo que implica, a su modo de ver, que los efectos de la sentencia igualmente debieron recaer sobre los usuarios no residenciales[236]. Añade que la limitación subjetiva de los alcances de la sentencia debe confrontarse con el hecho de que las Resoluciones nº 28/2016 y nº 31/2016 no pueden al mismo tiempo ser válidas (para un sector de los usuarios) e inválidas (para otro).

[235] Recordemos que el Estado nacional había querido ampararse en una audiencia celebrada varios años antes.

[236] Para Verbic, Francisco, "Cosa juzgada colectiva y eficacia natural de la sentencia: Las resoluciones anuladas en 'C.E.P.I.S.' no deberían aplicarse a nadie", disponible en https://class actionsargentina.com, 23/08/2016.

Esta última aseveración se desvía del foco, pues acá lo crucial es que no existieron motivos atendibles para dispensar la audiencia pública, que es un requisito constitucional y en materia de regulación tarifaria un acto único, respecto de las diferentes categorías de usuarios.

No gravitan los distingos cuando se trata de garantizar el cumplimiento de parámetros establecidos por la Constitución, salvo que sean sustanciales, lo que no puede decirse de los subgrupos distinguidos en C.E.P.I.S. Es que, entiéndase bien, la categorización de usuarios pudo ser pertinente a otros fines, pero no frente al reparo de falta de audiencia.

Cuadra tener en cuenta, además, que el Estado nacional no se había agraviado de la falta de subdivisiones, al consentir el modo en que había sido definida e inscripta (en el Registro Público reglamentado por la Acordada nº 32/2014) la clase[237].

En definitiva, y aunque cuesta decirlo, creemos que el motivo del recorte a la expansividad erga omnes *de la inconstitucionalidad decretada obedeció a cuestiones de política judicial, en atención a la significancia económica del reajuste de las tarifas y a los fines de no boicotear el plan de sinceramiento tarifario del Poder Ejecutivo nacional. Recordemos que algo parecido había sucedido en la primera sentencia del caso "Badaro", pues, como se dijo al final de la sección primera de esta parte especial, allí el propio tribunal reconoció lo delicado de emitir una resolución sobre un conflicto con semejante impacto en las arcas del Estado. Vale la pena retranscribir los términos explícitos en que lo puso de manifiesto: "la trascendencia de esa resolución y las actuales condiciones económicas requieren de una evaluación cuidadosa y medidas de alcance general y armónicas, debido a la complejidad de la gestión del gasto público y las múltiples necesidades que [el Estado] está destinado a satisfacer".*

Es en este sentido que dijimos que la Corte "eligió" el caso "Halabi", sobre un tema dogmáticamente no polémico y económicamente no costoso, para sentar los pilares de la doctrina de las acciones de clase, al admitir –con el menor grado de exposición posible– la expansividad en el control de constitucionalidad. Pero ello no será así en las cuestiones más vidriosas, de relativa envergadura institucional o gran impacto económico.

En estas hipótesis, siempre podrá apelarse a argumentos para justificar formalmente subdivisiones insustanciales.

[237] Esto también lo hacen notar Verbic, Francisco y Salgado, José María, "Un estándar inconstitucional para el acceso colectivo a la justicia", *LL*, 2016-E, al señalar que la delimitación de grupos efectuada por la Corte Suprema comprometió el principio de congruencia que debe guardar toda decisión, "aun cuando dicho principio podría ser flexibilizado por los poderes especiales que los jueces poseen en estos mecanismos de tutela".

i.d) La integración del Consejo de la Magistratura de la Nación: la trilogía "Monner Sanz", "Rizzo", "Colegio de Abogados"

Como se anticipa desde la presentación de esta obra, por vía de acciones colectivas se cuestionan normas de medular significado institucional, como las referidas a la integración del Consejo de la Magistratura de la Nación, nada menos que el órgano encargado de seleccionar los jueces, controlar y sancionar disciplinariamente su funcionamiento, y la administración del Poder Judicial.

De estas tres resoluciones, las dos primeras son muy cercanas en el tiempo, mientras la tercera es absolutamente contemporánea a la emisión de esta obra.

Por otra parte, mientras en "Rizzo" (2013) y en "Colegio de Abogados" (2021) hay pronunciamiento sobre la cuestión de fondo, en "Monner Sanz" (2014) la discusión, y consecuentemente el fallo, recayó exclusivamente en el análisis de la legitimación del presentante, al reiterar la Corte la ya explicada postura de que la invocación del carácter de ciudadano es netamente insuficiente para autoerigirse en legitimado en orden a poner en tela de juicio una norma de alcance general.

Daremos abordaje separado a los tres casos:

"Rizzo, Jorge Gabriel (apoderado Lista 3 Gente de Derecho) c/Poder Ejecutivo Nacional s/Acción de Amparo (medida cautelar)"[238]

El fallo, recaído en *junio de 2013*, reviste singular trascendencia institucional, ya que versó sobre un tema polémico, cual fue la reforma al *Consejo de la Magistratura* sancionada en 2013 por la ley 26.855 (BO 27/5/2013), junto a otras dos normas[239] integrantes de un "paquete" destinado a la llamada "Democratización de la Justicia".

No obstante las críticas fundadas, provenientes de los más diversos sectores que advirtieron sobre su manifiesta inconstitucionalidad, el proyecto de reforma de la ley del Consejo fue rápidamente aprobado y promulgado. Como era de preverse, ello provocó una serie de demandas judiciales presentadas por distintos colegios y asociaciones de abogados, abogados particulares, asociaciones de magistrados, partidos políticos y académicos, con impugnación principalmente del *art. 2* (que elevaba a 19 sus miembros), el *art. 4* (que preveía elecciones populares para todos los estamentos,

[238] *La Ley*, 2013-D, 30, 250, con nota de Francisco Junyent Bas; sup. adm., 2013 (agosto), 28, *La Ley*, 2013-D, 555; *DJ*, 21/08/2013, 29, con nota de Emilio A. Ibarlucía; *DJ*, 04/09/2013, 39.

[239] De esas dos, una estaba destinada a la creación de tres cámaras de casación y otra fue la ley 26.854 de Medidas Cautelares en las causas en que el Estado es parte.

con innovación respecto de los magistrados, académicos y abogados), el *art. 18* (que establecía la selección de los consejeros jueces, científicos y abogados junto con la elección de legisladores nacionales) y el *art. 30* (que aclaraba que la promulgación de la ley implicaba la convocatoria a elecciones de consejeros en cuestión).

En su presentación, Jorge Rizzo, apoderado de la Lista 3, Gente de Derecho, invocó legitimación en los términos del art. 43 C.N., e interés directo consistente en la pretensión de dicha agrupación de presentar candidatos para la próxima elección

Especialmente, invocó el caso "Halabi" y *solicitó que los efectos del fallo se extiendan* a todas las agrupaciones de abogados (por considerar que están igualmente proscriptas) y también a los académicos y magistrados, por considerarlos perjudicados, y para que el mecanismo de elección de sus representantes sea el que regía antes de la promulgación de la ley. Esto fue especialmente refutado por el Estado nacional demandado, que sostuvo que resultaba errónea la invocación del precedente "Halabi", por no existir una identidad analógica entre la situación resuelta por la Corte en ese caso y las circunstancias fácticas y jurídicas entonces en debate. Además de que no se configuraban, a su criterio, los requisitos exigidos para el dictado de una sentencia *erga omnes*.

Pues bien, luego de que la jueza federal María Servini de Cubría hiciera lugar a la declaración de inconstitucionalidad requerida, al suspender la convocatoria a elecciones (sin pronunciarse sobre la cautelar solicitada, lo que consideró inoficioso) la cuestión llegó, *per saltum*, al Alto Tribunal que, con fecha *18 de junio de 2013*, partió de reconocer la trascendencia institucional del Consejo de la Magistratura como autoridad de la Nación, al remarcar que tiene por finalidad principal despolitizar parcialmente el procedimiento vigente desde 1853 para la designación de los jueces, en cabeza del Poder Ejecutivo junto al Senado de la Nación.

Apuntó que su consagración constitucional, con la reforma de 1994, respondió al objeto de procurar que el proceso de selección de los jueces se lleve a cabo con el mayor grado posible de objetividad respecto de la idoneidad científica y profesional del candidato, por sobre la discrecionalidad absoluta.

Asentado sobre este básico esquema conceptual, se declaró que la *ley 26.855* que modificó la composición y procedimiento de elección de los miembros del Consejo de la Magistratura era inconstitucional en los dispositivos cuestionados.

Para ello, en primer lugar, admitió la procedencia del *amparo* como herramienta mediante la cual se impugnó la ley 26.855, en virtud de *la inminencia del vencimiento de los plazos establecidos en el calendario electoral.*

Respecto a la *legitimación*, afirmó que el apoderado de la mencionada agrupación de abogados de la matrícula federal que participa en los procesos de elección de los representantes de ese estamento técnico en el Consejo de la Magistratura estaba legitimado para impugnar la ley 26.855, pues se encontraba acreditada la existencia de un interés "concreto", "directo" e "inmediato" de su parte en obtener la declaración de inconstitucionalidad de las disposiciones.

En cuanto al fondo, los magistrados hicieron foco, mediante argumentos incontestables, en cinco objeciones clave a las normas invalidadas, al señalar que las mismas:

a) quebraron el equilibrio al disponer que la totalidad de los miembros del Consejo resulte directa o indirectamente emergente del sistema político-partidario. La Constitución Nacional no autoriza al legislador a determinar la elección directa de los consejeros de la Magistratura en tanto ese cuerpo se inserta dentro de la estructura del Poder Judicial, que tiene la legitimidad democrática idéntica a la que la Constitución Nacional le confiere a los otros dos poderes del Estado, pero con una conformación esencialmente distinta, en cuanto no deriva de la elección directa del pueblo;
b) desconocieron el principio de representación de los estamentos técnicos al establecer la elección directa de jueces, abogados, académicos y científicos;
c) comprometieron la independencia judicial al obligar a los jueces a intervenir en la contienda político partidaria;
d) vulneraron el ejercicio de los derechos de los ciudadanos al distorsionar el proceso electoral, y
e) la particular ingeniería diagramada por el constituyente en el art. 114 de la Constitución Nacional respecto del Consejo de la Magistratura se habría burlado en el caso de que los consejeros por los estamentos señalados emergieran de una elección general, *pues dejarían de ser representantes del sector para transformarse en representantes del electorado.*

En cuanto a la división de poderes, señaló que la doctrina de la omnipotencia legislativa que se pretende fundar en una presunta voluntad de la mayoría del pueblo es insostenible dentro de un sistema de gobierno cuya esencia es la limitación de los poderes de los distintos órganos y la supremacía de la Constitución Nacional. Y aun cuando las decisiones de los poderes públicos, incluidas las del Poder Judicial, se encuentran sometidas y abiertas al debate público y democrático, los jueces deben actuar en todo momento en forma independiente e imparcial, como custodios de los derechos fundamentales de las personas y de la forma republicana de gobierno a fin de no dejar desprotegidos a todos los habitantes de la Nación frente a los abusos de los poderes públicos o fácticos.

En su voto, los jueces Petracchi y Argibay dijeron que la integración del Consejo de la Magistratura establecida en el texto de la ley 26.855 no se adecuaba al estándar constitucional, pues el equilibrio que ordena procurar el art. 114 queda suprimido cuando, en un cuerpo integrado por 19 miembros, 18 son elegidos en forma directa mediante sufragio popular y el restante es nombrado por el Poder Ejecutivo, cuyo titular tiene el mismo origen.

Mientras, el juez Zaffaroni, único en disidencia, aseveró que del aumento del número de los consejeros académicos y científicos del Consejo de la Magistratura propuesto por la ley 26.855 no se derivaba la destrucción del equilibrio que prescribe la Constitución en su art. 114, pues, aun al imaginar que actuasen en forma de bloque, no dominarían el Consejo. En esa línea, consideró que no podía afirmarse que se hubiera violado el "nebuloso" mandato de procurar el equilibrio que prescribe el art. 114 de la Constitución Nacional, pues la medida del esfuerzo exigido por la ley fundamental es un juicio de valor propio del campo de la política, cuya dinámica es siempre muy poco previsible.

Como estimación holística, diremos que este ha sido un resolutorio merecidamente festejado por la doctrina constitucionalista, en cuanto supo contener el desborde del Poder Ejecutivo en la norma regulatoria de un órgano clave para la integración del Poder Judicial, pilar del sistema republicano, con la sabia previsión de no paralizar el organismo que ya actuaba, cuya intervención en la selección y procesos de remoción de los magistrados se mantuvo en pie conforme a la ley que acababa de reformarse con la nueva invalidada.

En cuanto a la expansividad de los efectos, vemos cómo la cuestión integró expresamente la discusión (desde que el demandante lo planteó y el Estado nacional lo negó) y no obstante, la Corte eludió su tratamiento expreso, cuando en los hechos, eso fue lo que pasó: se propagaron los efectos de tal modo que la norma quedó abrogada y nunca entró en vigencia.

El Alto Tribunal atendió a las consecuencias del resolutorio, mediante una decisión cuidadosa de los intereses colectivos en juego, pero también respetuosa de la división de poderes, al demostrar que se trata de aspectos que necesariamente deben conciliarse. Así, aunque fulminó la nueva norma, no se arrogó el rol del legislador, sino que mantuvo la vigencia de la que operaba. Por otro lado, toda vez que no había reparos constitucionales al

respecto, y para no entorpecer los tiempos del ejercicio democrático, no obstante invalidar la convocatoria a elecciones para los cargos de consejeros representantes de los jueces de todas las instancias, de los abogados de la matrícula federal y personas del ámbito académico y científico allí establecida, no alteró el cronograma electoral para los cargos de diputados y senadores nacionales establecido en el decreto 501/2013.
Pero, insistimos, en un caso típicamente colectivo referido a intereses individuales homogéneos, con nítida relevancia institucional, la Corte declaró la inconstitucionalidad de las mencionadas cláusulas de la ley 26.855, *con efecto* erga omnes, *aunque sin decirlo expresamente, a pesar de que el agravio del Estado nacional, desde la instancia de grado, giró en torno a este específico punto.*

Esta es otra demostración de la profunda dificultad de encarar el problema que constituye nuestro objeto de estudio.

Menos de un año después, el 6 de marzo de 2014, la Corte se pronuncia *en "Monner Sans, Ricardo c/E.N. - Secretaría General Presidencia y otros s/amparo ley 16.986"*[240], con circunscripción a la falta de aptitud del demandante para postularse, al declarar que el mismo "no logra refutar los consistentes argumentos de la Alzada para rechazar el reclamo de inconstitucionalidad de la ley 26.080, en cuanto modifica la composición y el funcionamiento del Consejo de la Magistratura del Poder Judicial de la Nación que hicieron pie en la ausencia de legitimación, si no se puede advertir una sola idea que intente refutar los argumentos y lo resuelto por la cámara se adecua a la clásica doctrina de la Corte según la cual el de ciudadano es un concepto de notable generalidad y su comprobación, en la mayoría de los casos, no basta para demostrar la existencia de un interés especial, directo o inmediato, concreto o sustancial, criterio que resulta extensible a la alegada condición de abogado y de usuario del sistema de justicia".

Por fin, en 2021 el Tribunal Cimero vuelve a expedirse sobre la integración del Consejo, por un planteo deducido por el cuerpo que nuclea a los abogados en C.A.B.A., en "Colegio de Abogados de la Ciudad de Buenos Aires y otro c/E.N. –ley 26.080– dto. 816/99 y otros s/proceso de conocimiento", fallo reciente (del 16/12/21) que comentamos supra, en el capítulo II, pto. ii c) 9, dentro de la sección primera de la parte general.

[240] Id. SAIJ: FA14000030.

Sin perjuicio de remitirnos a lo allí relatado y merituado, subrayaremos que la nota distintiva es que agrega una nota más a esta sinfonía, consistente en la necesidad de determinar si en el control de constitucionalidad colectivo y *erga omnes*, puede ultra-activarse una ley singularmente derogada y, lo que es más importante, largamente inactiva bajo el imperio de otra nueva (la que la derogó).

i.e) "Castillo"

El litigio sobre educación religiosa en las escuelas públicas de Salta, también comentado en la Parte General, es otro claro ejemplo de efecto *erga omnes* de una declaración de inconstitucionalidad operada en el marco de un proceso colectivo.

La irradiación de los efectos de la declaración de inconstitucionalidad del precepto legal cuestionado (y reglamentaciones consecuentes) a todos los niños salteños que no profesan religión católica y concurren (o son postulantes a hacerlo) a las escuelas públicas de toda la provincia de Salta es indiscutible y se dio por supuesto a lo largo de las diversas instancias por las que atravesó el pleito.

Resulta llamativo, sin embargo, que ello no se pusiera de manifiesto, al menos, elípticamente.

Más peculiar resulta todavía la disidencia de Rosatti, que optó por "declarar la legalidad" de las normas cuya constitucionalidad se hallaba en tela de juicio, en aplicación de lo que llamó "margen de apreciación provincial", *pero* declaró, a la vez, la inconstitucionalidad de toda práctica que implique prevalencia de un culto sobre otro (el ministro habla de "inconstitucionalidad fáctica"). Quizás pueda interpretarse ello como otra manera de esquivar la incómoda tarea de declarar la inconstitucionalidad de una norma provincial con alcance en toda la comunidad local.

Lo cierto, entonces, es que la Corte Suprema tuvo nuevamente oportunidad de efectuar expresa mención de la expansividad como secuela de la declaración de inconstitucionalidad en un proceso colecto, pero una vez más lo pasó por alto.

Sección tercera
Inferencias conclusivas

CAPÍTULO ÚNICO

Desde un principio advertimos que la expansividad de los efectos de la sentencia que pone fin a los procesos colectivos, cuando se declara la inconstitucionalidad de un precepto de carácter general, constituye un verdadero dilema, que desgranamos a lo largo del trabajo, cuya parte general (nociones elementales de los procesos colectivos y efectos de las sentencias allí recaídas) se complementó con el estudio de las dos secciones anteriores de esta parte especial (control de constitucionalidad en general y en el marco de los procesos colectivos), para llegar a dilucidar si es posible la convivencia del sistema clásico de control de constitucionalidad con el efecto expansivo de las sentencias recaídas en procesos colectivos.

Así delineado, el núcleo consiste en determinar si la expansividad propia de los procesos colectivos se retrae en los casos en que es necesario declarar la inconstitucionalidad de una norma de carácter general, o por el contrario, es posible que, bajo ciertas condiciones, se mantenga. Y, si ello es así, cómo juega la propagación de los efectos con los clásicos márgenes de nuestro sistema de control de constitucionalidad.

i) Las claves del recorrido

Este asunto, pese a los explorados avances de la Corte Suprema, no ha sido abordado de manera uniforme, integral ni conclusiva, sino a través de fallos acotados a la cuestión planteada, y que, por ello, difieren según se trate de discusiones:

- con o sin contenido patrimonial cuya significación pueda comprometer las arcas del Estado;
- con o sin contenido institucional;

- con o sin secuelas políticas: sin perder de vista que cuando se le pide a la Corte que resuelva cuestiones políticas se le atribuye un rol que no le es propio. Se la convierte en un actor político, cuando no es esa su identidad. De hecho, es el único de los tres poderes del Estado al que la Constitución preserva del tenor político, porque es el último baluarte del *check and balances* que supone el ejercicio republicano del Estado de derecho.

Creemos necesario salir de esta situación de confusión e indefinición en pos de una apreciación cabal y sistémica del derecho procesal constitucional, que permita compatibilizar *lo nuevo* (el efecto expansivo de los procesos colectivos) con lo *enraizado* (efecto *interpartes* de la sentencia en nuestro sistema de control de constitucionalidad) y brindar cierta seguridad jurídica entre lo que puede o no hacerse a partir de allí. Es decir, a partir de disponer la inconstitucionalidad *erga omnes* de una norma de alcance general, qué ocurre en el medio, cómo se salva el estado de anomia.

Es momento de admitir que la realidad supera la mirada estática de nuestro sistema de control de constitucionalidad, que en ciertos casos puntuales (acción colectiva en que recaiga la inconstitucionalidad "facial" de una norma sobre intereses individuales homogéneos, o la norma viciada refiera a bienes colectivos y por tanto indivisibles) tendrá una silueta distinta al modelo difuso puro.

Para ello y vistas, *por un lado*, las incuestionables ventajas del proceso colectivo en materia de acceso a la justicia, eficientización de costos y trámites judiciales (entre varias que se señalaron); y *por otro lado*, la importancia y profundidad de los debates suscitados en torno a la posible invasión por parte del Poder Judicial en incumbencias sustanciales del Poder Legislativo, el argumento contra-mayoritario como obstáculo al *judicial review*, así como el riesgo de derivar en un gobierno de los jueces; debemos reflexionar si la solución al problema consiste:

- en mantener una postura conservadora y entonces afirmar que, en los procesos colectivos, cuando se cuestione la validez constitucional de un precepto normativo, la sentencia solo puede tener efecto *inter partes*,
- o si, por el contrario, deben admitirse las consecuencias *erga omnes* que les son propias en cualquier otro ámbito.

Pese a que no desconocemos la profundidad de los mencionados reparos a la expansividad, nos inclinamos por la segunda respuesta, pues la primera reenvía a una suerte de traspolación, al pleito colectivo, de premisas que funcionan para la silueta del litigio entre particulares. Y esto refleja una visión limitada, que puede estar basada en experimentada, clásica y sólida doctrina, muy útil para alertarnos de los peligros de criterios judiciales desmedidos, pero inadaptada al nuevo fenómeno.

Es que la riqueza, complejidad y profundidad de los *leading cases* estudiados y la comprensión de la finalidad, e implicancias del proceso colectivo como un mecanismo de tutela de nuevos derechos, que irrumpieron en nuestro texto constitucional como la ansiada cristalización de un largo y arduo camino, impone una *lectura nueva, plena y flexible* del régimen resultante.

Empero, ella no estará desprovista de rigor y observará los recaudos propios de la inveterada doctrina de la prudencia judicial, sin perder de vista el consecuencialismo como aspecto relevante de las sentencias. Este paradigma que exhorta a los jueces a prestar atención a las secuelas de sus sentencias, a hacerse cargo de cómo sus decisiones impactan en la realidad, resulta un complemento necesario para medir el impacto de un control de constitucionalidad expansivo.

Otra de las derivaciones de esa nueva mirada es comprender que los efectos de la sentencia estimatoria en un proceso colectivo deben dilatarse a todos los integrantes del sector demandante para trazar la diferencia entre juicios particulares y colectivos, pues se perdería el incentivo de litigar con formato colectivo las acciones de inconstitucionalidad (o los amparos del art. 43 2° párrafo C.N. con este tipo de planteos), al bastar el empleo de la figura del litisconsorcio con algún arreglo procesal para evitar el desorden en el trámite.

Tampoco tendría sentido la legitimación de nuevos actores representativos del conjunto.

Por fin, una justicia "en serie" que aplique las mismas respuestas individuales a supuestos idénticos, y no atienda el desgaste que ello genera en la sociedad y en el propio sistema judicial, es inefectiva: puede resolver el caso, pero NO el conflicto subyacente que se multiplica por miles a medida que mayor es el universo de sujetos implicados.

ii) Razones y bases para una admisión de la expansividad

Afirmado, entonces, que debe admitirse esa *expansividad,* interrogamos si la misma, además de lógica, encuentra base en derecho.

La respuesta es afirmativa: no solo existen pautas de hermenéutica jurídica en sustento de nuestra postura, sino, fundamentalmente, *normas de linaje constitucional*.

Es que si el convencional constituyente de 1994 (en el art. 43 C.N.) legitimó para la defensa de "los derechos de incidencia colectiva en general" a sujetos que exceden al interesado singular[241], fue justamente para que todo el conjunto implicado y representado por tales legitimados extraordinarios sea beneficiado con el resultado de la acción. De no ser así, ¿qué sentido tendría esa apertura en la aptitud postulatoria?

Corrobora lo dicho ciertas opiniones vertidas en el seno de la Convención Constituyente.

En efecto, de acuerdo al debate parlamentario respectivo, el convencional por Buenos Aires, Roberto Yrigoyen, expresó con claridad que "también sabemos que la cosa juzgada en materia de amparo deberá ser extensiva porque, evidentemente, el tema con que opera la norma interesa a muchos, y *de nada valdría que la cosa juzgada fuera exclusiva de quien plantea el caso*, sino que debe removerse el obstáculo para que pueda ser suprimido un problema presentado por una persona o una asociación de consumidores, pero que afecta a un sector del mercado"[242] (destacado propio).

En sentido coincidente, Ana María Pizzurno (también convencional por Buenos Aires) manifestó que "sin una legitimación activa de todos los ciudadanos para solucionar los problemas que les atañe y, en particular, de las asociaciones a las que nos referíamos anteriormente –para actuar en su representación y con un *efecto erga omnes*, al asegurar la gratuidad del acceso a dichas vías jurisdiccionales– no podremos garantizar en modo alguno que los objetivos que nos fijamos con este nuevo texto tengan alguna posibilidad de llegar a buen puerto" (destacado propio)[243].

Al hacer foco en la tarea de la Convención, Sagüés señala que la reforma constitucional de 1994 posibilitó que la sentencia estimatoria dictada en un proceso de

[241] Téngase en cuenta, como ya señalamos, que ello no implicó hacer del amparo una acción popular, pues legitimación extendida o extraordinaria no es lo mismo que legitimación difusa. El segundo párrafo del art. 43 expresamente menciona a estos sujetos, que además del damnificado o amenazado, pueden ejercer la acción.

[242] Convención Nacional Constituyente, 31° Reunión (3° Sesión Ordinaria) continuación, 16 de agosto de 1994, p. 4176.

[243] Convención Nacional Constituyente, 31° Reunión, ci, p. 4180.

amparo promovido por alguien habilitado (el afectado, una asociación, el defensor del Pueblo) en tutela de un derecho de incidencia colectiva, del consumidor, del usuario, de la competencia, etc., abarque a sujetos que no han tenido participación en ese proceso, "el tema no es necesariamente novedoso, pero sí toma auge con motivo de la mencionada enmienda constitucional, ya que estos amparos tienen una apreciable familiaridad con las acciones de clase del derecho anglosajón. El amparo tendría así ciertos efectos *erga omnes*"[244].

iii) Entrecruce de control constitucional y proceso colectivo

El basamento constitucional aludido se extiende al entrecruzamiento de las nociones de *control de constitucionalidad y proceso colectivo*, porque el primer párrafo del art. 43 de la Constitución Nacional, que concluye con la oración que habilita al juez interviniente a declarar la inconstitucionalidad de la norma en que se funda el acto u omisión lesiva, *no circunscribe esta posibilidad al amparo individual.*

iii.a) Reparemos en que esa declaración de inconstitucionalidad, incorporada como una facultad judicial, no se emite en el aire, pues como sostenemos con asiento en jurisprudencia inveterada de nuestro Máximo Tribunal, la existencia de causa es un recaudo firme también para los procesos colectivos y es lo que habilita la actuación de nuestros tribunales de justicia, que no evacúan consultas sino resuelven conflictos.

Esa misión, que hace a la esencia del Poder Judicial argentino, emana sin duda alguna del art. 116 de la Constitución Nacional y sus dos proposiciones congruentes: 1) los jueces resuelven "causas", o sea, controversias entre partes adversas, 2) esas causas pueden versar sobre puntos regidos por la Constitución, es decir, cualquier juez puede efectuar el control de constitucionalidad.

[244] Sagüés, Néstor Pedro, "Los efectos expansivos de la cosa juzgada en la acción de amparo", en *El amparo constitucional. Perspectivas y modalidades,* AA.VV., Depalma, Buenos Aires, 1999, ps. 27/28.
El mismo autor escribió que el *art. 43 C.N.* fue objeto de *mutación por adición*, a raíz de la interpretación de la Corte Suprema en el caso "Halabi", donde creó una nueva variable del amparo colectivo, no prevista en verdad por el constituyente ni por el legislador: el amparo como "acción de clase", y diseñó las pautas procesales básicas instrumentadoras del instituto, que los jueces deben observar obligatoriamente. Sagüés, Néstor Pedro, "La Cláusula de las Garantías. El art. 43 de la Constitución Nacional a veinte años de la reforma de 1994", *Revista de la Facultad de Ciencias Jurídicas y Sociales,* disponible en bibliotecavirtual.unl.edu.ar

Lo que el segundo párrafo del art. 43 modifica, amplía y *aggiorna*, es la legitimación para favorecer el acceso a la justicia en cuestiones de grupo o sector, al ensanchar, como natural consecuencia, los efectos de la decisión que al respecto se tome.

Pero la extensión explícita de la legitimación, e implícita y lógica de los efectos, de ninguna manera neutraliza el recaudo de existencia de causa; es decir, la proposición del art. 116 (anterior 101) se mantiene intacta.

iii.b) Respecto al debate de la reforma constitucional de 1994, en una corriente distinta a la de los dos convencionales antes citados, Juan Carlos Hitters señaló que "evidentemente, en el sistema de contralor difuso que tenemos en la Argentina la inconstitucionalidad de la ley es siempre para el caso concreto; nunca abroga la ley"[245].

Creemos que aunque esta apreciación es acorde al ejercicio ortodoxo del control de constitucionalidad en nuestro sistema, el cambio de época y los fallos estudiados demuestra que la apertura de los efectos no supone ausencia de causa, ni necesariamente abrogación de la ley.

- En cuanto a lo *primero*, hemos sostenido[246] con base en la jurisprudencia inveterada de nuestro Máximo Tribunal, que la existencia de causa es un recaudo firme también para los procesos colectivos y es lo que habilita la actuación de nuestros tribunales de justicia, que –como acabamos de decir– tienen por misión resolver colisiones efectivas de derechos entre contendientes procesales.
- En cuanto a la abrogación, que puede ser expresa o tácita, consiste en la anulación o supresión total de la vigencia y obligatoriedad de una ley, lo que sucede a menudo por la entrada en vigor de una nueva norma que rige el mismo derecho que la anterior.

La hay de modo expreso, cuando un nuevo ordenamiento lo declara, al desaparecer el viejo del orden jurídico. En cambio, la abrogación tácita se da cuando no resulta de una declaración frontal sino de la incompatibilidad total o parcial que existe entre los preceptos de una ley anterior y otra posterior, cuando deben aplicarse u observarse los de este último.

Por su parte, la *derogación*, es la privación parcial de los efectos de una ley, esto es, la vigencia de *algunos preceptos* se concluye, en forma expresa o tácita.

[245] Convención Nacional Constituyente, 31° Reunión, *op. cit.*, p. 4251.

[246] Sección Segunda de la Parte General, Capítulo I, dedicado a los presupuestos de la expansividad.

Delineada su noción, diremos que ni una ni otra son secuela inexorable de la declaración de inconstitucionalidad en un proceso colectivo, porque en rigor, la mayor o menor apertura de la invalidación dependerá del tipo de norma de que se trate y del sector involucrado.

Así, no será lo mismo si la norma es nacional, provincial o municipal, si es una reglamentación, una resolución referida a un sector de la economía, a un universo específico de consumidores (televisión por cable, plataformas digitales, empresas de medicina prepaga, etc.) entre otras situaciones.

Entonces, *no es consustancial a los procesos colectivos*, que normalmente los tiene de índole expansiva, es decir, por fuera de las partes, pero circunscripto al círculo certificado formalmente en el proceso, como también se explicó[247].

Es decir, hay ensanchamiento de la *res iudicata* pero no siempre efecto *erga omnes*, pues el impacto no concierne a toda la ciudadanía sino a una parte más o menos extensa, según el caso.

En cambio, la extensión *erga omnes* es consecuencia del examen abstracto de la cuestión que supone el sistema concentrado, propio de la concepción lógica jurídica de su mentor (Hans Kelsen), que en la construcción de su Teoría Pura del Derecho ideó un mecanismo de contraste normativo despojado de elementos fácticos o morales, extraños al esquema netamente jurídico. Cuando una norma es declarada inconstitucional desparece del mundo jurídico, y da cabida a la publicación del fallo en los sitios oficiales a fin de formalizar su "muerte civil".

Por el contrario, el efecto en los procesos colectivos de nuestro sistema, aun cuando por tratarse de bienes colectivos pueda aplicarse a toda la población, deriva de una sentencia a que los jueces arriban luego de analizar el caso concreto, su caudal probatorio y la situación de las partes. La existencia de causa en los términos del art. 116 del C.N. (como se ha marcado a lo largo de todo el trabajo) debe ser una constante en los innumerables supuestos que puedan plantearse.

Apoyados en estas ideas, podemos sostener que *a priori* la declaración de inconstitucionalidad de una norma con efectos colectivos no abroga ni deroga la ley puesta en tela de juicio, pues ello depende de la mayor o menor cobertura del grupo abarcado.

No obstante, opera una *derogación implícita* de aquellos preceptos de la norma incompatibles con el orden constitucional, *cuando*:

[247] Sección Segunda de la Parte General, Capítulo II, Sistemas de Expansividad, a) Liminar.

1) la norma atañe a bienes colectivos que por su indivisibilidad aprovechan o perjudican a todos (caso del medio ambiente);
2) dicha repugnancia surge del propio texto de la norma para cualquier caso ("*on its face*"), y *no* de su aplicación en una situación litigiosa concreta ("*as applied*").

Son los casos en que, aunque la Corte pueda omitir el nombre "*erga omnes*" o el proceso no haya seguido trámite de colectivo, se descalifica una ley "para todos los casos", y entonces se encarga de puntualizar que lo hace solo "para el futuro" (fallos: 319:3148, considerando 34).
3) el ámbito de cobertura de la norma es tal que comprende a toda la población.

iv) ¿Límites subjetivos al efecto expansivo del control de constitucionalidad?

Situados en el núcleo de la cuestión que nos atañe, damos paso a un interrogante trascendente para nuestra construcción argumental: ¿Existe la posibilidad de ejercer el derecho de auto exclusión cuando se trata de control de constitucionalidad?

Hemos dicho que tratándose de *derechos colectivos* que versan sobre bienes indivisibles no hay manera de ejercer la exclusión subjetiva, atento la indivisibilidad del bien. Así, por ejemplo, en una demanda colectiva por afectación de un monumento histórico que hace a la identidad cultural de una comunidad, la sentencia que ordene su restauración será comprensiva de todos sus miembros, sin que nadie pueda pretender que, a su respecto, una parte del monumento se mantenga en estado de lesión por inaplicabilidad de la manda judicial.

También dijimos que diferente es el supuesto de los *intereses individuales homogéneos*, que al recaer sobre bienes divisibles propios de cada titular, afectados por una causa (fáctica o jurídica) común, admiten un límite subjetivo a la expansividad, posibilidad que está dada por el ejercicio de autoexclusión u "*opt out*", como un modo de garantizar el derecho a mantener el *statu quo* anterior al pleito de quien no participa en él pero puede verse afectado por la decisión judicial en tanto miembro del conjunto concernido.

Ahora bien, ¿pueden sostenerse estas premisas cuando se trata de la inconstitucionalidad de una norma? ¿No hay un orden público subyacente a priorizar cada vez que un dispositivo normativo de carácter general fracasa en el test de constitucionalidad?

Puesto en otros términos, ¿cabe admitir la pretensión de excluirse de la aplicación de un precepto invalidado por estar en pugna con nuestra ley fundamental?

Es, nuevamente, el momento de aplicar la doctrina anglosajona de inconstitucionalidad "*on its face*" y "*as applied*".

Nos explicamos: en el primer caso, esto es, cuando la inconstitucionalidad es inherente a la ley, intrínseca a su texto ("*on its face*"), no corresponde conferir la posibilidad de autoexclusión, o mejor dicho, la misma resulta inoficiosa, pues hay un orden público comprometido en grado tal que la norma no debe aplicarse en ningún caso, sin excepciones.

En el supuesto de inconstitucionalidad "*as applied*", cuando el vicio proviene de la aplicación de una ley que en sí misma no resulta disvaliosa, sí debiera proceder la posibilidad de exclusión, pues no todos los terceros ajenos al pleito quedarán necesariamente en homogénea situación luego de su aplicación.

Estas consideraciones son, claro está, sin perjuicio de que en los hechos será al menos infrecuente el planteo de un caso del primer supuesto: raramente alguien reclame para sí la vigencia de una norma (ley, decreto, resolución, reglamento, ordenanza, etc.) declarada inconstitucional, salvo que lo beneficie.

v) ¿Ultraaplicación de normas derogadas?

Esta pregunta apunta a la específica situación que se plantea cuando la norma invalidada viene en reemplazo de una anterior, no cuando opera en terreno virgen, como sería, por ejemplo, la que se refiere a un nuevo derecho, un nuevo delito (*grooming*, por ejemplo) o situaciones no contempladas previamente.

Cuando se impone la invalidación de un nuevo régimen que dispuso cambios en uno anterior, la situación resultante no es un vacío legislativo sino de interregno, en que hay que decidir cómo se van a regir los hechos que ya estaban regulados. No puede pasarse del cambio de regulación (mal si se quiere y por eso invalidado) a la nada, porque ya el legislador se ha pronunciado, antes que ahora, acerca de la necesidad de regulación, al normar dos veces sobre el asunto.

¿Vale entonces hacer renacer esa norma anterior, ultra aplicarla? La respuesta varía según el tiempo de vigencia del régimen invalidado, pues creemos que cuando el mismo ha sido acotado, poner en vigor la norma anterior, que no cayó en prolongado desuso, es una posibilidad. Incluso si la nueva norma fue judicializada apenas sancionada puede ocurrir que la anterior ni siquiera haya dejado de aplicarse, y esto simplifica aún más el panorama.

Pero cuando el régimen legal modificatorio ya estuvo vigente un buen tiempo, hacer revivir el anterior no es acertado, pues la aplicación extendida del régimen invalidado, en los hechos, implica que se consolidó y que volver al régimen anterior es ignorar la voluntad del legislador.

Entonces, en ese escenario, lo más prudente es otorgar un plazo al Congreso para que sean los miembros de este poder, por el mismo mecanismo (sanción de una ley) el que decida cómo seguir.

vi) Lo implícito en la praxis

El paneo de los casos en que se debatió la inconstitucionalidad de una norma de alcance general con afectación colectiva de interesados, como vimos en distintos segmentos de esta obra, evidencia que muchas veces hubo efecto *erga omnes*, sin que expresamente se dijera, ni alcanzara a entender, o más bien suponer, las consecuencias de una declaración expresa, para el futuro, en ese sentido.

Es a partir de las solicitudes expresas de expansión, o de impugnaciones a extensiones dispuestas por los jueces sin pedido de las partes, que comenzó a abordarse este tema, con seriedad y autonomía.

Que uno de los litigantes, normalmente el Estado, se oponga al pedido de extensión de la cosa juzgada de la otra (normalmente actora e integrada por miembros de la población, asociaciones o afines) es propio de las reglas de la litigación adversarial, mientras que la segunda hipótesis (magistrado que esparce los efectos de la declaración de inconstitucionalidad) no necesariamente patentiza una afrenta a la congruencia, sino que representa un matiz colateral de lo que se decide, una inferencia lógica de los jueces que tienen que ocuparse de cómo van a ser interpretados sus fallos, cuál es el alcance de lo que deciden.

Ahora bien, tanto en uno como otro teatro, la cuestión se visibiliza, como ocurrió en "Halabi" donde, como remarcamos, el motivo de la impugnación residió justamente en que los jueces de la etapa intermedia (segunda instancia) ensancharon los efectos de la inconstitucionalidad de la "Ley Espía" declarada en primera instancia, como el único agravio del Estado recurrente.

Sin embargo, en la mayoría de los casos precedentes recaídos con anterioridad al año 2009 en que se emite ese *leading case*, no se discutió la ampliación de los efectos, porque era consustancial, obvia, propia de lo discutido, como en "Monges".

Por eso, al introducirnos en esta obra decimos que no es necesariamente un problema nuevo, sino que ya asomaba; claro que, en contadas ocasiones, aquellas trascendentes, de ribetes colectivos y significantes.

Pero en ellas, el pronunciamiento sobre los efectos es consustancial, necesario, so riesgo de dejar el fallo incompleto. La falta de previsión acerca de cómo interpretar los efectos de la invalidación constitucional que se dispone sobre la norma genera dificultad en la ejecución del fallo, y puede dar cabida a diferencias interpretativas que derivan en contradicciones prácticas. Con inefable resultado de inseguridad jurídica.

vii) Fórmula conclusiva, en extenso y clave esquemática

Las ideas troncales secuenciadas en este punteo concentrado y acorde al contenido vertido a lo largo de toda la exposición dan sustento a nuestra tesis:

En el marco del proceso colectivo, la expansividad de la sentencia que declara la inconstitucionalidad de una disposición normativa de carácter general con vicios intrínsecos o relativa a bienes comunes (y por tanto inescindibles), debe admitirse expresamente en base a una interpretación armónica del "histórico" art. 116 de la Constitución Nacional con el "nuevo" art. 43 (primero –*in fine*– y segundo párrafo) de dicho plexo; y aunque exorbita una de las características típicas del sistema tradicional de control de constitucionalidad, no por ello lo destruye sino que le da, parcialmente, una nueva fisonomía.

En clave esquemática:

a) proceso colectivo + control de constitucionalidad de una norma general intrínsecamente viciada (inconstitucionalidad *on its face*) o relativa a bienes colectivos = efecto *erga omnes*

b) Efecto *erga omnes* de tal declaración de inconstitucionalidad = cambio parcial en fisonomía del sistema tradicional/histórico de control de constitucionalidad

a) + b) = interpretación conglobante art. 116 + art. 43 primer párrafo de la C.N.

Insistimos en que negar los efectos *erga omnes* de sentencias que declaran la inconstitucionalidad de una norma en un proceso colectivo sesga la visión del sistema de garantías de nuestro Digesto Fundamental, que debe ser integral.

Los textos normativos, incluidos los constitucionales, están inmersos en un contexto que no puede ignorarse al momento de ser interpretados; el del art. 116 signado por un momento histórico absolutamente distinto al del art. 43, sancionado después de más de un siglo, en cuyo transcurso la evolución hacia derechos de tercera y cuarta generación fue sostenida y significativa.

El *reconocimiento de nuevos derechos* como el de usuarios y consumidores, defensa de la competencia, medio ambiente (sano, equilibrado y sustentable) y no discriminación, *con la correlativa consagración de la garantía del amparo* como curso procesal susceptible de ser instado por *legitimados extraordinarios*, importaron avances sustantivos en el perfeccionamiento del sistema de garantías, porque incorporan la faz colectiva, solidaria[248].

Estos avances cristalizaron con el expreso reconocimiento, ya referido, de la potestad del juez interviniente de decretar la inconstitucionalidad de la norma en que se basa el acto u omisión lesiva.

¿Justifica todo ello un cambio en la manera de concebir un aspecto del sistema de control de constitucionalidad? Entendemos que sí, *pero* en la medida señalada: expansividad de los efectos cuando la inconstitucionalidad, ventilada en el marco de una acción colectiva, reposa en un vicio intrínseco de la norma o esta versa sobre bienes colectivos, que no admiten apropiación ni exclusión de beneficiarios.

En este escenario, el efecto *erga omnes* es una derivación propia, necesaria, acorde a la índole procesal de la cuestión; y su omisión deja incompleto al fallo.

viii) Derivaciones de la fórmula

¿Implica nuestra proposición combinar dos modelos puros de control de constitucionalidad, como sugiere el fallo "Thomas", de modo que la competencia para suprimir *erga omnes* la vigencia de la norma se disperse entre todos los jueces?[249]

[248] Quiroga Lavié, Humberto, "La acción de amparo colectivo", *Tratado de Derechos Procesal Constitucional*, Manili, Pablo Luis (dir.), La Ley, Buenos Aires, 2010, tomo I, p. 789, dice, respecto de la protección de los derechos de incidencia colectiva en general, que "Estamos en presencia de una de las reglas de mayor impacto social que [ha] producido la reforma constitucional de 1994".

[249] Recordemos que en el considerando 8 del voto mayoritario de este resolutorio se expresó que "No existe ningún modelo impuro en el mundo que combine los modelos puros en forma que *la*

Creemos que no, pues como se explica, a raíz de las regulaciones posteriores de la propia Corte (Acordadas 32/2014 a raíz de la causa "Municipalidad de Berazategui y Acordada 12/2016) y los proyectos legislativos comentados, existe una herramienta hábil para evitar diseminación de las acciones colectivas (y el riesgo de superposición y contradicción) con las eventuales declaraciones de inconstitucionalidad que en su seno puedan decidirse: el *Registro de Procesos Colectivos* cuya creación y funcionamiento ha sido una preocupación constante.

En particular, el mecanismo de prelación establecido por la estudiada Acordada 12/2016, busca concentrar todos los juicios colectivos de un mismo tenor en el juez que primero tomó intervención en una demanda del tipo, al reducir al máximo las incidencias ya que solo es apelable la negativa a acumular, mas no el acogimiento de las actuaciones remitidas.

Con esto se desvanece la objeción de dispersión, pues si se planteara la inconstitucionalidad de una norma en más de un proceso colectivo, solo el magistrado que haya intervenido en el primero resolverá la cuestión, al operar una suerte de fuero de atracción hacia su juzgado, donde se acumularán todos los expedientes análogos provenientes de otras sedes.

En suma, el efecto expansivo extralimita el sistema tradicional de control de constitucionalidad; lo aceptamos y lo sostenemos; pero ello no quiere decir que lo trastoque por completo, o que el régimen mute a una combinación de dos modelos puros, que derivaría en el caso de que cualquier juez en cualquier momento podría, literal, derogar una norma.

Esta situación, que la Corte teme con razón en el fallo "Thomas", es inviable en cualquier modelo, porque entonces al legislador general se le suma uno *particular y negativo*, que le abroga las normas. Lo que decimos, en cambio, es que en ocasión de normas estructuralmente viciadas y precedidas de un proceso colectivo con trámite de tal y debida registración, pueden los jueces invalidar la norma con el mismo nivel de repercusión. Y acá aludimos a jueces de todos los niveles, aunque es claro que si esa extensión la dispone la Corte el panorama es más sencillo de admitir.

Por lo demás, en el propio sistema estadounidense de control de constitucionalidad, que indiscutiblemente ha inspirado al nuestro, existen matices a la

---

competencia para hacer caer erga omnes la vigencia de la norma se disperse en todos los jueces, simplemente porque la dispersión de una potestad contralegislativa de semejante magnitud es inimaginable, dado que abriría el camino hacia la anarquía poniendo en peligro la vigencia de todas las leyes" (destacado propio).

forma pura: el efecto "*on its face*" de la inconstitucionalidad, que como explicamos, significa que la norma viciada pierde toda aplicabilidad. Pues, ¿qué es esto sino admitir una suerte de efecto *erga omnes* a su invalidación, ya que no habrá episodio alguno posterior en que la norma pueda válidamente aplicarse?

ix) La Corte como protagonista

Encaramos una cuestión harto compleja que, como apuntamos desde el inicio, es abordada espasmódicamente y en piezas separadas, no en forma conjunta.

¿La Corte advirtió el problema? Entendemos que sí, en base a todo lo que expusimos y analizamos en el abordaje de los precedentes que específicamente gravitan en el problema (la sección anterior de esta parte especial).

Es momento de subrayar ciertas cuestiones.

Primero, que a nuestro modo de ver y como ya argüimos, la Corte eligió o aprovechó la oportunidad de "Halabi", en febrero de 2009, para establecer los cimientos de la teoría de los procesos colectivos, al avalar con muy sucintas consideraciones el efecto expansivo en la declaración de inconstitucionalidad de la llamada "Ley Espía", único motivo del recurso extraordinario por el que el asunto llegó a su sede.

Pero al año siguiente, en "Thomas" (junio de 2010), se vio otra vez forzada a abordar la cuestión de los efectos dilatados, no ya como secuela inherente al proceso colectivo sino en el marco de una medida precautoria solicitada por un legislador a fin de obtener la suspensión de ciertas disposiciones de la Ley de Medios de Comunicación Audiovisual. El contexto, esta vez, no era favorable (recordemos que en "Halabi" los preceptos impugnados eran indefendibles hasta para el Estado nacional demandado, que se allanó desde un comienzo a los reparos de la actora) sino adverso, polémico y muy politizado.

Y entonces negó enfáticamente la posibilidad que había admitido el año anterior, de que una norma fuera declarada inconstitucional con efecto *erga omnes*, al vincular el asunto con la teoría del control de constitucionalidad en nuestro derecho y al paragonarlo con su modelo, el estadounidense. Primera vez que "linquea" los temas objeto de nuestro trabajo (proceso colectivo y control de constitucionalidad), pues en "Halabi" ni mencionó el control de constitucionalidad y se concentró en desarrollar la teoría de las acciones de clase y las categorías de derechos que pueden discutirse en su seno.

Debe repararse, además, que ninguna de estas dos causas se inició ni tramitó como proceso colectivo, pero fueron promovidas por legitimados extraordinarios, lo que dio pie a que en las respectivas instancias inferiores los jueces intervinientes abrieran los efectos de sus fallos; a lo que adicionamos que en "Thomas" se trató de un pronunciamiento cautelar.

Bien señala Gelli, respecto de "Halabi", que se trató de un *amparo individual con efecto colectivo*, y alude *sin reproches* al fallo de la C.N. Fed. Contencioso Administrativo (considerando 8), en el sentido de que "admitido el carácter colectivo de la controversia, la derivación lógica de ese razonamiento será que *el control de constitucionalidad* ejercido tendrá –también– *alcance colectivo* para todos los usuarios que se encuentren en la misma condición que el actor (destacado propio)"[250]. Que una constitucionalista de la envergadura de esta autora haga una alusión acrítica a la justificación del fallo de segunda instancia sobre la profusión de los efectos de la sentencia, es una señal a tener en cuenta.

En junio de 2013, el Alto Tribunal emitió el primero de los fallos de la saga del Consejo de la Magistratura (pleitos sobre su integración) en "Rizzo"[251] al declarar la inconstitucionalidad de cuatro preceptos de la ley que, dentro de un paquete normativo destinado a "democratizar" la justicia, trastocaba drásticamente la integración del Consejo de la Magistratura de la Nación, al invalidar su convocatoria a elecciones (pero aprobar la de los cargos legislativos nacionales que se había dispuesto en forma conjunta), también en el marco de un proceso colectivo. Recordemos que el nombrado abogado actuaba en representación de una lista que aspiraba a postular candidatos y pidió expresamente la apertura de los efectos del fallo a quienes tuviesen similares intereses.

Este sí que era un momento propicio para esclarecer la cuestión, por el obvio vínculo existente entre proceso colectivo y efectos de la sentencia del control de constitucionalidad positivo, ejes sobre los cuales se asienta nuestro estudio.

Fue indiscutible la eficacia *erga omnes* de la invalidación, allí dispuesta, de las disposiciones normativas en cuestión, que jamás se volvieron a invocar ni aplicar. Pero la Corte prefirió no exteriorizar este aspecto del resolutorio.

Después, en el fallo "C.E.P.I.S." (agosto de 2016), tuvo nuevamente oportunidad de pronunciarse sobre los efectos de la inconstitucionalidad de dos normas generales contrarias a la Constitución: las Resoluciones del Ministerio de Energía y Minería de la Nación (M.I.N.E.M.) que dispusieron el aumento de las tarifas de

250 "Constitución...", *op. cit.*, tomo I, p. 620.

251 Tengamos presente que al poco tiempo le sucedió "Monner Sanz" y 6 años más tarde, "Colegio de Abogados".

gas natural sin respetar la instancia de participación ciudadana garantizada por el art. 42 C.N. y el Marco Regulatorio del Gas, mediante las audiencias públicas[252].

Pero se inclinó por dividir la clase en subcategorías (cuando la demandada había consentido la certificación de la clase en la instancia de grado) y, bajo el argumento de que solo estaba acreditado el elemento aglutinante en los usuarios residenciales, abarcó solo a estos en su pronunciamiento. Cuando en realidad, y como hemos subrayado, si el motivo del reproche era la falta de audiencia pública, esa carencia, y no otra, era la causa común de afectación a los intereses individuales de los distintos tipos de usuarios; sin que haya elemento alguno en las normas de superior jerarquía a esas resoluciones (el referido marco regulatorio y la carta magna) que impusiera, o al menos permitiera, distinguir entre grandes y pequeños consumidores/usuarios al momento de garantizar el derecho obstruido.

Así las cosas, más parece un recorte procesal inspirado en una estrategia "consecuencialista" que en la real imposibilidad de aglutinar a aquellos usuarios que no calificaran como domiciliarios, más aún cuando sabemos de la posibilidad de los jueces de ordenar la conformación de subclases.

En la causa "Schiffrin" (abril de 2017), que careció de formato colectivo (por ello se la trató en el primer capítulo de la Sección Segunda de esta Parte Especial), el *Dr. Maqueda* advirtió que mucho antes de la doctrina generada en "Halabi", se había planteado la *singular* situación de que una sentencia individual de control de constitucionalidad adquirió, en los hechos, efecto *erga omnes*, que es lo que nosotros postulamos en este acápite en el punto vi ("*Lo implícito en la praxis*").

Así, en el considerando 44 de su voto, en tren de tomar distancia de la doctrina "Fayt", dijo que "amparados *bajo una inadmisible –en nuestro sistema constitucional– ampliación de su doctrina*, la decisión de nulidad absoluta en el caso Fayt ha significado la *derogación* de una norma de la Constitución" (destacado propio).

Reconoció, entonces, que se había operado la invalidez jurídica general de la cláusula constitucional (art. 99 inc. 4º) más allá del caso concreto, a punto tal que, como es cierto y pusimos de relieve en la parte introductoria, los jueces que

[252] Conforme el art. 46 de la ley 24.076, "Los transportistas, distribuidores y consumidores podrán solicitar al Ente Nacional Regulador del Gas las modificaciones de tarifas, cargos, precios máximos, clasificaciones o servicios establecidos de acuerdo con los términos de la habilitación que consideren necesarias si su pedido se basa en circunstancias objetivas y justificadas.

Recibida la solicitud de modificación, el ente deberá resolver en el plazo de sesenta (60) días previa convocatoria a *audiencia pública* que deberá celebrarse dentro de los primeros quince (15) días de la recepción de la citada solicitud".

pretendieron permanecer en el cargo después de los 75 años ni siquiera tuvieron que reclamarlo en juicio; directamente se mantuvieron en ejercicio bajo el paraguas del fallo. Hay, como se ve, a la vez que una observación sagaz y sincera de la situación, una ponderación negativa respecto de la expansividad (operada de hecho en dicha ocasión), similar a la que el tribunal en pleno había adoptado en "Thomas".

En diciembre de 2017, en la causa colectiva "Castillo", sobre educación religiosa en las escuelas públicas salteñas, la Corte invalidó un precepto de la Ley de Educación vigente en la provincia de Salta y disposiciones sublegales respectivas, claramente con efecto *erga omnes*, pero sin mencionarlo.

Esta actitud esquiva del tribunal, recurrente, habla a las claras de la profundidad del dilema y de los reparos en encararlo.

Finalmente, en la causa "Colegio de Abogados de la Ciudad de Buenos Aires y otro c/E.N. s/proceso de conocimiento", también de diciembre, pero de 2021, tal fue el grado de aceptación al efecto expansivo de la descalificación constitucional de la norma cuestionada (ley 26.080), que puso en movimiento adaptaciones reglamentarias desde el propio Consejo de la Magistratura para volver a funcionar con 19 miembros (después de 16 años de trabajar con 13, integración que se reputó desequilibrada), a la par que el estudio y elaboración de proyectos por parte de los legisladores para cumplir con la manda temporal inexorable (porque incumplida acarrea, según el propio fallo, la nulidad de todo lo que el cuerpo actúe de allí en más) contenida en el punto 3 del resolutorio.

En virtud de ella, se ordenó al Consejo de la Magistratura que, dentro del plazo máximo de *ciento veinte (120) días corridos* contados desde la notificación de la sentencia, "disponga lo necesario para la integración del órgano, en los términos de los arts. 2° y 10 de la ley 24.937 (texto según ley 24.939). Transcurrido dicho plazo sin que se haya completado la integración mencionada, los actos dictados por el Consejo de la Magistratura serán nulos. Desde la notificación de la sentencia y hasta tanto el Consejo cumpla con este mandato o hasta el vencimiento del plazo de ciento veinte (120) días corridos (...), lo que ocurra primero, regirá el sistema de la ley 26.080".

> Aunque puede opinarse, como ya advertimos, sobre el ordenado resurgimiento de una norma tantos años derogada (la ley 24.937) junto a la intimación con plazo límite al Consejo a reordenarse conforme ese régimen (lo que implica pasar de 13 a 19 miembros, con elecciones por estamento de por medio) *so pena de nulidad de todos los actos dictados a parir del vencimiento de ese dead line,* a nadie se le ocurrió dubitar siquiera sobre el efecto *erga omnes* de la invalidación de la ley 26.080.

Fue, en suma, un proceso colectivo, promovido con el exclusivo fin de obtener la descalificación constitucional de una norma, para todos y para siempre. Y tal fue el resultado.

Este caso yergue, así, como un *ejemplo a medida* de la actualidad y trascendencia del problema que planteamos.

¿Pudo la Corte limitar los efectos a una parte de la población? No, hubiera sido insólito e inútil.

¿La declaración invalidante con efecto *erga omnes*, implica desterrar nuestro modelo de control de Constitucionalidad, al borrar los límites de la división de poderes del Estado republicano? No, implica que en ciertos supuestos, ese control se ejerce distinto, no tan aferrado al clásico paradigma difuso previsto por el constituyente originario en 1853. Otros tiempos.

Hoy, los desafíos procesales impiden eludir el ensanchamiento de los efectos, perdería sentido la pretensión e impacto la sentencia, sumado a que, en estas hipótesis de envergadura institucional, el pronunciamiento judicial confiere seguridad jurídica, sella la discusión.

ix.a) ¿Por qué esa reticencia a afrontar el problema? ¿O el abordaje sucinto y solapado en términos positivos ("Halabi"), enfáticamente restrictivo en sentido negativo ("Thomas") o totalmente elusivo ("Colegio de Abogados")?

La respuesta es difícil de formular. Es que asumir la expansividad de la declaración de inconstitucionalidad de una norma en los procesos colectivos implica, fundamentalmente, sentar una regla general, cuando es mucho más cómodo o menos arriesgado y hasta justificado en ciertos casos, afirmar verdades parciales, ceñidas a cada caso concreto. Lo que encaja perfecto en los límites del control difuso, aunque pueda descuidar la congruencia con la trayectoria de otros fallos.

Repárese, por otro lado, que en ciertos ámbitos el panorama es en extremo árido y es deber de los jueces atender a las consecuencias de sus decisiones[253], máxime cuando pueden tener alto impacto político, social y sobre todo económico, y por tanto, generar o agravar ciertas crisis[254].

253 No debe prescindirse de las consecuencias que naturalmente derivan de un fallo toda vez que constituye uno de los índices más seguros para verificar la razonabilidad de la interpretación y su congruencia con el sistema en que está engarzada la norma (fallos: 234:482, La Ley, tomo LVVVII, p. 690).

254 Pensemos, por ejemplo, qué pasaría si luego de un fallo claro y contundente, ingresara en nuestros tribunales una demanda colectiva de reajustes previsionales en cuyo marco se planteara la inconstitucionalidad de alguna resolución general de ANSES que afectara a varios miles de jubilados.

Todas estas son consideraciones que válidamente pudieron haber influido en el temperamento del Alto Tribunal.

Sin embargo, aun en estos escenarios cabe la expansión de los efectos del decisorio, siempre que se respete una válvula de ajuste en la ejecución de la manda judicial para evitar la intromisión indebida de los jueces en incumbencias ajenas, que reposa en el axioma de la división de poderes y en los principios republicanos; porque, claro está, aquellos no gobiernan ni administran la cosa pública, no definen el presupuesto ni se ocupan de la percepción de los recursos que lo sustentan. No hay sido elegidos por el pueblo en elecciones democráticas y sus deliberaciones distan del procedimiento parlamentario.

La solución debe buscarse por estos carriles y no reducirse a la negación de los efectos colectivos propios de los procesos de igual índole, cuando se haya resuelto la inconstitucionalidad de una norma.

El fallo "Rizzo", antes, "Mognes" y después, "Uriarte" como otros tantos de los que vimos en la parte especial, son buenos ejemplos de que la Corte sabe ponderar los distintos intereses en juego e imponer su decisión sin descalabrar el estado crítico de cosas que germinó el litigio, esmerándose en previsiones para no desconocer derechos adquiridos o acarrear nulidades masivas de actos ya cumplidos.

El fantasma de la anarquía o caos jurídico se desvanece frente al actuar prudente que el Alto Tribunal ha sabido plasmar.

En otras palabras, difundir los efectos y resolver lo que corresponde de la manera más estratégica y menos traumática posible es la respuesta cuando hablamos de inconstitucionalidad de una norma en un proceso colectivo; y hay antecedentes jurisprudenciales que indican que ello es viable.

ix.b) ¿Pudo la Corte decir algo al respecto en el Reglamento de Actuación de los Procesos Colectivos (Acordada 12/2016)?

Sentado que las herramientas más utilizadas para procurar la invalidación general de normas son el amparo del art. 43 2° párrafo y la acción declarativa del art. 322 C.P.C.C.N. (al cambiar su fisonomía en este último encuadre), cuadra preguntarnos si la Corte pudo incluir alguna reglamentación en la Acordada de referencia, que ya analizamos, ambiciosamente llamada "Reglamento de Actuación de los Procesos Colectivos".

Creemos que no, porque se trató, por decirlo de alguna manera, de una puesta en términos generales de las facultades ordenatorias del tribunal, o sea, de disposiciones tendientes a regular la marcha del proceso colectivo, más apuntado a las acciones de clase estadounidenses, no para asuntos de índole constitucional, y menos de complejidad.

Estimamos, en adición, que si en los casos en que el tribunal tuvo nítida ocasión de reconocer y abordar la conexión entre efectos expansivos y declaración de inconstitucionalidad en un proceso colectivo, no lo hizo, menos lo haría en el marco de una Acordada.

x) Final

Al seguir la secuencia de los puntos anteriores, nos preguntamos ¿en aquellos supuestos en que la demanda no se presentó bajo la modalidad colectiva, ni el magistrado interviniente le dio el trámite de tal, pueden expandirse los efectos a terceros no participantes en el pleito? Pues esto es lo que ocurrió, como se explica, nada menos que en "Halabi" y "Thomas", que fueron *amparos individuales con efectos colectivos.*

Asumimos que con todas las pautas ya establecidas por la Corte, principalmente de 2009 en adelante, con la ejemplaridad de los *leading cases* en la materia, más la reglamentación de las Acordadas 32/2014 y 12/2016, no sería ello la mejor opción, pues las excepciones toleradas en momentos de desarrollo embrionario de toda esa doctrina ya no tienen justificativo. Menos cuando el Tribunal Cimero se ocupa de difundir e instar al cumplimiento de tales disposiciones (cosa que hizo, como quedó expuesto, en el fallo "C.E.P.I.S.").

Sí cabría como salvedad que este último, en cuestiones de índole pública o significativo interés social, pueda ampliar las consecuencias de un resolutorio, en aplicación de la fórmula residual sentada como al pasar en "Halabi" (ver, en la sección primera de la parte general, el punto "Pautas de interpretación"), con la debida fundamentación.

Ello, en mérito a su rol de intérprete final de la constitución y máximo baluarte de las garantías constitucionales.

Por último, toda vez que hemos establecido que el proceso colectivo ocasiona una modificación apreciable en la operatividad del sistema tradicional de control de constitucionalidad, cabe inquirir si es conveniente que respecto de esa sentencia expansiva que declara la inconstitucionalidad de una norma de alcance general, *cuando proviene de instancias inferiores*, se mantenga el esquema recursivo común del ordenamiento procesal.

a) Entendemos que, en general, el diseño de impugnaciones en nuestro sistema se adapta al nuevo escenario sin provocar inestabilidad en el tramo intermedio hasta que recae la decisión definitiva, pues tanto el recurso de apelación como el recurso extraordinario tienen efecto suspensivo, con lo cual la norma invalidada seguiría vigente hasta que la cuestión sea resuelta por la Corte Suprema. Ello sin contar la conveniencia, en ciertos casos urgentes, de acudir a los "atajos legales", con el objeto de instar a que la Corte "levante" el expediente donde hubo resolución de primera instancia para avocarse a su conocimiento, sin atravesar la etapa de apelaciones.

En cualquier caso, una vez pronunciada la Corte, se sella el asunto, que no se discute más en el futuro.

Ello sin perjuicio de que pueda regularse la cuestión en el marco de una ley autónoma de acciones de clase, o como parte de una modificación al Código Procesal Civil y Comercial de la Nación.

b) Entonces, siempre que se haya producido la declaración de inconstitucionalidad de una norma general de especial interés público o connotación social o económica, el Máximo Tribunal puede acudir a la figura del *per saltum* para involucrarse más rápidamente en su conocimiento.

El recurso extraordinario de salto de instancia integra nuestro digesto procesal desde el año 2012, en que se sancionó la ley 26.790, que lo incorporó a los arts. 257 bis y 257 ter del C.P.C.C.N.

La definición de "gravedad institucional" como relativa a cuestiones "que excedan el interés de las partes en la causa, proyectándose sobre el general o público, de modo tal que por su trascendencia queden comprometidas las instituciones básicas del sistema republicano de gobierno o los principios y garantías consagrados por la Constitución Nacional y los Tratados Internacionales por ella incorporados", encaja perfectamente en el molde de la problemática colectiva; de allí que se haya aplicado exitosamente en el caso "Rizzo".

Con esto damos por finalizado el recorrido de todo nuestro trabajo, en el convencimiento de haber rescatado el problema del campo de la indefinición, de lo subrepticiamente existente pero no plenamente revelado, al demostrar que existe un modo de afrontarlo, con base constitucional y aplicabilidad real.

En los tiempos que corren, los nuevos modos de litigación exigen nuevas respuestas, de diseño, que puedan compatibilizase con las estructuras judiciales ya existentes y arraigadas, antes que enterrarlas por completo. El proceso colectivo en que se plantea la inconstitucionalidad de una ley es una de ellas, y amerita un esquema nuevo, crítico, conciso y coherente de *justicia procesal.*

LA OBRA EN ESQUEMA

¿La declaración de inconstitucionalidad de una norma en el marco de un proceso colectivo, adquiere efectos que tensionan los límites tradicionales de nuestro sistema de control de constitucionalidad?

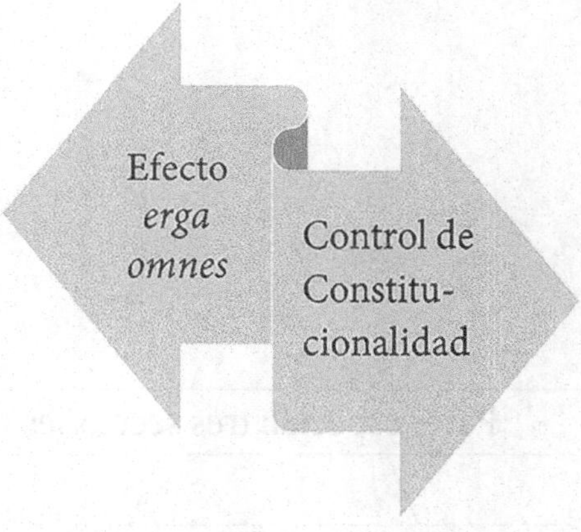

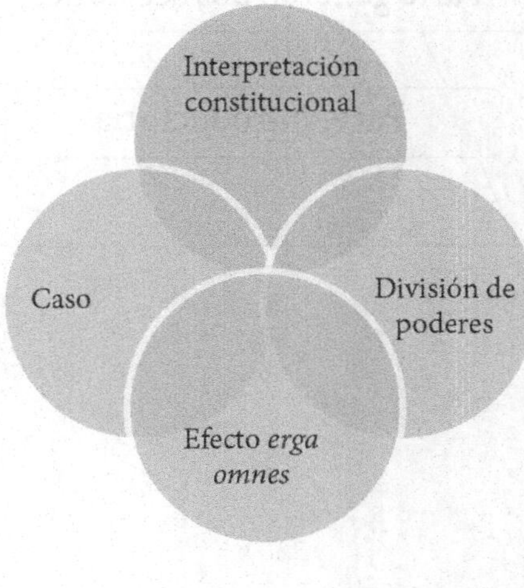

Núcleos de estudio
- Acciones de clase
- Control de constitucionalidad

Campo de estudio
- El porqué de los fallos

Dilemas en estudio
- Finalidad de los procesos colectivos
- Rol de los jueces en el control de constitucionalidad
- División de poderes

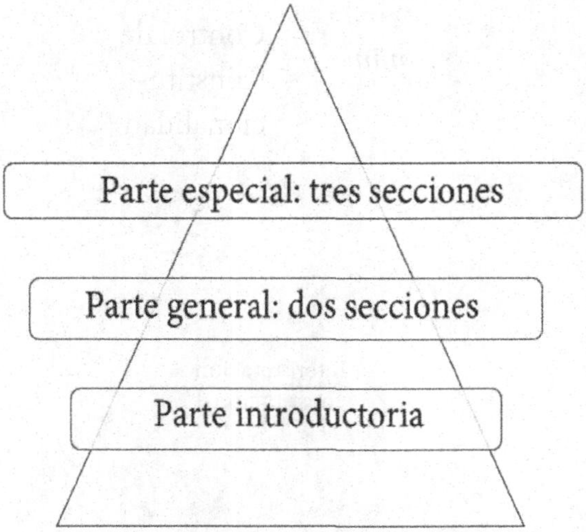

PARTE INTRODUCTORIA

• El conflicto colectivo. Su judicialización

• Impacto del conflicto colectivo en algunos elementos de la teoría de la acción

• Jurisdicción y competencia

• Legitimación y sentencia

• Acceso a justicia, debido proceso y principio de congruencia

PARTE GENERAL

Sección Primera: Sobre los perfiles de la acción colectiva

Capítulo I. La *class action* en el derecho comparado

Capítulo II. La acción colectiva en el derecho argentino

Sección Segunda: Sobre los efectos de la acción colectiva

Capítulo I. Presupuestos de expansividad

Capítulo II. Sistemas de expansividad: límites

PARTE ESPECIAL

Sección Primera: Control de Constitucionalidad

Capítulo I. Nociones del control de constitucionalidad

Capítulo II. Sistema argentino

Sección Segunda: Control de Constitucionalidad en Procesos Colectivos

Capítulo I. Escenario tradicional. Algunos casos de efectos dilatados

Capítulo II. Escenario del proceso colectivo. Casos centrales de expansividad

Sección Tercera: De la hipótesis a la tesis

Capítulo único: Inferencias conclusivas

a) Proceso colectivo + control de constitucionalidad de una norma general intrínsecamente viciada o relativa a bienes colectivos = efecto *erga omnes*

b) Efecto *erga omnes* de tal declaración de inconstitucionalidad = cambio parcial en fisonomía del sistema tradicional/histórico de control de constitucionalidad, *que es imposible ignorar y posible ensamblar*

c) Para lo segundo, deben respetarse los contornos de la división de poderes que determinan la extensión de lo que puede ordenar el Máximo Tribunal para cubrir el vacío generado por la invalidación *erga omnes* de la norma

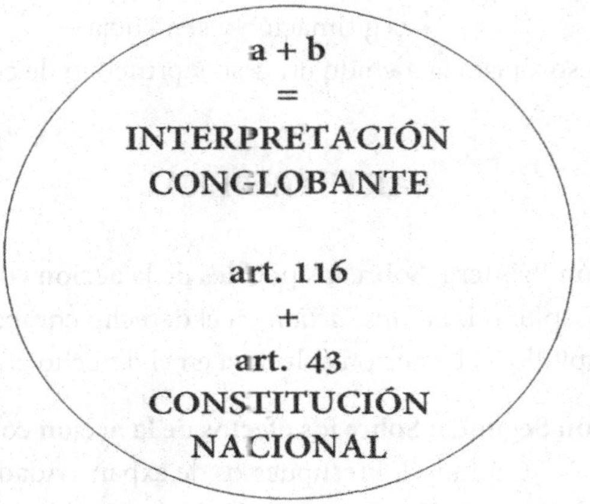

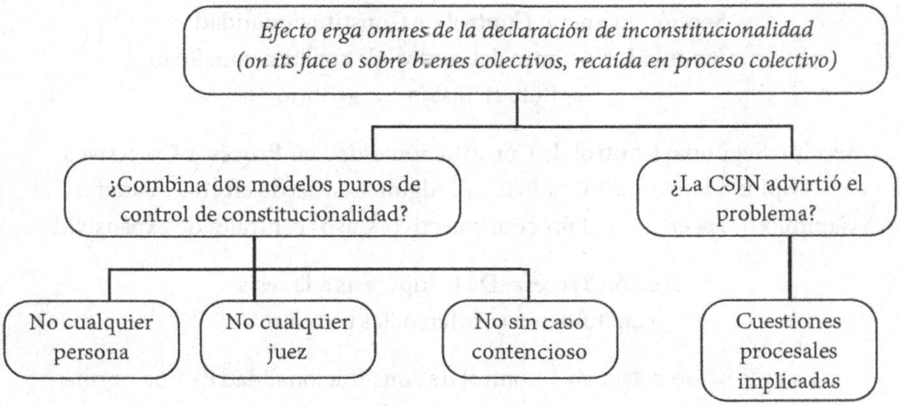

BIBLIOGRAFÍA

i) Libros y artículos de doctrina

ABRAMOVICH, Víctor, "Acceso a la Justicia y nuevas formas de participación en la esfera política", en *La Ciencia del Derecho Procesal Constitucional*, FERRER MAC GREGOR y ZALDÍVAR LELO DE LARREA (coords.), Rubinzal Culzoni, Buenos Aires, 2009, tomo II, p. 444.

ACCIARRI, Hugo A. y AZAR-BAUD, María José, "Alternative Models of Res Judicata in Class Actions a Comparative Law & Economics Approach", disponible en https://papers.ssrn.com/

ALCALÁ NOGUEIRA, Humberto, "Las Competencias de los Tribunales Constitucionales de América del Sur ", *Ius et Praxis*.

AMAYA, Jorge, "Judicial Review y la dificultad contra-mayoritaria", en *Tratado de Derecho Procesal Constitucional*, MANILI, Pablo Luis (dir.), La Ley, Buenos Aires 2010, tomo I, ps. 251/252.

ANDERSON, Brian y TRASK, Andrew, *The Class Action Playbook*, Oxford University Press, New York, United States, 2010.

ANDREU-GUZMÁN, Federico y COURTIS, Christian, "Comentarios sobre las 100 Reglas de Brasilia sobre Acceso a la Justicia de las Personas en Condición de Vulnerabilidad", disponible en http://www.corteidh.or.cr/tablas/r29269.pdf

ARIAS CÁU, Esteban Javier y CALDERÓN, Maximiliano Rafael; "Análisis argumental sobre la legitimación de las asociaciones de consumidores a la luz del fallo P.A.D.E.C. c/ Swiss Medical", publicado en *DJ*, 19/02/2014.

BADENI, Gregorio, *Reforma constitucional e instituciones políticas*, Ad- Hoc, Buenos Aires, 1994, p. 240.

—, "El dinamismo tecnológico impone la creatividad judicial para la defensa de los derechos humanos", La Ley, 10/03/2009, 5 - *La Ley*, 2009-B, 255.

BARRA, Rodolfo, "La acción de amparo en la Constitución de 1.994: legitimación para accionar", *La Ley*, 1994-E, p. 1087.

BASTERRA, Marcela, "Habeas Corpus Colectivo correctivo pluriindividual", *Tratado de Derecho Procesal Constitucional*, AA.VV., Pablo Luis MANILI (dir.), La Ley, Buenos Aires 2010, tomo I, p. 725.

BIANCHI, Alberto, "Las acciones de clase como medio de solución de los problemas de legitimación activa a gran escala", *Revista de Administración Pública* (RAP), nº 235, p. 18.

BIBILONI, Héctor Jorge, *El Proceso Ambiental*, Lexis Nexis, Buenos Aires, 2005, ps. 85/102.

BRUN Carlos A. y JAIME Facundo, "Las acciones de clase y la determinación del colectivo representado en juicio", *Thomson Reuters*, 4/3/2015; disponible en http://thomsonreuterslatam.com

BUJOSAVADELL, Lorenzo M, "La posición del juez en el Código modelo de procesos colectivos para Iberoamérica", disponible en http://www.ambito-juridico.com.br/

BERIZONCE, Roberto Omar, *Tutelas procesales diferenciadas*, Rubinzal Culzoni, Buenos Aires, 2009.

BERSTEN, Horacio, *Derecho procesal del consumidor*, La Ley, Buenos Aires, 2005.

CAFFERATTA, Néstor y MORELLO, Augusto M., "Procesos colectivos en la Ley General del Ambiente 25.675", *DJ*, 2005-2, 1265.

—, *Visión Procesal de las Cuestiones Ambientales*, Rubinzal Culzoni, Santa Fe, 2004, Capítulo IV, Proceso Colectivo Ambiental.

CARNOTA, Walter, "Las Acciones de Clase: desde Los Estados Unidos a la Argentina", *Anuario Iberoamericano de Justicia Constitucional*, n° 16, Madrid (2012), ps. 93/106.

— y MARANIELLO, Patricio, "Comentario al Código Modelo de Procesos Colectivos para Iberoamérica", *Revista de Derecho Ambiental*, Lexis Nexis, n° 6, Buenos Aires, 2006, ps. 259/265.

CATALANO, Mariana Inés, "Sobre ciertos perfiles del amparo después de la reforma Constitucional", *ED*, revista, febrero de 2000.

—, "El Fallo Mendoza", *La Ley*, 2008-E, 127.

—, "Reforma de la Constitución Provincial de 2006, efectos jurídicos de la declaración de inconstitucionalidad", *LLNOA*, 2008 (marzo), 116.

—, "Punto final, en jurisdicción local, a la controversia sobre la reforma constitucional de Tucumán", *LLNOA*, 2008 (octubre), 872.

—, "Los procesos colectivos y la creación pretoriana de la Corte", columna de opinión en *La Ley online*, AR/DOC/1130/2009.

—, "Los Derechos Colectivos en el Título Preliminar del Nuevo Código Civil", *JA*, Abeledo-Perrot, n° 12, 2015-II, ps. 49/54.

COLOMBO CAMPBELL, Juan, "El debido proceso constitucional", ed. Porrúa, México DF, 2007.

CORNAGLIA, Ricardo J., "La ley de solidaridad previsional y el control constitucional practicado por la Corte", *La Ley*, 07/04/2005, B, 705.

CUETO RÚA, Julio, "La acción por clase de personas (Class Actions)", *La Ley*, 1988-C, 952.

CASSAGNE, Juan Carlos, "El control jurisdiccional de la actividad reglamentaria y demás actos de alcance general", *LL*, 2001-E-1226.3.

COUTURE, Eduardo, *Fundamentos del Derecho Procesal Civil*, Depalma, Buenos Aires, 1985.

COLOMBO, Carlos y KIPPER, Claudio, *Código Procesal Civil y Comercial de la Nación*, La Ley, Buenos Aires 2006, tomo III.

DALLA VÍA, Alberto Ricardo, *Instituciones de Derecho Político y Constitucional, Teoría del Estado y de la Constitución*, tomo I-A, Abeledo-Perrot, Buenos Aires, 2013.

DE ESTRADA, Mariano y ALONSO, Diego, "Unificación de acciones colectivas, litispendencia y cosa juzgada", *La Ley online*, 27/04/2015, 5.

DE LILLO, Adrián y AMAYA, Ramiro, "Aporte al debate sobre supremacía constitucional", *LLNOA*, 2013 (agosto), 703.

DE LUCA, Javier A., "Ley de Subrogancias. Sentencia de la Corte", *La Ley*, 2015-F, 425.

DEVIS ECHANDIA, Hernando, *Nociones generales de Derecho Procesal Civil*, Madrid, editorial Aguilar, 1966.

—, *Teoría General del Proceso*, Segunda edición revisada y corregida, Universidad de Buenos Aires, 1997.

EGUREN, María Carolina, "Informe sobre los procesos colectivos. Una perspectiva posibilista", *Suplemento Especial Cuestiones Procesales Modernas*, 2005 (octubre), 11/10/2005, 90.

EKMEKDJIAN, Miguel Ángel, "El control de constitucionalidad de la reforma constitucional", *La Ley*, 1999-F, 127.

—, *Derecho Constitucional - Doctrinas Esenciales*, tomo I, 01/01/2008, 1027; y *Tratado de Derecho Constitucional*, Depalma, Buenos Aires, 1999, tomo III.

FALCÓN, Enrique, *Comentario al Código Procesal Civil y Comercial de la Nación y leyes complementarias*, tomo I, Abeledo-Perrot, p. 52.

—, "Una definición de los procesos colectivos", *Revista de Derecho Procesal*, 2011-2, Procesos Colectivos, Rubinzal Culzoni, Santa Fe, 2011, ps. 17/49.

FASSI, Santiago y MAURINO, Alberto, *Código Procesal Civil y Comercial comentado, anotado y concordado*, Astrea, tomo III, ps. 66/67.

FAYT, Carlos S., *La Corte Suprema y la Evolución de su Jurisprudencia. Leading Cases y Holdings. Casos Trascendentes*, La Ley, Buenos Aires, 2004.

FERNÁNDEZ SEGADO, Francisco, "El Control de Constitucionalidad en Latinoamérica: del control político a la aparición de los primeros Tribunales Constitucionales", Derecho PUCP, nº 52, 1999 disponible en http://revistas.pucp.edu.pe/index.php/derechopucp/article

FENOCHIETTO, Carlos Eduardo y ARAZI, Roland, *Código Procesal Civil y Comercial de la Nación*, Astrea, Buenos Aires, 1993, tomo I.

FERRARI, Vicenzo, *Funciones del derecho*, Debate, Madrid, 1989.

GARGARELLA, Roberto, "Hechos y argumentos en materia de legitimación", en AA.VV., *Diálogo Interdisciplinario sobre la nueva justicia en Latinoamérica*, CEJA-JSCA, Talleres Gráfica LOM, Santiago de Chile, 2017.

GELLI, María Angélica, "El caso 'Itzcovich' ¿un fallo institucional de la Corte Suprema?", *La Ley online*, 11/04/2005, 1, *La Ley*, 2005-B, 1388.

—, *Constitución de la Nación Argentina comentada y concordada*, La Ley, Buenos Aires, 2006.

—, "La obligatoriedad de las sentencias de la Corte Suprema (A propósito de 'Arte Radiotelevisivo Argentino S.A.' y la libertad expresiva)", sup. const., 10/04/2014, 33, *La Ley*, 2014-B, 383.

GARCÍA BELAUNDE, Domingo, "Los tribunales constitucionales en América Latina", disponible en http://www.corteidh.or.cr

GARCIA PULLÉS, Fernando, "Las sentencias que declaran la inconstitucionalidad de las leyes que vulneran derechos de incidencia colectiva. ¿El fin del paradigma de los límites subjetivos de la cosa juzgada? ¿El nacimiento de los procesos de clase?", *La Ley*, 04/03/2009, 4 -B, 186.

GARRIDO CORDOBERA, Lidia M. R., "Los derechos e intereses de incidencia colectiva y los daños en el Código Civil y Comercial", *Revista Jurídica de Daños*, n° 14, marzo 2016.

GHERSI, Carlos, "Las acciones colectivas y el acceso a la jurisdicción", sup. const., 2014 (mayo), 25/08/2014, 53, *La Ley*, 2014-E, 97.

GIANNINI, Leandro J., "Los derechos de incidencia colectiva en el Proyecto de Código Civil y Comercial (aportes para su redefinición)", *DJ*, 05/09/2012, 89.

—, "Legitimación en las acciones de clase", *La Ley*, 2006-E, 916.

—, "La representatividad adecuada en las pretensiones colectivas", en *Procesos Colectivos*, OTEIZA, Eduardo (coord.), Rubinzal Culzoni, Santa Fe, 2006, ps. 203/204.

GIDI, Antonio, "Acciones de grupo y amparo colectivo en Brasil. La protección de derechos difusos, colectivos e individuales homogéneos", ponencia presentada en el simposio celebrado en Suiza bajo el nombre *Debates over group litigation in comparative perspective: What can we learn from each other?* [Debates Sobre Litigio Colectivo en una Perspectiva Comparada: ¿Qué Podemos Aprender de Cada Uno?].

—, "Derechos difusos, colectivos e individuales homogéneos", en Gidi, Antonio y Ferrer Mac-Gregor, Eduardo (coords.).

—, *La tutela de los derechos difusos, colectivos e individuales homogéneos. Hacia un Código modelo para Iberoamérica*, Porrúa, México DF, 2003, ps. 25, 32/33.

GIL DOMÍNGUEZ, Andrés, "Afectado, derechos de incidencia colectiva individuales homogéneos y acción colectiva", *La Ley*, 16/06/2011, 1, *La Ley*, 2011-C, 1318.

—, "Vigencia del caso 'Halabi'", *La Ley*, 24/10/2013, 3, *La Ley*, 2013-E, 589, *La Ley*, 24/10/2013, 3.

—, "Acción declarativa de inconstitucionalidad en el orden federal", *La Ley*, 2008-E, 73.

—, "Legitimación procesal colectiva y representación colectiva adecuada", *La Ley*, 06/06/2014, 6-*La Ley*, 2014-C, 399.

—, "Legitimación activa de las acciones colectivas", *JA*, 2011-III, Número Especial *Derecho procesal Constitucional*, Buenos Aires, 31/08/2011, p. 11.

—, "La acción declarativa de certeza como proceso constitucional", *La Ley*, 1996-A-1995.

GONZÁLEZ, Alicia, "Federalización judicial de la competencia en el fuero de la seguridad social o exclusión del acceso al fuero especializado para todos los jubilados del interior del país", AR/DOC/2041/2014.

GORDILLO, Agustín, "Las asociaciones de usuarios y la defensa de los derechos de incidencia colectiva - Acción declarativa de inconstitucionalidad", *La Ley*, 1997-C, 322.

GOZAÍNI, Osvaldo A., "Legitimación y representación en la defensa de los derechos colectivos. Otra vez sobre las diferencias", *La Ley*, 11/06/2015, 4, *La Ley*, 2015-C, 384 III, 4.

GUIBOURG, Ricardo, "Ley y conflicto", *La Ley*, 2010-F, 1293.

GIANNINI, Leandro, *La tutela colectiva de los intereses individuales homogéneos*, Librería editora Platense, Buenos Aires, 2007.

GIDI Antonio y FERRER MAC-GREGOR, Eduardo, *La tutela de los derecho difusos, colectivos e individuales homogéneos. Hacia un código modelo para Iberoamérica*, Academia Mexicana de Ciencias Penales, Porrúa 2° edición, México, 2004.

GHERSI, Olsen (dir.), *Discusiones en torno del derecho judicial*, Córdoba, Academia Nacional de Derecho y Ciencias Sociales de Córdoba, 2008.

GOZAINI, Alfredo, *Derecho Procesal Constitucional. Amparo*, Rubinzal Culzoni, Santa Fe, 2002.

HAMILTON, Alexander, MADISON, James y JAY, John, *El Federalista*, México, Fondo de Cultura Económica, 1974.

HARO, Ricardo, *La Competencia Federal*, Lexis Nexis, 2° edición actualizada, Buenos Aires, 2006.

HIDALGO, Jorgelina, "La regulación de los procesos para la tutela de los derechos de incidencia colectiva", *La Ley*, sup. Doctrina Judicial Procesal, 2011 (abril), 01/04/2011, 1.

HIGHTON, Elena I., *Sistemas Concentrado y Difuso de Control de Constitucionalidad*, Dossier, Corte Suprema de Justicia de la Nación, disponible en old.csjn.gov.ar/docus/documentos

HITTERS, Juan Carlos, "Alcance de la cosa juzgada en los procesos colectivos", *La Ley online*, 24/10/2005, 1, *La Ley*, 2005-F, 751.

IBARLUCÍA, Emilio A, "Una aproximación de los sistemas de control de constitucionalidad", *Revista Argentina de Justicia Constitucional*, n° 2, noviembre 2016, IJ editores, 01/11/2016, IJ-CCXVIII-945.

—, "Reflexiones sobre el fallo de la Corte en el caso 'FAYT' y el sistema de control de constitucionalidad en la Argentina", *Colección de Análisis Jurisprudencial Derecho Constitucional*, DALLA VÍA, Alberto Ricardo (dir.), *La Ley*, 01/01/2002, 121.

JALIFE, Alan, "El requisito del caso como un nuevo obstáculo para las acciones colectivas", *La Ley*, 23/02/2011, 8, *La Ley*, 201-A, 518.

LÓPEZ SEGADE, Claudia C, "La seguridad jurídica en la designación de los magistrados: un paso al costado", *La Ley*, 2008-A, 28.

LORENZETTI, Ricardo Luis, *Justicia Colectiva*, Rubinzal Culzoni, Buenos Aires, 2010.

—, *Las normas fundamentales de derecho privado*, Rubinzal Culzoni, Santa Fe, 1995.

—, *Teoría de la decisión judicial*, Rubinzal Culzoni, Santa Fe, 2008, cap. III.

LOUTAYF RANEA, Roberto G. (dir.), *Principio dispositivo*, Astrea, Buenos Aires, 2014.

MAHIQUES, Juan Bautista, "Régimen de subrogancias: precedentes jurisprudenciales y lineamientos para una nueva legislación", *La Ley*, 15/07/2016, 1.

MARANIELLO, Patricio Alejandro, "Declaración de inconstitucionalidad con efecto diferido (caso 'Rosza')", *La Ley*, 22/06/2007, 5-*La Ley*, 2007-D, 67.

MARIENHOFF, Miguel A., "Delfines o toninas y acción popular", *ED*, 105-244.

—, *Tratado de Derecho Constitucional*, Depalma, Buenos Aires, 2001, tomo IV.

MEZZETTI, Lucas, "Sistemas y Modelos de la Justicia Constitucional", *Tratado de Derecho Procesal Constitucional*, MANILI, Pablo Luis (dir.), La Ley, Buenos Aires, 2010, tomo I.

MORELLO, Augusto Mario, "Los Procesos Colectivos (El Anteproyecto para Iberoamérica de los colegas brasileños, de 2002)", 01/0102, disponible en http://seoca.org/

— y VALLEFÍN, Carlos A., *El amparo, régimen procesal*, 3° Librería Editora Platense S.R.L., La Plata, República Argentina, 1998.

— y SBDAR, Claudia, *Acción Popular y Procesos Colectivos*, Lajouane, Buenos Aires, 2007.

NATALE, Alberto, *Comentarios sobre la Constitución. La reforma de 1994*, Depalma, Buenos Aires, 1995.

NINO, Carlos, *Fundamentos de Derecho Constitucional*, Buenos Aires, 1992.

OTEIZA, Eduardo (coord.), *Procesos Colectivos*, Rubinzal Culzoni, Santa Fe, 2006.

— y VERBIC, Francisco, "La representatividad adecuada como requisito constitucional de los procesos colectivos", *JA*, 2010-I, ps. 3/12.

PALACIO DE CAEIRO, Silvia B., *Competencia Federal Civil-Penal*, La Ley, Buenos Aires, mayo de 1999.

— y JUNYENT DE DUTARI, Patricia, "El amparo colectivo y la reciente acordada de la Corte Suprema", *La Ley*, 22/06/2016, 1.

PALACIO, Lino E., *Manual de derecho procesal civil*, 14° edición actualizada, Abeledo-Perrot, Buenos Aires, 1998.

PALAZZO, Eugenio Luis, "El difícil aprendizaje de nuevas vías procesales, las tensiones en los derechos y el desconcierto en las fuentes. Acción de clase y enseñanza religiosa" (nota a fallo), *ED*, 247-82, 2012.

PEREZ RAGONE, Álvaro, "Prolegómenos de los amparos colectivos. Tutela de las incumbencias multisubjetivas", *Revista de Derecho Procesal*, tomo II, Rubinzal Culzoni, Santa Fe, 2000, ps. 111/143.

PEYRANO, Jorge, *El proceso Civil*, Astrea, Buenos Aires, 1978.

PRADA, Marina, "Las acciones de clase y el ambiente", *La Ley*, Suplemento del 25/09/2006.

PRIETO MOLINERO, Ramiro J., "El abuso del derecho y el Proyecto de Código Civil y Comercial de 2012", disponible en http://www.pensamientocivil.com.ar/.pdf

QUADRI, Gabriel Hernán, "La inconstitucionalidad de una atribución de competencia revisora. Dilaciones en el proceso previsional", *La Ley*, 02/06/2014, 7, *La Ley*, 2014-C, 348.

QUIROGA LAVIÉ, Humberto, *El amparo colectivo*, Rubinzal Culzoni, Santa Fe, 1998.

—, "La acción de amparo colectivo", Tratado de Derechos Procesal Constitucional, MANILI, Pablo Luis (dir.), La Ley, tomo I, Buenos Aires, 2010.

RABBI BALDI CABANILLAS, Renato, "Título Preliminar", en *Nuevo Código Civil y Comercial de la Nación comentado por especialistas*, RIVERA Julio y MEDINA Graciela (dirs.), La Ley, Buenos Aires, 2014.

RANIERI DE CECHINI, Débora, "La educación católica en escuelas públicas en Salta", *LLNOA*, 2013 (diciembre), 1213.

RIVERA Julio César (h) y LEGARRE, Santiago, *Los Efectos de la Declaración de Inconstitucionalidad en los Estados Unidos y la Argentina,* Lecciones y Ensayos, n° 86, 2009.

SACRISTÁN, Estela, "Amparo colectivo en la argentina: *opt-in*, *opt-out* o tal vez nada", *Revista Argentina de Derecho de la Energía, Hidrocarburos y Minería*, año 3, n° 11 (noviembre-diciembre de 2016 y enero 2017), Abaco, Ciudad Autónoma de Buenos Aires.

SÁENZ, Luis R., "Las acciones colectivas en el derecho del consumo", junio de 2014, *Revista Derecho Privado*, año III, n° 8, p. 41, Infojus, DACF140479.

— y SILVA, Rodrigo, en *Ley de Defensa del Consumidor Comentada y Anotada*, PICASSO y VAZQUEZ FERREYRA (dirs.), La Ley, Buenos Aires, 2009, tomo I.

SAFI, Leandro K., "Litisconsorcio y Procesos Colectivos", *Revista de Derecho Procesal*, Número Extraordinario, Rubinzal Culzoni, Santa Fe, 2012, ps.181/214.

SAGÜÉS, Néstor Pedro, "Nuevamente sobre el rol directo o subsidiario de la acción de amparo", *La Ley online*, 9/10/95.

—, "El amparo ambiental. Ley 25.675", *La Ley online*, 11/8/93.

—, "La Cláusula de las Garantías. El art. 43 de la Constitución Nacional a veinte años de la reforma de 1994", *Revista de la Facultad de Ciencias Jurídicas y Sociales*, disponible en bibliotecavirtual.unl.edu.ar.

—, *Habeas Corpus*, Astrea, 2° ed., Buenos Aires, 1988, p. 212.

SAGÜÉS, María Sofía; "El Derecho de Acceso a la Justicia", *Tratado de Derecho Procesal Constitucional*, MANILI, Pablo Luis (dir.), La Ley, tomo I, ps.119/124.

SALGADO, José María, "La Corte y la construcción del caso colectivo", *La Ley*, 2007-D, 787.

—, "Certificación, Notificaciones y Opción de Salida en el Proceso Colectivo", *Revista de Derecho Procesal. Procesos Colectivos*, Rubinzal Culzoni, Santa Fe, 2011-2, ps. 193/216.

—, "Clase, certificación y registro de procesos colectivos", *La Ley*, 2014-E, 510.

—, "El proceso colectivo y la política pública. Un sistema en construcción", *La Ley*, 30/06/2015, 1-*La Ley*, 2015-C, 1251.

SBDAR, Claudia Beatriz, *Amparo de Derechos Fundamentales*, Ciudad Argentina editores, Buenos Aires, 2003.

SERRA DOMINGUEZ, Manuel, *Precisiones en torno a los conceptos de parte, capacidad procesal, representación y legitimación*, en *Revista jurídica*, Barcelona, 1987.

SILVA GARCÍA, Germán, "La teoría del conflicto. Un marco teórico necesario", *Prolegómenos. Derechos y valores*, tomo XI, nº 22, julio-diciembre de 2008, ps. 29/43, Universidad Militar nueva Granada, Bogotá, Colombia.

SOLA, Juan Vicente, *Derecho Constitucional*, Lexis Nexis–Abeledo-Perrot, Buenos Aires, 2006.

—, *Tratado de Derecho Constitucional*, La Ley, tomo V, Buenos Aires, 2009.

STIGLITZ, Gabriel A. y ACCIARRI, Hugo A., "Legitimación Procesal Colectiva. Las Acciones de Clase. Reparación de daños", *La Revista del Foro de Cuyo*, tomo IX, 1993.

VANOSSI, "Introducción a los sistemas de control de constitucionalidad", *La Ley*, 1980-A, 970.

VERBIC, Francisco, *Procesos Colectivos*, Astrea, Buenos Aires, 2007.

—, "El proyecto de reformas a la Ley General del Ambiente nº 25.675. En búsqueda de un sistema procesal colectivo para la reparación del daño ambiental en la República Argentina", *Revista de Processo*, nº 157, Ed. Revista dos Tribunais, Brasil.

—, "Proyectos de Ley sobre Acciones de Clase y Procesos Colectivos en el Congreso de la Nación", publicación *online* del 24/09/2011; disponible en http://classactionsargentina.com/2011/09/24.

—, "El proceso colectivo en la nueva ley de amparo de la Provincia de Buenos Aires. Falta de visión sistémica y un oportuno veto parcial del Poder Ejecutivo", *LLBA*, 2009 (abril), 235.

—, "Cosa juzgada y eficacia natural de la sentencia colectiva dictada por la C.S.J.N. en 'C.E.P.I.S.': El cuadro tarifario aprobado por las Resoluciones anuladas no debería aplicarse a nadie", disponible en https://classactionsargentina.com, 15/03/2017.

— y SALGADO, José María, "Un estándar inconstitucional para el acceso colectivo a la justicia", disponible en www.academia.edu.ar

— y SUCUNZA Matías A., "Postulación de pretensiones colectivas a la luz de la reciente Acordada de la Corte Suprema", *La Ley*, 18/05/2016, 1.

VERLY, Hernán, "El argumento contramayoritario", *ED*, 01/10/91.

VERGARA, Nicolás Daniel, "Las acciones colectivas en el Derecho Comparado", disponible en www.infojus.gov.ar, 2011, Id Infojus: DACF110149, p. 8.

VIEL TEMPERLEY, Facundo, "Acciones colectivas: dificultades prácticas", *LL*, 2008-C, 996.

ii) Fallos

"Agueera c/Provincia de Buenos Aires", C.S.J.N. 22/04/97, *La Ley*, 1997-C, 322.

"Aparicio, Ana Beatriz y otros c/E.N. – C.S.J.N. - Consejo de la Magistratura - art. 110", *La Ley*, 27/04/2015 - *La Ley*, 2015-B, 521, sup. const., 2015 (junio), 55, con nota de Jorge Alejandro Amaya.

"Arriola, Sebastián y otros s/causa nº 9080", 25/08/2009, fallos: 332:1963; sup. esp., *LL*, Tenencia de estupefacientes para consumo personal, 2009 (septiembre), 56, con nota de Eduardo S. Barcesat; Alejandro Carrió; Juan H. de Cesaris; María Angélica Gelli; Juan F. Gouvert; Ignacio M. Pampliega; José Luis Puricelli; Alejandro O. Tazza; Adrián M. Tenca; *DJ*, 09/09/2009, 2515, sup. penal, 2009 (septiembre), 24, con nota de Daniel C. Varacalli; Carlos Enrique Llera; Adrián R. Tellas; *La Ley*, 2009-E, 468, con nota de Pablo J. Arbeo; *La Ley*, 2009-F, 4, con nota de María Alicia Ginjaume; sup. penal, 2009 (octubre), 39, con nota de Eduardo Sylvester; *La Ley*, 23/10/2009, 5, con nota de Carolina A. Vanella; *La Ley*, 2009-F , 289, con nota de Carolina A. Vanella; *La Ley*, 2009-F, 387, con nota de Carlos Parajón; *La Ley*, 2009-E, 479, con nota de Daniel C. Varacalli; Carlos Enrique Llera; Adrián R. Tellas; *La Ley*, 2009-F, 803, con nota de Hernán G. Bouvier; *La Ley*, 2009-F, 147, con nota de Eduardo Sylvester; *La Ley*, 04/02/2010, 7, con nota de Juan Carlos Ustarroz; *La Ley*, 2010-A, 367, con nota de Juan Carlos Ustarroz; *DJ*, 07/07/2010, 1835, con nota de Alberto Pravia; DFyP 2009 (septiembre), 215, con nota de Santiago Legarre; Andrés Gil Domínguez; Pablo Flores Medina; *DJ*, 01/09/2010, 2362, con nota de María Belén Barrios y Diego Rubén Castiglioni.

"Badaro, Adolfo Valentín c/Administración Nacional de La Seguridad Social"

— primer fallo, del 08/08/2006. Fallos: 329:3089, *La Ley*, 14/08/2006, 7, *La Ley*, 2006-D, 801, *DJ*, 23/08/2006, 1191, *La Ley*, 30/08/2006, 7 con nota de Javier B. Picone; Eloy A. Nilsson; *La Ley*, 2006-E, 156 con nota de Javier B. Picone; Eloy A. Nilsson, *IMP*, 2006-17, 2145, *DT*, 2006 (agosto), 1195 con nota de José M. Besteiro, *La Ley*, 08/09/2006, 5 con nota de Luis Emilio Ayuso, *La Ley*, 2006-E , 372 con nota de Luis Emilio Ayuso, *La Ley*, 2007-A, 74 con nota de Beatriz L. Alice, *La Ley*, 2007-A, 241 con nota de Néstor D. Robledo, *JA*, 2006-IV, 702.

— Segundo resolutorio, del 26/11/2007, *La Ley*, 30/11/2007, 3, con nota de Javier B. Picone y Eloy A. Nilsson; Andrés Gil Domínguez; Luis Emilio Ayuso; Gregorio Badeni; *La Ley*, 2007-F, 688, con nota de Javier B. Picone y Eloy A. Nilsson; Andrés Gil Domínguez; Luis Emilio Ayuso; Gregorio Badeni; *DJ*, 2007-III, 1114, *DT*, 2007 (diciembre).

"Asociación Benghalensis y otros c/Ministerio de Salud y Acción Social - E.N. s/amparo", C.S.J.N., fallos 323:1339, *LL*, 2001-B-123, *DJ*, 2001-1, 965.

"Asociación Civil para la Defensa en el Ámbito Federal e Internacional de Derechos c/ Instituto Nacional de Servicios Sociales para Jubilados y Pensionados s/amparo", sentencia del 10 de febrero del 2015, disponible en www.csjn.gov.ar: "Recurso de Hecho deducido por la actora".

"Asociación Dirigentes de Empresa c/E.N. - Dto. 2752/91 - Min. Economía-Resol. 125 126 y 148/08 s/amparo ley 16.986", de la sala 1 de la Cámara del fuero contencioso administrativo, sentencia de fecha del 29/4/2008, disponible en www.pjn.gov.ar

"Asociación de Reproductores Argentinos de Cine Video c/TELEFE S.A.", Cámara Nacional Federal Contencioso Administrativo, sala 4°, del 9/10/1992, *ED*, 11/6/93, p. 7, disponible en http://www.saij.gob.ar/doctrina/

"Camuzzi Gas del Sur S.A. c/Río Negro, provincia de s/acción de inconstitucionalidad", fallos: 331:2178.

"Castillo, Carina Viviana y otros c/Gobierno de la Provincia de Salta y Ministerio de Educación de la Provincia de Salta - Acción de Amparo", con fecha 23 de febrero de 2012. Expte. nº 313.763/10, publicado en www.cij.gov.ar, *ED*, 247-51 [2012], *LLNOA*, 2013 (diciembre), 1213.

"Centro de Estudios para la Promoción de la Igualdad y la Solidaridad –C.E.P.I.S. c/ Ministerio de Energía y Minería s/Amparo Colectivo", 18/08/2016. Disponible en www.cij.gov.ar. http://sj.csjn.gov.ar

"Colegio de Fonoaudiólogos de Entre Ríos c/Estado Nacional", *La Ley*, 2004-A, 93, con nota de Juan Oklander; *DJ*, 2003-3, 891, *DJ*, 2004-1, 184, con nota de Augusto M. Morello; *La Ley*, 2004-C, 269, con nota de Eduardo Pablo Jiménez; Colección de Análisis Jurisprudencial Elementos de Derecho Administrativo - Julio Rodolfo Comadira, 381.

"Colegio Público de Abogados de Capital Federal c/Ministerio de Economía, Obras y Servicios Públicos", *La Ley*, 2004-C, 268, con nota de Eduardo Pablo Jiménez.

"Consumidores Financieros Asoc. Civil para su Defensa c/Banco Itaú Buen Ayre Argentina S.A. s/ordinario", fallos: 337:753, sentencia del 24 de junio de 2014, disponible en www.cij.com.ar, *LL*, sup. const., 2014 (agosto), 54.

"Consumidores Libres c/Telefónica de Argentina y otro", *La Ley*, 1997-F, 273.

"Defensor del Pueblo de la Nación c/Ministerio de Economía y Obras y Servicios Públicos", *La Ley*, 2003-F, 936-*IMP*, 2003-B, 2121, con nota de Daniel Malvestiti; *DJ*, 2003-3, 742, *La Ley*, 2004-C, 270, con nota de Eduardo Pablo Jiménez.

"Defensor del Pueblo de la Provincia de Santiago del Estero c/Provincia de Tucumán y Otro", fallos: 326:663.

"Defensoría del Pueblo de la Ciudad de Bs. As. c/Edesur", *LL*, 2000-C-395, Colección de Análisis Jurisprudencial Obligaciones Civiles y Comerciales - Gesualdi Dora M. (dir.), Editorial La Ley, 2003, 12, con nota de Martín Alejandro Christello; *LLP*, 2000, 912.

"Defensoría del Pueblo de la Ciudad de Buenos Aires c/Secretaría de Comunicaciones - Resolución 2926/99", fallos: 329:4542, *La Ley*, 2006-F, 435.

"Detenidas en el Pabellón 3b de Mujeres, Complejo Penitenciario Federal III NOA s/ Hábeas Corpus", expte. FSA 2258/2016/CA1, disponible en www.cij.gov.ar

"Fayt c/Nación Argentina", C.S.J.N. 19/8/1999, cita fallos: 322:1609, *La Ley*, 2000-C, 543 con nota de Mario A. R. Midón; *La Ley*, 1999-F, 33 con nota de Miguel Ángel Ekmekdjián; Colección de Análisis Jurisprudencial Teoría General del Derecho - Russo Eduardo Angel (dir.), Editorial La Ley, 2002, 72; Colección de Análisis Jurisprudencial Teoría Gral. del Derecho - Ricardo A. Guibourg, 482; Colección de Análisis Jurisprudencial Derecho Constitucional - Sabsay Daniel Alberto (dir.), Editorial La Ley, 2005, 61 con nota de Daniel Alberto Sabsay; Colección de Análisis Jurisprudencial Derecho Constitucional - Dalla Vía Alberto Ricardo (dir.), Editorial La Ley, 2002, 122 con nota de

Emilio A. Ibarlucía; *La Ley*, 1999-E, 65 con nota de Adrián Ventura; *DJ*, 2000-1, 201; *JA*, 1999-IV, 613; *ED*, 184-984, 1001/1004.

"Fernández, Raúl c/Estado Nacional (P.E.N.) s/amparo - ley 16.986. Corte Suprema de Justicia de la Nación", del 7 de diciembre de 1999. F. 496. XXXIII, fallos: 322:3008.

"Gómez Diez, Ricardo y otros c/P.E.N. - Congreso de la Nación s/proceso de conocimiento", C.S.J.N. 1999, fallos, 322: 528.

"Gómez Diez, Ricardo y otros c/Congreso de la Nación", fallos 331:2257.

"Gutiérrez, Alejandro s/causa nº 11.960", *La Ley*, 2015-B, 528, con nota de Alejandro O. Tazza y Eduardo P. Jiménez; *La Ley*, 06/05/2015, 7, con nota de Leandro J. Giannini; Suplemento Constitucional, 2015 (mayo), 37, con nota de Néstor P. Sagüés; Suplemento Penal, 2015 (mayo), 37, *La Ley*, 2015-C, 108, *DJ*, 10/06/2015, 31; *La Ley*, 2015-D, 388, con nota de Jorge Kent.

"Halabi, Ernesto c/P.E.N.", *La Ley*, 2009-B, 157, con nota de Juan Vicente Sola; *La Ley*, 2009-B, 189, con nota de Fernando R. García Pullés; Maximiliano Torricelli; Roberto J. Boico; RCyS2009-III, 71, *La Ley*, 10/03/2009, 7, con nota de Gregorio Badeni; *La Ley*, 2009-B, 259, con nota de Gregorio Badeni; sup. adm., 2009 (marzo), 60; *La Ley*, 2009-B, 404, con nota de Daniel Alberto Sabsay; *DJ*, 25/03/2009, 729, con nota de Carlos Aníbal Rodríguez; sup. const., 2009 (marzo), 33, con nota de María Angélica Gelli, *La Ley*, 2009-B, 601, con nota de Mariana Catalano; Lorena González Rodríguez; *La Ley*, 2009-B, 649, con nota de Juan Carlos Cassagne; *La Ley*, 2009-B, 568, con nota de María Angélica Gelli; *La Ley*, 2009-C, 251, con nota de Fernando De La Rúa; Bernardo Saravia Frías; sup. const., 2009 (mayo), 43, con nota de Claudio D. Gómez; Marcelo J. Salomón; entre otros, disponible en www.csjn.gov.ar

"Hidronor c/Provincia de Neuquén", C.S.J.N. 28/2/73, *LL*, 154-515.

"Hooft, Pedro Cornelio Federico c/Buenos Aires, Provincia de s/acción declarativa de inconstitucionalidad", disponible en www.revistarap.com.ar y www.saij.gob.ar

"Itzcovich, Mabel c/ANSES s/reajustes varios", *La Ley*, 2005-F, 362, con nota de Nicolás Bonina; *La Ley online*, 07/04/2005, 7, con nota de Ricardo J. Cornaglia; *La Ley*, 2005-B, 709, con nota de Ricardo J. Cornaglia; *La Ley online*, 01/04/2005, 5, *La Ley*, 2005-B, 646, *DJ*, 2005-1, 965, *DT*, 2005 (abril), 529, TySS, 2005, 312.

"Kattan, A. E. y otro c/Gobierno nacional - Poder Ejecutivo", *La Ley*, 1983-D, 568, con nota de Guillermo J. Cano; Derecho Constitucional - Dalla Vía Alberto Ricardo (dir.), Editorial La Ley, 2002, 714, con nota de Marcelo Alberto López Alfonsín.

"Kersich, Juan Gabriel y otros c/Aguas Bonaerenses y otros s/amparo", C.S.J.N. 2/12/2014, disponible en www.csjn.gov.ar

"Lautsi c/Italia", Sentencia de la Gran Sala del TEDH, de 18 de marzo de 2011, nº 30814/06. La sentencia en francés e inglés se encuentra en el sitio del Consejo de Europa, cfr. http://www.echr.coe.int

"Martínez, Sergio Raúl el Agua Rica LLC Suco Argentina y su propietaria Yamana Gold Inc. y otros s/acción de amparo", C.S.J.N. 2/3/2016, disponible en www.cij.gov.ar

"Mendoza, Beatriz y otros c/Estado Nacional y otros", *La Ley*, 2006-D, 88.

"Mignone, Emilio Fermín s/acción de amparo", fallos: 2807:2000, *La Ley*, 2002-C, 377.

"Ministerio de Salud y/o Gobernación", C.S.J.N. 31/10/2006, *La Ley online*, 2006/11/10, p. 6.

"Monner Sans c/Fuerza Aérea Argentina", C.S.J.N. 26/09/2006, *La Ley online*, 2006/12/27, p. 10, 45.507-S; *DJ*, 2006-3-654.

"Monges c/U.B.A.", C.S.J.N. 26/12/1996, *La Ley*, 1997-C, 150, con nota de Andrés Gil Domínguez; Colección de Análisis Jurisprudencial Derecho Constitucional - Sabsay Daniel Alberto (dir.), Editorial La Ley, 2005, 94, con nota de Pablo Luis Manili; Colección de Análisis Jurisprudencial Elementos de Derecho Administrativo - Julio Rodolfo Comadira, Buenos Aires, 2005, p. 458.

"Mujeres por la Vida -Asociación Civil sin Fines de Lucro- filial Córdoba- c/Ministerio de Salud y Acción Social de la Nación", C.S.J.N. 31/10/2006, *La Ley online*, 15/11/2006, p. 8.

"Municipalidad de Berazategui c/Cablevisión S.A. s/amparo", C.S.J.N. 23/9/2014 (fallos: 337:1024), disponible en www.infojusgov.ar

"Outón, Carlos José y otro s/amparo", fallos: 267:215.

"P.A.D.E.C. c/Swiss Medical", C.S.J.N., 21/08/2013, La Ley, 23/09/2013, *La Ley*, 2013-E, 290, *La Ley*, 2013-E, 589, *La Ley*, 2013-F, 447, *DJ*, 19/02/2014, 11.

"Pedraza Héctor Hugo c/ANSES s/acción de amparo", La Ley, 19/05/2014, 11, *La Ley*, 02/06/2014, 7, *La Ley*, 2014-C, 348, sup. adm., 2014 (junio), 59, *La Ley*, 2014-C, 546, *La Ley*, 18/06/2014, 8, *La Ley*, 2014-C, 585, *IMP*, 2014-7, 251, *DJ*, 10/07/2014, 25, *DT*, 2014 (julio), 1959, *DJ*, 16/07/2014, 99, sup. const., 2014 (julio), 5, con nota de Osvaldo A. Gonzaíni; *La Ley*, 2014-D, 193, *La Ley*, 23/07/2014, 10, *La Ley*, 2014-D, 371, *DT*, 2014 (agosto), 2239, *DJ*, 03/09/2014, 22, con nota de Alicia González; *PET*, 2015 (febrero-557), 27/02/2015, 10.

"Peralta, Luis A. y otro c/Estado nacional (Ministerio de Economía -Banco Central)", fallos: 313:1513, *La Ley*, 1991-C, 158, con nota de Alberto B. Bianchi, *LLC*, 1991, 666, *DJ*, 1991-2, 219, *ED*, 141, 523.

"Polino, Héctor y otro c/Poder Ejecutivo s/amparo", fallos: 317:335, *La Ley*, 1994-C.

"Provincia de Santiago del Estero c/Y.P.F.", C.S.J.N., 20/8/85, *LL*, 1986, C-117.

La Ley, 2013-D, 30, 250, con nota de Francisco Junyent Bas; sup. adm., 2013 (agosto), 28, *La Ley*, 2013-D, 555, *DJ*, 21/08/2013, 29, con nota de Emilio A. Ibarlucía; *DJ*, 04/09/2013, 39.

"Rizzo, Jorge Gabriel (apoderado Lista 3 Gente de Derecho) c/Poder Ejecutivo Nacional, s/Acción de Amparo (medida cautelar)", *La Ley*, 2013-D, 30, *La Ley*, 2013-D, 250, con nota de Francisco Junyent Bas; sup. adm., 2013 (agosto), 28, *La Ley*, 2013-D, 555, *DJ*, 21/08/2013, 29, con nota de Emilio A. Ibarlucía; *DJ*, 04/09/2013, 39.

"Rosza, Carlos A. s/recurso de casación", C.S.J.N. 23/5/07, fallos: 330:2361, *La Ley*, 2008-A, 33.

"Sánchez, María del Carmen c/Administración Nac. de la Seguridad Social", C.S.J.N. 28/07/2005, *La Ley*, 2005-D, 855, *DJ*, 18/08/2005, 1156, *IMP*, 2005-17, 2344.

"Schröder, Juan c. INVAP S.E. y E.N", C.S.J.N. 04/05/2010, www.cij.gov.ar, sup. adm., 2010 (junio), 51.

"Schiffrin, Leopoldo Héctor c/Poder Ejecutivo Nacional s/acción meramente declarativa", disponible en www.cij.gov.ar, http://sj.csjn.gov.ar

"Thomas c/E.N. s/amparo", C.S.J.N. 15/6/10, *La Ley*, 18/06/2010, 4, con nota de Jorge Luis Portero; Eduardo O. Magri; Félix Loñ; Andrés Gil Domínguez; *La Ley*, 2010-C, 718; *DJ*, 07/07/2010, 1839, sup. adm., 2010 (septiembre), 63, con nota de Maximiliano Antonietta; Fernando E. Juan Lima; Orlando D. Pulvirenti.

"Uriarte, Rodolfo Marcelo y otro c/Consejo de la Magistratura de la Nación s/acción meramente declarativa de inconstitucionalidad", C.S.J.N. 4/11/15, disponible en www.cij.gov.ar; *La Ley*, 03/12/2015, 7, *La Ley*, 04/12/2015, 5, con nota de Andrés Gil Domínguez y Javier A. De Luca.

"Verbitsky" C.S.J.N. 03/05/2005, fallos: 328:1146, *La Ley*, 2005-E, 39, con nota de Daniel Alberto Sabsay; *La Ley*, 2005-D, 534, con nota de Marcela I. Basterra; Pedro M. Lorenti (h.); *La Ley*, 2005-C, 439, con nota de Roberto José Boico; *DJ*, 2005-2, 172, *La Ley*, 2005-C, 534, con nota de Jorge Kent; *La Ley*, 2005-E; sup. penal, 2005 (agosto), 16, con nota de María de los Ángeles Milicic; Víctor R. Corvalán; sup. penal, 2005 (mayo), 7, con nota de Jorge Kent.

Este libro se terminó de imprimir
en el mes de julio de 2023 en
DP Argentina S.A.

Panamericana km 37,5
Centro Industrial Garín
Calle Haendel, Lote 3 (B1619 IEA)
Buenos Aires, Argentina

Livriz® de Docuprint
FÁBRICA DE BESTSELLERS